ZIBENZHUYI CAIZHENG

资本主义财政

王传纶 编著

图书在版编目(CIP)数据

资本主义财政/王传纶编著. —北京:商务印书馆,2022
ISBN 978-7-100-20646-4

Ⅰ.①资…　Ⅱ.①王…　Ⅲ.①资本主义国家—财政制度—研究　Ⅳ.①F811.2

中国版本图书馆CIP数据核字(2022)第016922号

资本主义财政
王传纶　编著

商　务　印　书　馆　出　版
(北京王府井大街36号　邮政编码100710)
商　务　印　书　馆　发　行
北　京　冠　中　印　刷　厂　印　刷
ISBN 978-7-100-20646-4

2022年3月第1版　　开本880×1230　1/32
2022年3月北京第1次印刷　　印张10¼

定价:50.00元

再版序言

今年4月22日，是我的恩师王传纶教授（1922年4月22日—2012年9月13日）百年诞辰。为了纪念这个不同寻常的日子，追忆和弘扬王传纶教授的学者风范和学术思想，经我提议，商务印书馆决定再版王传纶教授的两本代表性著作——《资本主义财政》和《当代西方财政经济理论》。

王传纶教授一生的学术涉猎范围非常广泛，在多个领域均有建树，但相对而言，他的主要学术成就、学术贡献集中体现于财政学、金融学两大学科领域。在我国经济学界，他是公认的学贯中西、能够横跨财政学和金融学两大学科领域的学术名家、学问大家。正因为如此，他也被誉为“财政金融泰斗”“新中国财政金融学科的奠基人之一”。

《资本主义财政》和《当代西方财政经济理论》两本著作，也是两本教科书，集中展示了王传纶教授在财政学教学与研究方面的学术成就和学术贡献。

一

《资本主义财政》出版于1981年，它是在王传纶教授1963年所编写的《资本主义财政》油印稿的基础上修改补充而成的。从1963年到1981年，跨越了19个年头。最初是为满足中国人民大学财政金融专业教学需要而编写，也未能修订成书。后来是随着我国对外经济关系的恢复和发展，为满足了解和研究资本主义国家经济以及全国高等院校财政金融专业和世界经济专业的教学需要而修订成书。这期间所经历的变化之巨大，这本书在出版之际以及出版之后所引起的社会反响之巨大，只要了解一点这一段中国历史的人，都可从这本书的字里行间深切体会到。

我清晰地记得，作为国家恢复高考后招收的第一届财政学专业学生，我们的专业教学几乎是在没有教材的情况下或在尚未装订成书的油印教材陪伴下进行的。至于涉及外国经济特别是涉及西方国家财政经济的教学，且不说教材，能够在图书馆找到的包括英文版在内的相关书籍，也极其有限。在那时，举凡有人找到有关外国经济制度、西方经济理论类的书籍或资料，哪怕是复印版，同学们都会争相传阅甚至传抄。

我也清晰地记得，关于《资本主义财政》出版的信息，我是从财政部财政科学研究所（现更名为中国财政科学研究院）时任外国财政研究室主任汪学谦研究员那里得到的。那是 1982 年春天，我已本科毕业，进入攻读硕士学位阶段。基于请最好、最专业的老师来授课的考量，学校专门请来汪学谦研究员为我们这一届财政学专业研究生讲授“外国财政”课程。汪学谦研究员的研究专长是苏联、东欧国家财政，他在授课中告诉我们，不仅要研究社会主义国家财政，也要研究资本主义国家财政，要比较着研究。中国人民大学王传纶教授编写的《资本主义财政》一书，已经出版发行。这一信息，顿时产生了热烈反响。其时正值“五一”国际劳动节前夕，一位来自北京的同学自告奋勇，趁节日回家探亲之际为大家购来了这本书。

作为中国第一本全面介绍西方发达资本主义国家财政制度、财政理论、财政政策和财政实践的著作，《资本主义财政》不仅满足了教学需要，而且填补了这一研究领域的空白。事实上，在改革开放之初的中国，不仅类如我们这样的财政学专业以及其他相关专业学生，包括政府机关公务员、企业家、高等院校教师在内的各类人士，都是从这本书开始接触、了解、研究西方发达资本主义国家的财政理论和实践的。

除此之外，还有两件事值得一提。其一，当时我国以涉外税收制度为代表的各种涉外经济制度建设正值起步期，借鉴外国经验，特别是西方发达资本主义国家经验，是其中绕不开、躲不过的重要一环。据参与涉外税收制度起草的许多同志回忆，《资本主义财政》是他们当时所能找到的为数不多的案头必备书之一。其二，在这本书出版之后，虽也有类似主题的书籍或培训教材陆续问世，但从它们的内容编排以及所列参考文献清单中总能找到《资本主义财政》的印记。

因此，可以说，这本书所做出的贡献，绝非限于教育领域。从党和国家事业发展全局着眼，它不仅对于改革开放的理论研究，而且对于改革开放的实践探索，甚或对于改革开放所需要的各类相关人才的培养，都具有开创性和奠基性意义。

二

如果说 1981 年出版的《资本主义财政》主要基于借鉴国外先进经济管理经验的需要而旨在全面介绍西方发达资本主义国家的财政理论和实践，那么，1995 年出版的《当代西方财政经济理论》则旨在通过系统阐述当代西方财政经济理论，探索不同社会制度、不同国情、处于不同发展阶段的国家财政运行的一般规律。

之所以要写这样一本书，显然同王传纶教授的求学、治学经历不无关联。王传纶教授曾先后在西南联大经济系和英国格拉斯哥大学社会经济研究系接受系统的经济学训练，很早就立下了把马克思主义基本理论同西方经济学科学成分结合起来分析解决中国问题的志向。作为新中国最早的学成归国者，他最初受聘于清华大学经济系和中央财经学院，1953 年在全国高等院校院系大调整中转入中国人民大学，并在此辛勤耕耘了一生。财政学是他在三所高校讲授的主要课程之一。深厚扎实的西方经济学理论功底，对马克思主义经典著作的系统钻研，对资本主义和社会主义两种不同社会制度的观察和思索，对中国社会发展不同阶段所取得的成功和失败的体验和反思，使得他在对中西国家财政问题的比较研究日益深入的同时，建构一门中国财政学的信念亦日趋强烈。他所构想的中国财政学，是建立在中西财政问题比较研究基础上的，是建立在不同社会制度、不同国情、不同发展阶段的国家财政一般规律基础上的，是作为一门科学的中国社会主义财政理论体系。

我是 1991 年考入中国人民大学，跟随王传纶教授攻读博士学位的。在此之前，我在天津财经学院（现更名为天津财经大学）财政学系任教。考虑到我的财政学科任教经历，入学不久，王传纶教授便让我参编由他主编的全国高等教育自学考试教材《资本主义财政学》。相较于 1981 年出版的《资本主义财政》，这本《资本主义财政学》前进了一步——冠之以“学”，突出了理论的成分。不过，虽然从理论的意义定位全书，也虽然试图按照理论体系的架构编排，但它毕竟是作为一本自学考试教材而编写的，也毕竟是为满足当时社会主义财政学和资本主义财政学“双轨”或“平行”教学格局的需要而编写的。这不仅距离王传纶教授建构中国财政学的目标尚远，也未能充分地反映当代西方财政学科发展全貌。所以，在《资本主义财政学》脱稿之后，王传纶教授便同我商议另写一本全面反映、系统阐述当代西方财政经济理论发展状况的著作——《当代西方财政经济理论》。

按照王传纶教授当时的构想，中国财政学的建构至少要分三步走：第一步，把当代西方财政学科发展状况及其理论体系真正搞清楚、弄明白。第二步，对中西财政理论和实践做比较研究，从中探索人类社会财政共性，进而归结财政运行一般规律。第三步，将财政运行一般规律与中国财政实情相融合，并以此为基础，建构中国社会主义财政理论体系。《当代西方财政经济理论》的写作，显然是实现这一构想的重要步骤。

对此，王传纶教授在前言中做了多方面的具体交代。

他首先写道，这本书取名为《当代西方财政经济理论》，但它"实是一次学术上的探索。探索的长远目标是比较大的，想在财政学科中寻找出一个科学的理论体系。但我们这本小书的任务则比较小，只是循着这个方向走了一步，而且还是'摸着石头过河'般的一步。……我们这本小书，就是为财政科学的理论框架做一点准备工作"。

他描述了取"渐进"之策建构中国财政理论体系的两种可能前景："一是以我国从 90 年代跨越下世纪的社会主义市场经济的建立和发展为背景，建立中国社会主义财政理论的框架，吸收西方有用的观点，形成体系；这样做的好处是与我国财政工作实践的结合较为密切。二是以社会主义市场经济为目标模式，写一本规范性的财政理论著作，不必冠以'中国'两个字，也无须加上'社会主义'的定语；这样做的理由是，我们深信，社会主义市场经济的体制，将是目前不同社会制度下、处于不同发展阶段的国家终究要走向的目标。"

他提出要基于探索人类社会财政共性、归结财政运行一般规律的目的而研究西方财政经济理论："我们多年来从事于财政经济理论教学，在社会主义和资本主义的‘双轨’上费了不少岁月，对资本主义理论观点的批判投入了不少精力。由于对西方财政经济理论缺少历史的、系统的考察，批判未曾深入；批判应能起扬弃的作用，但多年来未能从批判中充实社会主义财政的理论和实践……不同社会制度、不同国情、处于不同发展阶段的国家中，财政有无共性？如果有，能否由此认识某些范畴、某些关系、某些规律，足以构成一个合理的理论框架？如果真能做到这样，岂非对我们财政工作的实践也能有一定的指导作用吗？”

他主张以国家和市场经济之间的关系为逻辑主线去探索人类社会财政共性、归结财政运行一般规律：“财政既是国家对经济的一种宏观调控，它不能脱离市场经济，也不排斥市场经济。社会主义市场经济体制不能没有财政，二者之间有本质性的联系。……既然不同社会制度下市场经济的形成和运行方式有相同之处，那么，从国家对市场经济的角度，不同社会制度、不同国情、处于不同发展阶段的国家的财政难道就没有任何共性吗？从国家对市场经济的关系去抓住财政的共性，看来是可能的……”

既要循着国家与市场经济的关系这条逻辑主线而写，用这样一本书概括半个世纪以来西方财政经济理论的发展，很难做到周全，内容取舍实属难免。那么，取什么？又舍什么？王传纶教授提出的标准是：要取“与‘政府—市场经济—财政’这条线索有关的理论观点”，要舍“与上述线索不那么直接地关联着的枝枝蔓蔓，或者，较为技术性的阐述”。

他也明确指出了对西方财政经济理论应持的基本立场：“诚然，在吸收、借鉴西方财政经济理论中一切有用的思想、经验和方法的同时，我们也必须正视和认识其中的谬误和缺陷。这是因为，同一般西方经济理论一样，西方财政理论也具有科学性的一面和非科学性的一面。我们的态度仍然是：有分析地吸收借鉴前者，恰如其分地批判扬弃后者。”

由本书的长远目标到短期任务，由本书逻辑主线的确立到内容取舍标准的界定，由中国财政理论体系发展的前景擘画到研究西方财政经济理论的出发点和落脚点，王传纶教授关于《当代西方财政经济理论》的布局谋篇以及建构中国财政学的系统构想，无疑站在了财政学教学与研究的制高点上。奔着建构中国财政学的目标而写《当代西方财政经济理论》，虽然写的是当代西方财政学科发展状况及其理论体系，其实质则是作为一门科学的财政理论体系探索，这本在当时无论就其内容还是论其思想均似显“超前”的著作，即便在 30 年之后的今天读来，仍然具有指导意义，也仍然位居财政学教学与研究前沿地带。

三

从《资本主义财政》到《资本主义财政学》，再到《当代西方财政经济理论》，如同接力赛跑，一步步朝着写一本中国财政学、建构同人类社会财政共性和财政运行一般规律相贯通的中国社会主义财政理论体系的目标逼近，既折射了王传纶教授的执着追求，也浸透着他为财政学教学与研究事业倾注的殷殷心血，更体现了他对祖国、对人民的责任感和使命感。

既不能就中国财政而论中国财政，也不能就西方财政而论西方财政，而要从比较研究出发探索人类社会财政共性，归结财政运行一般规律，这是王传纶教授一贯的思想。

盯住共性和规律，围着共性和规律而转，奔着共性和规律而去，把中国财政学建构在清晰认识和把握人类社会财政共性和财政运行一般规律的基础上，让中国财政学真正成为一门科学，这是王传纶教授留给我们的宝贵遗产。

回望既往走过的路，前瞻未来前行的路，体味颇深的一个基本事实是，中国特色社会主义事业离不开中国特色哲学社会科学的支撑和支持，必须加快构建中国特色哲学社会科学。基于同样的道理，中国特色社会主义财政事业也离不开中国特色社会主义财政理论体系的支撑和支持，必须加快建构中国财政学。

中国特色社会主义已经进入新时代。站在全面建设社会主义现代化国家新征程的历史起点上，无论是加快构建中国特色哲学社会科学，还是加快建构中国财政学，都要解决从何处入手、该如何展开以及框架和构件是什么的问题。

如果说财政从来都是国家治理的基础和重要支柱，并且，这既属于人类社会财政共性，又是一条财政运行的一般规律，那么，中国财政学的建构，必须深入研究财政和国家治理之间关系的变化规律，从根本上摆正财政在党和国家事业发展全局中的位置。

如果说财政治理体系和治理能力现代化从来都是国家治理体系和治理能力现代化的基础性和支撑性要素，并且，这既属于人类社会财政共性，又是一条财政运行的一般规律，那么，中国财政学的建构，必须深入研究财税体制和国家治理体系之间关系的变化规律，从根本上摆正财税体制在中国特色社会主义制度体系中的位置。

如果说财政职能格局从来都同政府职能格局高度耦合，也从来都是可以跨越各种政府职能的交汇点，并且，这既属于人类社会财政共性，又是一条财政运行的一般规律，那么，中国财政学的建构，必须深入研究政府和市场之间关系的变化规律，从根本上摆正财政职能在社会主义市场经济中的位置。

倘若上述的说法大致不错，如下的推论也自然能够成立：

财政不仅是一个经济范畴，而且是一个国家治理范畴。站在党和国家事业发展全局高度，从更高层面、更广范围的现代国家治理意义上定义财政，是中国财政学的题中应有之义。

财税体制不仅是经济体制的组成部分，而且是国家治理体系的组成部分。站在中国特色社会主义制度体系高度，将财税体制作为中国特色社会主义制度的基础性和支撑性要素加以塑造，是中国财政学的题中应有之义。

财政职能不仅涉及恰当满足社会公共需要，而且涉及有效弥补市场失灵。站在社会主义市场经济高度，将财政职能作为明晰政府和市场边界的基本标识加以界定，是中国财政学的题中应有之义。

转眼间，王传纶教授离开我们已近10年了。王传纶教授一生没有离开过课堂，将他的全部精力悉数奉献给了他深爱的这片土地、他深爱的教育事业和他深爱的学生们。今天，我们对于王传纶教授最好的纪念，就是传承他的学术思想，弘扬他的学术情怀，将他提出的学术命题继续做下去，将他描绘的学术蓝图绘到底。

高培勇

2022年1月9日于北京

目　　录

第一章　资本主义财政的基本范畴

本章按逻辑的次序说明资本主义财政的性质。第二章按历史的次序说明资本主义财政的发展。这两章是密切关联、相互印证的。

第一节　财政的概念

在人类历史发展中不同社会的经济形态、不同时代的财政现象，既有特殊性，又有共同性。具体研究各个社会经济形态下财政的性质和发展规律是重要的。这也正是我们对前资本主义财政、资本主义财政、社会主义财政分别进行研究的原因。

但是，首先探讨一下财政一般的概念也是必要的。因为它不仅指出了财政在经济中的地位，而且也提出了几种基本的关系，在这些关系上，我们应当对不同社会经济形态下的财政作历史的比较和研究。

概括历史上复杂的财政现象，财政总是国家对经济的一种关系，而这种关系总是存在于社会产品的分配领域。因此，财政的概念可以表述如下：财政是国家为实现其职能而形成的一种分配关系。

理解财政的概念，应当从国家同经济的相互关系着手，首先分析这种相互关系的性质。在国家同经济的关系中，表面上看好像国家是主体，经济是客体；国家能动地、积极地作用于经济，而经济则消极地、被动地受到这种作用。但更深一步看，经济乃是目的，国家只是手段；国家必须服务于经济，经济对国家从根本上起着决定作用。有人类社会，就有经济；但在很长时期内国家是不存在的。国家本身的产生，就是由经济上的必要性所决定的。国家产生之后，不论其形式多么不同，其活动有多大变化，根本都是服务于统治阶级的经济利益的。国家是要消亡的，政府的职能和作用是有变化的，但决定其消亡和变化的也主要是经济上的原因。所以，在国家同经济的相互关系中，国家绝非绝对地“自由”的，可以为所欲为的。在根本上起着决定作用的是经济中占统治地位的那种生产方式。财政作为这种相互关系的一部分，同样也具有这种性质。当然，国家作为社会的上层建筑的重要部分，必然要帮助自身基础的巩固和发展，要积极影响经济。国家对经济的作用，不仅需要财政所提供的物质基础，而且在很大程度上要通过财政来实现。

其次要说明的是财政在国家对经济的诸种关系中所占的地位。国家对经济的关系很复杂，必须区分国家的活动领域和它所起的作用。国家的一切活动都不可避免地直接或间接地对经济起一定的作用，但这些活动所形成的种种关系并非都属于经济领域。国家在思想意识领域的活动，也服务于经济，作用于经济。即使国家在经济领域里的活动，也并非全是同社会产品的分配直接有关。但是，国家的种种活动确有着一个重要的方面是同社会产品的分配直接有关，即国家活动所形成的种种关系中确有着一个重要的部分是在分配领域。这就是财政在国家同经济的诸种关系中所占的地位，这也就是财政同其他关系相区别之点。

财政的地位说明：财政是一种经济关系，是一个经济范畴。但是，财政这种经济关系以国家为主体，随着国家的产生而产生。这就往往使人怀疑，财政究竟算不算是一个经济范畴。其实，这种怀疑是没有根据的。分配是再生产不可缺少的一个方面。早在国家产生之前，社会产品的分配就在不断地进行。国家产生了，好像是一个外来的因素，强制地要参加到分配中去，使分配关系复杂了，分成了几个部分。财政的产生，是财政这种分配关系从社会上分配关系的总体中游离独立出来的过程。历史说明，这个过程发生的前提是国家的产生。但是，绝不能认为这种分配关系是由国家创造出来的，绝不能从而否认财政本身是一个经济范畴。

既然财政是从分配关系的总体中独立出来的，它就绝不能没有或者竟然违背后者所具有的一些共同性质。马克思说过："分配关系不过表示生产关系的一个方面。"[①] 生产关系同交换关系的性质和形式，既决定了分配关系总体的性质和形式，也就对财政的性质和形式起着决定作用。比如，在资产阶级占有生产资料的条件下，资产阶级不仅在生产关系中，在分配关系中，而且在财政这种分配关系中都占着统治地位。在生产资料社会主义所有制的基础上，无论在生产关系、分配关系以及财政这种分配关系中，各部分人民群众之间还有矛盾，但不是对抗性的。在商品经济广泛存在的条件下，社会产品的分配大部分要利用货币来进行，财政这种分配也必然要利用货币，表现为货币资金的一种特殊的运动。

最后要说明的是财政同国家职能的关系。

社会产品的分配有两个阶段：产品被社会各阶级、阶层、个人等所占有，产品在不同用途（如生产消费、个人消费、社会消费、投资等）之间进行分割。财政的分配首先就是国家对一部分社会产品的占有，随即是国家分割使用这部分产品。从占有到分割使用的过程，同国家职能密切相关。没有前者，国家行使其职能就没有物

---

① 马克思：《资本论》第3卷，《马克思恩格斯全集》第25卷，人民出版社版，第999页。

质基础。同时，这过程本身也体现了国家的职能。国家既然要占有一部分社会产品，就有财政负担，负担归谁呢？国家既然要分割使用这部分产品，就有利益，这利益归谁享受呢？国家职能，归根到底，也就是为谁服务。在占有和分割使用这部分产品的过程中，国家能够而且正在实现它的各种职能。所以，财政是国家为实现其职能而形成的一种分配关系。

从上面关于财政概念的说明，可以了解，对不同社会经济形态下财政现象的分析和研究，都可以按照两条线索去做：一是国家同经济的相互关系，一是分配同生产、再生产的相互关系。按照这两条线索对财政现象作比较，就可以把握不同社会经济形态下财政的性质。

第二节　资本主义社会的阶级结构和资产阶级国家的性质

资本主义社会是资本主义生产方式占统治地位的社会，但还保留着封建主义的或更早社会经济形态的残余，也还有着相当数量的个体经济。因此，资本主义社会的经济结构和阶级结构是比较复杂的。

资本主义社会的基础是生产资料的资本家占有制度。在这样的基础上，社会上就有着两大敌对的阶级：无产阶级和资产阶级。资产阶级内部包括几个集团。他们分享剩余价值，共同剥削无产阶级。无产阶级和资产阶级之间存在着对抗性的矛盾，这个矛盾也是资本主义社会的主要矛盾。

在资本主义社会，资本家也占有土地。但是，由于历史上的原因，大量土地总是由另一个剥削阶级——大土地所有者——所占有。

他们依靠这种财产权利，收取地租，参与剩余价值的分配，或者占取劳动农民的一部分剩余产品。大土地所有者在经济利益上同资本家是有矛盾的，但在政治上只能依附于资产阶级，充当反动联盟的次等角色。

在资本主义社会，存在着为数众多的农民。他们占有少量土地，或者没有土地而只能租耕别人的土地。他们的产品，一部分供自己消费，一部分当作商品出售。在土地租赁、农副业生产资料的购置、农副产品的出售、资金借贷等方面，受到资本家和大土地所有者的重重盘剥。同农民处在相似地位的是城市中的个体手工业者以及小工商业者。农民、手工业者和小工商业者的经济地位都不是巩固的。他们不断分化，其中极少数人上升为富有的资产者，但绝大部分人却日益贫困，终于丧失他们的生产资料，成为无产者。农民和手工业者，即使在还能保持自己私有经济的时候，实际上也已经是处于半无产者的地位。

在资本主义社会的各个阶级中，资产阶级是经济上和政治上占统治地位的阶级。无产阶级和其他劳动人民，不仅在经济上受到剥削，而且在政治上受到压迫。资产阶级的国家，不论采取什么样的形式，实质上都是资产阶级专政。资产阶级利用国家机器，利用暴力机关和其他工具，实行对无产阶级和其他劳动人民的统治。资产阶级国家进行广泛的活动，对内对外行使它的职能，其根本目的是保护生产资料的资本主义私有制。

资产阶级国家为了保护资本主义私有制，就必须宣称它保护一切私有财产。“私有财产，神圣不可侵犯”，这是资产阶级所谓的平等和自由的基础。但是，保护一切私有财产，实际上只是保护资本家的私有财产。农民是私有者，资产阶级国家也“保护”农民的私有财产。但资产阶级国家首先保护的是地主的私有财产；为此，农民不得不交纳高昂的地租。资产阶级国家保护地主的私有财产，也是为了资产阶级本身的利益。因为土地私有制如果消灭就一定会动摇资本主义的私有制。对于无产的工人阶级来说，保护私有财产只能是对于资本权力的保护，对于资本统治和剥削的保护。保护一切私有财产，只是对少数有产者和剥削者才是真正有利的。

资产阶级国家在宣称保护一切私有财产的同时，在自己的行动中又必须侵犯私有财产。为了维护资本主义制度，国家必须进行各种活动，从而必须从经济中取得足够的物质支持，必须通过各种途径和方式来占有一部分产品。国家的占有表面上是对于私有的否定。资本主义社会中矛盾不断加深，迫使资产阶级要求他们的国家对经济作更多的干预。但是，资产阶级国家的干预总是对于私有财产基础上的私人经济活动实行一定的限制。因此，从现象来看，财产权力即所有者的权力似乎是受政治权力即国家的权力所统治。但是，这只不过是表象。事情的实质总是：财产权力统治着政治权力。在资本主义社会，资产阶级国家“侵犯”私有财产，目的是维护资本主义的私有制度；只是在对资产阶级有利的限度内，资产阶级才会容许他们的国家来干预经济事务。资产阶级国家终究不过是一个保护资本主义私有制的工具。

第三节　资本主义国家的财政收入和财政支出

资产阶级国家为行使其各项职能，必须分配一部分社会产品。社会全部产品的分配总有着两个阶段：一是产品的被占有，一是产品在不同用途间的被分割。因此，资产阶级国家对一部分产品的分配也有着两个阶段。这两个阶段就相当于财政收入和财政支出。

资产阶级国家的财政收入，作为一个经济范畴，是国家在占有一部分产品中所形成的经济关系。资产阶级国家在什么领域里进行活动从而占取一部分产品，从哪一个阶级手里占取这部分产品，采取什么形式来占取这部分产品，显然都是同财政收入这种经济关系的性质密切相关的。因此，必须从资产阶级国家取得财政收入的领域、来源和方式来说明这个经济范畴的基本性质。

国家从生产领域里取得财政收入，在前资本主义社会中是经常的也是大量的现象。皇室的庄园和官营手工业，就是比较明显的例子。但在资本主义社会，这种可能性却受到一定的限制。

资产阶级国家在生产领域里取得财政收入，就是直接占有生产劳动者的剩余劳动或剩余产品。这样做的前提是：资产阶级国家必须直接占有生产资料，必须直接作为产业资本家而活动。但是，资产阶级国家的本质已经决定，它“只是资产阶级社会为了维护资本主义生产方式的共同的外部条件使之不受工人和个别资本家的侵犯而建立的组织”[①]。在通常情况下，资产阶级不会允许他们自己的国家占有大量生产资料并同私人资本进行竞争。

资产阶级国家在通常情况下不能在生产领域里取得足够的财政收入。资产阶级国家即使拥有一定数量的资本，从而可以直接占取一部分剩余价值，但其份额大致上相当于国家资本在社会全部资本中所占的份额，显然在量上是不够资产阶级国家的需要的。何况资本主义社会中通常还有大量的个体生产者，资产阶级国家作为产业资本家的经营通常同个体经济中的产品分配无关；资产阶级国家要

① 恩格斯:《反杜林论》,《马克思恩格斯选集》第 3 卷，人民出版社版，第 318 页。

从他们手里取得财政收入，必须通过在其他领域里进行的活动。

当资产阶级国家把政治强制同生产经营结合起来，在某些部门中排斥私人资本时，有可能从中取得相当数量的财政收入。对某些商品的生产实行国家垄断，就是一个例子。但是，国家在这些部门中的生产经营所以能够取得高额利润，也是由于国家对这些部门的商品可以规定垄断价格；利润的超额部分，部分地来自劳动者实际收入的被迫降低，部分地来自剩余价值的被迫让渡。从表面看，这种财政收入是国家资本的生产经营的结果；从实质看，却是国家凭借政治强制在流通和分配领域中进行活动的结果。同时，资产阶级国家也只能在少数部门实行经营上的垄断；资产阶级不能听任私人资本在许多部门中受国家排斥，投资场所受限制。

在一定条件下，为了资本主义私有制的利益，资产阶级要求国家在经济领域里进行活动，包括在某些部门中直接从事生产经营。资产阶级国家的国营生产企业就是这方面的例子。但是，这些企业不由私人资本家来经营，而由国家这个集体的资本家来经营，是资本主义制度下矛盾发展的结果。只有在私人资本的经营比较困难的部门，只有在这样的时候，国家的资本才能填充这个空隙。因此，国家在这些部门的生产经营，并不能为它提供大量的财政收入。

资产阶级国家对生产的干预，它作为产业资本家在生产领域里的活动，以及它从这些活动中汲取财政收入，这三者性质不同。资产阶级国家对生产的干预比较广泛，而且不断增多。资产阶级国家作为产业资本家的活动，虽也在增多，但总是相对有限的。从这些活动中取得大量财政收入，或者说，为了取得财政收入而进行这样的活动，那就更为有限了。

资产阶级国家在流通领域里取得财政收入，必须以商品货币关系的充分发展为前提。国家在流通领域里的活动，通常不能影响自给自足的经济，也不能使国家从这种经济中分得一部分产品。当资本主义生产方式已经统治各个主要生产部门后，国家从流通领域里取得财政收入的前提就已经存在了。

流通是商品的继续不断的运动，是商品经历着不断的形态变化并同货币相交换的运动。资产阶级国家要在这种运动中取得财政收入，可以从商品方面或货币方面着手。

国家利用铸造特权，实行铸币贬损；这是单纯的从货币流通中占取财政收入的一个例子。在前资本主义时期，这在许多国家中有过长时期的历史。它能给国家提供一次性的收入，能大大减轻国家的债务，但是，它不能给国家提供源源不绝的收入，又通常会引起货币流通的紊乱和物价的腾贵。从资本的利益出发，资产阶级是不会完全同意国家以这种方式来取得财政收入的。

在纸币流通的条件下，资产阶级国家大量发行纸币，从而支配一部分产品。这就会引起通货膨胀。通货膨胀能够成为资产阶级国家取得财政收入的一个途径，是由于纸币的贬值。纸币的大量增发，使得物价水平提高，人民用自己同额的货币收入所能购得的商品比以前少了。这样，资产阶级国家才能支配这部分商品。但是，把通货膨胀看作是资产阶级国家取得财政收入的一个途径，还不如把它看作是资产阶级国家弥补大量支出的一个办法，执行经济政策的一个工具。通货膨胀作为一个政策工具，对资产阶级各个集团不是同样有利的。通货膨胀作为弥补支出的一个办法，终究要给货币流通和商品流通造成不利影响。因此，资产阶级虽然不得不愈来愈依靠通货膨胀来支配一部分产品，但它终究不能是国家取得财政收入的基本途径。

如果说，资产阶级国家在货币流通方面可以凭借政治上的强制取得财政收入；那么，在商品流通方面，情况就有所不同。

资产阶级国家不是大规模地直接从事商业活动，但又要从商品流通中取得大量财政收入，就只能采取对商品课税的方式。国家凭借政治强力，对同类商品课征同额的税款，从而使商品的市场价格上涨。这种方式虽在前资本主义时期就已经存在，但在商品经济极大发展的资本主义社会，它才成为国家取得财政收入的一个重要途径。资产阶级国家对商品的课税虽然由商品经营者（主要是资本家）负责交纳，但由商品购买者来负担。因此，在一定限度内，资产阶级不会反对国家通过这样的途径来取得财政收入。

资产阶级国家无论在货币流通方面还是在商品流通方面取得财政收入，必然要通过流通领域来改变社会产品的分配，才能占取一部分产品。在这个意义上，在流通领域里牟取财政收入，都是间接的征收，都会引起分配关系的很复杂的变化，影响到不止一个阶级的收入，引起一系列的再分配关系。在这整个过程中，资产阶级特别是它的最有力的集团，由于他们在生产中占有统治地位，在分配中也占有最强的地位，在这再分配的过程中也总是负担较轻而且还能牟取额外的利益和加强他们的地位。

资产阶级国家在分配领域的活动可以区分成两种：一种是以生产资料所有者或资本所有者的身份进行活动，另一种是仅仅以政治权力的行使者的身份进行活动。这两种活动都能形成一定的财政收入，但性质不同。

资产阶级国家在分配领域中取得财政收入，主要依靠政治权力；这种收入基本上是在国民收入的再分配中形成的。对于资本主义社会各个阶级和集团的基本收入，国家凭借强制力量，分别地或者合并地征收它们的一部分，使这部分产品从原来归这个阶级或集团所有变成为归资产阶级国家所有。这是资产阶级国家在分配领域里取得财政收入的基本途径。

总起来说，资产阶级国家虽然有可能从生产、流通、分配三个领域里取得财政收入，但主要只能从后两个领域来取得。国家从流通和分配领域中取得收入，虽然有可能以其他身份，但主要是以政治强制者的身份来进行。资产阶级国家的财政收入，从其主要部分来看，只能是对国民收入再分配的结果。

资产阶级国家以各种方式占有一部分国民收入之后，必然要使用它们。资产阶级国家的财政支出，作为一个经济范畴，就是国家对已经占有的一部分产品在不同用途间进行分割使用所形成的经济关系。

资产阶级国家是为了自己的存在和职能才进行财政支出的。财政支出的目的终究是要维护统治阶级的利益。不论政治和经济条件有多么大的变化，资产阶级国家实质上总是资产阶级的专政，财政支出的目的总是为了保护资本主义私有制。不是为了这个目的，就没有必要去占有一部分产品。

但是，资产阶级国家在形式上又是整个资本主义社会的代表。它凌驾于社会之上，好像是一个缓和矛盾、解决冲突的超阶级的机构，没有这种掩盖，资产阶级的国家是很难统治下去的。资产阶级国家的一切财政支出，即使是为了最卑鄙的阶级利益，也一定要说成是为了全民的福利。资本主义制度的矛盾愈发展，财政支出的规模愈扩大，掩盖这个真实目的的必要性也就愈加迫切。

“政治统治到处都是以执行某种社会职能为基础，而且政治统治只有在它执行了它的这种社会职能时才能持续下去。”[①] 资产阶级国家不仅要把全部的财政支出说成为了全社会的需要，而且也确有一部

---

① 恩格斯:《反杜林论》,《马克思恩格斯选集》第3卷，人民出版社版，第219页。

分财政支出是为了人民群众的眼前的物质利益。失业救济、卫生教育、市政建设等支出就是一些例子。对这些现象应作具体分析。资本主义的生产是社会化的，它要求社会为其所掌握的生产劳动过程提供一定的条件，它要求它所雇用的劳动力必须具备一定的文化和技能。国家的某些财政支出就是为了创造这些条件，同时也给劳动群众带来一些好处。但更多的情况是：在激烈的阶级斗争中，工人阶级和其他劳动人民的斗争迫使资产阶级不得不作一定的退却，从而也就在财政支出上作一定的让步。但是，只要资产阶级还是统治者，这种退却和让步只能是局部的和暂时的；所谓福利支出总是和大量的税捐课征相并存的。

财政支出的目的既是为了保护资本主义制度，就必然针对资产阶级的迫切需要来分配使用财政资金。当资本主义生产方式内部的矛盾还不尖锐，资产阶级的共同需要是保持一个适宜的外部条件时，财政支出主要是维持政府各非生产部门的消费。财政支出的规模不大，资产阶级内部在财政资金的分配使用上的矛盾也不很尖锐。当资本主义生产方式内部的矛盾已经剧烈地发展起来时，资产阶级会面临商品实现困难、投资不足、利润率下降等问题；财政支出在继续维持资本主义生产方式所需的外部条件之外，必须针对这种情况为资本开辟市场，创造投资的可能性，提供高额利润。财政支出的规模必然要增大。由于那些问题都只是资本主义基本矛盾的具体表现，财政支出即使能局部地、暂时地缓和这些困难，在另外的场合和时间，这些问题又会重现，而且会更加严重。

长时期内，资产阶级国家分配使用财政资金的方向是以非生产部门为主。例如，军队、行政机关以及近几十年日益扩大的社会福利部门。这些都是消费支出，虽也可以为资本家扩大商品市场，但从政府干预经济的要求出发，还必须扩大政府的投资支出。在资本主义国家，投资是私人的事。政府投资不能取代私人投资，必须有利于私人投资。

从资产阶级特别是垄断资产阶级的利益来看，政府在军事部门的支出是特别有利的。国家军事部门的活动是统治阶级对国内镇压和对外侵略的必要条件。这种活动的范围是广泛的，所需费用是昂贵的，从而必须有大量的、一次消费性的支出。大量的军事支出会给垄断资本带来商品和劳务的市场以及大量投资的可能，从而给他们提供利润。

随着资产阶级国家军事支出的大量增长，资本主义经济中军事生产和其他供应部门也必然迅速扩大。这些部门是为政府订货而生产的，它的产品只能卖给政府。垄断资本不仅控制这些部门，而且也加强了对政府的控制。在这样的条件下，垄断资本集团在一定场合和一定时间内不仅不反对政府在这些部门投资，而且还要求政府这样做。因此，在财政支出中就会发生相当数额的对军事生产和与此密切相关的部门的投资。这些支出，即使有着生产投资的外貌，实际上也不是生产性的支出，并没有当作生产资本来使用。国家垄断资本主义的发展，并不能改变资产阶级国家财政支出的基本方向。

资产阶级国家的财政支出有着不同的用途。按其在社会再生产中的地位来看，可以区别两种用途：一是形成各种派生收入，一是形成政府部门的商品购置。

资产阶级国家的财政支出会形成不同性质的派生收入。它给资产阶级提供补充收入，如对工、农、航运等部门中企业的贴补等。它也给剥削阶级分子提供优厚的进款，如对政府高级官吏、军队将领等发放薪俸、津贴、年金等等。这些收入的形成只是剥削阶级内部对剩余价值的进一步分配。资产阶级国家也雇用大量工人职员，拥有大量兵士，财政支出中有相当部分就形成这些人的工资和薪饷等收入。这些人的社会地位不同于剥削阶级分子。一般说来，这些人是劳动者，受压迫和剥削。他们的收入是劳动者的收入。但是，他们基本上是非生产部门的劳动者，他们的收入是靠资产阶级国家的财政资金来弥补的，从整个社会来说，是靠生产劳动者的剩余产品来弥补的。在这个用途上的财政支出愈大，非生产部门所占用的劳动资源就愈多，剩余产品中用于消费部分的规模就愈大。

财政支出形成各种派生收入之后，也会形成各种购置，但这是私人的购置，其具体对象基本上由各人的社会地位来决定。这只能构成资产阶级实现商品价值和剩余价值的一般条件，不能成为某一资本集团或某一垄断组织实现最大限度利润的特殊条件。但是，资产阶级国家财政支出中直接形成政府购置的部分就不同了。

资产阶级的政府购置包括大量军事购置和其他非生产部门的购置，也包括国家的军事生产部门的购置等。购置就是订单，是资本家争夺的对象。在垄断资本控制政府的条件下，政府的购置就直接成为垄断组织取得和实现高额利润的源泉和条件。

在资产阶级的政府购置中有一部分是为了弥补国家各部门经常的消费，这种购置的增长就意味着国民收入中消费的增长。但是，这部分消费不是劳动人民的福利，对于资本主义社会的生产力的发展不能起积极的作用。政府购置中也有一部分用于物资的贮存和进行各种工程建设等，形成国民收入的积累的一部分。但是，这种积累基本上是非生产用的。它的增长对于社会生产力的发展也不能起积极的作用。资产阶级国家通过财政支出而形成的生产用的积累是较少的，而且，其中的军事生产和供应部门的投资按其实质来说也并非真正生产用的，对于社会生产力的发展也不是一个积极的因素。

把财政收入同支出结合起来看，资产阶级国家的财政对于资本主义社会全部产品的分配会有什么样的影响？通过分配，对于资本主义社会的生产又会产生什么样的影响?

就资本主义社会全部产品的占有关系来看，资产阶级国家不论从什么领域、以什么方式取得财政收入，其结果总是形成一个国家占有的份额。由于这个份额主要是靠压缩劳动群众的份额才能形成的，由于国家占有的归根结底只能是生产劳动者的产品，国家占有的实质上只能是无偿的劳动；由于国家不论如何分割使用这个占有的份额，都只是为了保护资本主义制度这个根本目的；所以，资产阶级国家的占有是一种剥削，占有的是剩余价值。资产阶级国家的占有同资本家私人的占有，在这一点上并没有区别。在这个意义上，集体的资本家同私人的资本家共同剥削、瓜分剩余价值。但是，国家占有这个份额的形成，又是资产阶级国家凭借政治强制迫使在社会的劳动总额中无偿的、剩余的部分扩大，而有偿的、必要的部分缩小，也就是使剩余价值相对增大。在这个意义上，资产阶级国家的占有是一种额外的剥削。

资产阶级国家的占有对于各类资本家私人的占有也有影响。通常情况下，会使后者的份额也有所缩小，即利润、利息等在国民收入中的比重有所下降。但是，资产阶级只是在他们的收入能够绝对地增长的条件下才能允许它相对地下降。在垄断统治的时期，垄断资本为了使收入能够迅速增长，才允许国家更多地占有；但是，国家占有的份额愈大，私人占有的份额就愈受到影响。这显然是矛盾的。在生产上升的年月里，由于国民收入有较大的增长，这个矛盾比较缓和一些，国家的占有虽然使资产阶级的收入可能相对地缩小了，但后者还是可能增长很快从而还能满足资本家追逐最大限度利润的欲望。在生产停滞或者下降的年月里，即使尽量额外地剥削劳动群众，资产阶级国家的大量占有总是不可避免地要影响资本家的私人占有；而在这样的条件下，为保证利润增长或不下降，资产阶级又不得不要求国家更多地占有。这样，资产阶级国家财政收入的可能同财政支出的需要二者之间的矛盾就愈益发展。随着这个矛盾的发展，资产阶级国家对劳动群众的额外剥削必然加紧，工农群众同资产阶级的矛盾必然加深。同时，剥削阶级内部的矛盾，各个资本集团之间的矛盾，也必然加深。

资产阶级国家的占有究竟在怎样的程度上加深了资本主义社会各阶级、阶层、集团之间在分配上的矛盾，这就要看资本主义社会的生产是上升、停滞，还是下降，这就要看资产阶级国家对它所占有的产品在各用途间分割使用时对生产起了什么样的作用。

在资本主义条件下，生产经历着周期性的波动，只有通过这种波动才能得到一定的发展。这是由这个社会制度的基本矛盾所决定的。资产阶级国家不论对它所占有的那部分产品如何分割使用，都不能从根本上改变这种状况。相反地，资产阶级国家对一部分产品的占有并分割使用，不可避免地会加剧这种状况。

分配作为生产物的分配，其对生产的影响主要就是它在不同用途间的分割使用对于生产的物质条件——生产工具和劳动力——在部门间的分配所产生的影响。从劳动力看，资本主义国家的财政分配使劳动力在生产部门被使用的份额降低，在非生产部门被使用的份额增大；使国民收入的消费基金中生产劳动者所享有的份额缩小，而非生产劳动者所享有的份额增大。从生产资料看，由于财政分配使政府部门的消费和非生产用的积累绝对和相对地都有所增大，真正用于生产投资的产品在国民收入的积累基金中所占份额不能不降低，在整个国民收入中的比重也不能不降低。因此，资本主义国家的财政收支，就其全部影响来说，必然改变资本主义国家的经济结构，从长远看，不能不是使生产增长缓慢、停滞甚至下降的一个重要因素。

第二章　资本主义财政的历史发展

第一节　资本主义财政的形成

资本主义财政是资本主义经济的一部分。但是，资本主义财政的形成又以资产阶级专政为其必要的条件。资产阶级专政只是在取代了封建主阶级专政之后才能建立，他们之间围绕政治、经济、财政这三方面的利益进行着错综复杂的斗争。总起来说，资本主义财政的形成过程同时就是资产阶级夺取财政权的过程，也就是财政从为封建主义服务变为为资本主义服务的过程。

在漫长的封建主义社会中，国家对广大农民和城市小手工业者的财政剥削极为残酷，皇室贵族的挥霍浪费耗去了社会上剩余产品的很大份额，使生产力的发展十分缓慢，也阻碍了商品经济以至于资本主义生产关系的发展。但历史的车轮总是要前进的，资本主义的因素终究要在封建社会内部萌芽和发展。在这样的历史条件下，封建财政也必然会促进资本的原始积累。“原始积累的不同因素，多少是按时间顺序特别分配在西班牙、葡萄牙、荷兰、法国和英国。在英国，这些因素在十七世纪末系统地综合为殖民制度、国债制度、现代税收制度和保护关税制度。……所有这些方法都利用国家权力，也就是利用集中的有组织的社会暴力，来大力促进从封建生产方式向资本主义生产方式的转变过程，缩短过渡时间。”[①]

在封建社会末期，阶级关系很复杂。农民和农村中的其他劳动者身受封建主经济和财政上的重重剥削。城市的手工业者和小商人、小业主也受到层层限制和压榨。资产阶级正在兴起，但还没有成为决定的力量。封建主虽然还掌握政权，但财政困难，经济地位也正在没落。财政的困难迫使专制君主投入资产阶级的怀抱，凭借金融贵族的力量来维持自己的统治。大地产所有者在政治上与金融贵族结成联盟。后者利用封建主国家的财政负担和巨额债务，与专制君主狼狈为奸，谋求财富。“**资产阶级**中有一小部分人对本阶级的共同利益漠不关心，他们一味追求自己特殊的，甚至同本阶级相敌对的利益。这就是金融贵族、国家的大债权人、银行家、食利者。这些人的财富是随着人民的贫困而增长的。”[②]

金融贵族在利用封建财政为自己谋利的时候，同封建主的利益经常发生矛盾。不仅在借款条件和债务清偿等方面，他们要同专制君主发生争执；而且，“自近代信用制度和国债制度成立以来，自十七世纪末叶以来，这些高利贷业者还在立法等方面，占着优势，和贵族们对立着”[③]。在这种种斗争中，他们在政治上和经济上都得到一定的好处；他们既支持了封建统治，又在一定程度上削弱了这种统治的基础。

金融贵族在利用财政为自己谋利的时候，同工商业资本家也有着利害冲突。工商业资本的利益要求资本迅速地集中，商品市场迅速地扩大，成本和费用迅速地降低；而大地主和金融贵族结成联盟

---

① 马克思：《资本论》第 1 卷，《马克思恩格斯全集》第 23 卷，人民出版社版，第 819 页。

② 马克思：《孟德斯鸠第五十六》，《马克思恩格斯全集》第 6 卷，人民出版社版，第 231 页。

③ 马克思：《剩余价值学说史》第 1 卷，考茨基编，生活 · 读书 · 新知三联书店 1957 年版，第 22 页。

对人民群众的财政剥削却妨碍了这样的要求得到实现。但是，他们的利益也不是绝对地对立的。一方面，金融贵族利用财政在为自己谋利的同时，也不可避免地会加速资本的原始积累。另一方面，在产业资本还不是很壮大的时候，他们特别是商业资本家也会以国家债务上的息金作为自己投机的对象，对金融贵族依赖。

总起来说，金融贵族同封建专制君主的联盟只是使封建财政在性质上发生了一定变化，但并没有使它变成资本主义财政。只有在产业资本家成为资产阶级中的主导部分，在他们已经掌握了政权的条件下，资本主义财政才是真正建立了。

资本主义财政的形成，在不同的国家有着不同的情况。这里，下列几点是值得注意的：

第一，资产阶级反对封建专制君主对人民群众的财政剥削；这种反对进行得越彻底，资产阶级的革命也就越容易取得胜利。

封建君主的横征暴敛，使城市工人、农民和其他劳动者的生活极端困苦，使工商业者的经营受到摧残。已经成长起来的资产阶级，有条件动员和领导广大群众来反对这种剥削。斗争如果坚持下去，通常是有效的。因为它能削弱封建政府的财政基础。恩格斯对 1847 年年末普鲁士情况的分析就说明了这一点："资产阶级已经认识到自己的力量，它决定不再忍受封建官僚专制制度用来束缚他们的商业事务、工业活动和他们作为一个阶级而进行的共同行动的枷锁，……小手工业者小商人阶级很不满意，他们埋怨捐税，埋怨加于他们营业上的种种障碍，但是并没有明确的、足以保障他们在社会和国家中的地位的改革方案；农民在一些地方饱受封建的苛捐杂税的盘剥，在另一些地方则备受放债人、高利贷者和律师们的压迫；城市工人普遍不满，他们对政府和大工业资本家同样憎恨，并且深受社会主义和共产主义思想的感染。总之，反对政府的群众是由各种各样的成分组成的，它们的利益各不相同，但整个说来是受资产阶级领导，……政府又确实是一文不名，除了乞求资产阶级反对派，便不能得到一分钱去弥补日渐增多的亏空。有哪个国家的资产阶级在反对现存的政府、夺取政权时曾经处于比这更有利的地位呢？”①

但是，资产阶级并不是都能利用这个有利条件的。历史事实说明，他们不敢充分团结无产阶级和广大农民的革命力量。在专制君主的威逼利诱面前，资产阶级内部也会分裂。封建主阶级也可能让步，资产阶级也会妥协。围绕着财政的收支，展开了各派政治力量之间错综复杂的矛盾和斗争。

第二，资产阶级同封建君主和金融贵族，资产阶级同农民和无产阶级，在财政上有着复杂的斗争，这种斗争的展开虽可能暂时地削弱资产阶级的地位，但并不能改变资产阶级革命的历史命运。

当资产阶级在财政上对封建君主反抗时，后者也必然在同一阵地上加紧进攻。封建君主凭借强力，对工商业加强课税，实行摊派，强制销售公债，以这些方式来加强自己的财政地位，同时又削弱资产阶级。事实说明，这种进攻通常是无效的，反而促使资产阶级同广大人民群众因处境相近而关系密切。

封建统治者也可能通过他的政治同盟者——金融贵族，对资产阶级施加压力。他可以把国家的财产和财政收入抵押给银行家，加倍偿付对他们的债务，一方面换取后者对政府纸币的支持，另一方面要求后者以金融势力来迫使资产阶级走上反革命的道路。这样做，封建统治者是要付出昂贵代价的；它“越是拒绝满足资产阶级参加政权的要求，它就越要被迫向这个阶级中的一派——金融家-债权人

---

① 恩格斯:《德国的革命和反革命》,《马克思恩格斯全集》第8卷，人民出版社版，第28—29页。

的无限的专制屈服”[①]。即使付出这样的代价，统治者的企图也未必得逞。结果如何，当然要看资产阶级的经济实力。法国“七月王朝”路易·菲利普的同盟者——法兰西银行的领导人“认为他有足够的力量通过人为地加剧金融危机的办法来恐吓资产阶级，促使它走上反革命道路。为了达到这个目的，他突然中断了发放巴黎商界一向所依靠的信贷，可是，他有意制造出来的极大危局没有动摇临时政府的地位，反而把锋芒指向了这家银行自己。……确信会发生的反革命事件，并没有发生，却发生了向法兰西银行大量提前支取存款的事件”[②]。

封建统治者虽然并不能从财政上对资产阶级有效地进攻，但资产阶级也往往容易妥协。这是由于资产阶级是私有者、剥削者，他们不仅同金融贵族有着千丝万缕的联系，而且同封建地主也有着一定的共通之处，相反地，他们同工人和劳动农民却有着无法调和的矛盾。他们不能不这样想：“诚然，金融巨头削减他们的**利润，但是这和无产阶级完全消灭利润比起来，又算得什么呢**？”[③]正是因为这样，当封建统治者在政治和经济上作了一定的让步之后，资产阶级就可能同他们妥协，参加政府。

在这样的妥协中资产阶级参加了政府，或者竟然由资产阶级来组织政府而封建势力却退居幕后，但实际上资产阶级没有真正掌握政权和财政权，却因为名义上掌握政权而同人民群众特别是农民在财政上发生了尖锐的矛盾。1848 年 2 月，法国的工商业资产阶级、

① 马克思:《奥地利的破产》,《马克思恩格斯全集》第 10 卷，人民出版社版，第 111 页。

② 马克思:《新的法兰西银行法》,《马克思恩格斯全集》第 12 卷，人民出版社版，第 241 页。

③ 马克思:《1848 年至 1850 年的法兰西阶级斗争》,《马克思恩格斯全集》第 7 卷，人民出版社版，第 92 页。

小资产阶级和工人阶级各派力量联合起来的临时政府大体上就是处在这种状况下。“临时政府又日益被有增无已的财政赤字压得直不起腰来。它乞求大家来为爱国主义担负牺牲，但是一点用处也没有。只有工人才施舍给它几个钱。于是只得采取英勇手段——施行**新税**。然而向谁去征税呢？向交易所的豺狼、银行大王、国家债权人、食利者和工业家去征税吗？但这样去做是不能取得资产阶级对于共和国的同情的。……到底是谁为资产阶级的信用事业作了牺牲呢？就是……**农民**。……**农民不免要负担二月革命的费用**，于是他们就构成了反革命方面的主力军。45生丁的税，对于法国农民是个生死问题，而法国农民又把它弄成了共和国的生死问题。”①

在封建地主和金融贵族的势力原封不动的条件下，农民抛弃资产阶级，必然要导致反革命势力的复辟。但是，这样的反革命政权在财政上也仍然会陷于困境；企图摆脱这种困难，就只能加深对人民群众的财政剥削，这又给了资产阶级革命派一个有利的机会。封建地主和金融贵族的反革命统治是不能长久下去的，资产阶级的革命终究会再爆发并取得胜利。

第三，资产阶级掌握政权之后，人民群众所受的财政剥削会有所减轻，封建地主和金融贵族从财政上得到的利益会有所削减。但是，资产阶级在财政上的改进绝不能违背本阶级的利益，也绝不能超越资本主义私有制的范围。

在围绕着财政问题在革命派和反动派之间展开反复斗争的同时，资产阶级在经济上日益壮大，在政治上也日益占据有利地位。资产阶级要建立起自己的专政，要有自己的财政，资本主义财政比起封建主义财政来有些什么改进？这同资产阶级取得政权的具体过程有关。

---

① 马克思：《1848年至1850年的法兰西阶级斗争》，《马克思恩格斯全集》第7卷，人民出版社版，第26—27页。

这里，英国的例子是有代表性的。"英国……于1832年所通过的议会改革法案却使金融贵族垮台下野了。银行、国家债权人和证券投机商，总之，借给贵族巨额款项的金融商人到那时候在选举垄断的五光十色的掩护下几乎单独地统治了英国。大工业和世界贸易越向前发展，他们的统治尽管作了一些让步，仍然越来越变得无法忍受。资产阶级其余的派别和英国无产阶级以及爱尔兰农民结成同盟，把金融资产阶级推翻了。人民以革命进行威胁，资产阶级大量的向银行兑换它所发行的银行券，使得银行濒于破产。"[①]资产阶级既然依靠工人和农民来掌握政权，就不得不至少在一个短时期内减轻他们的财政负担。资产阶级既然是削弱了旧政权的财政地位才掌握政权的，就无须在自己的财政中给他们特殊的权益。英国的资产阶级在掌握了政权和建立了自己的财政之后，"通过限制挂名领高薪的职位，使依附于金融资本家的贵族受到损失，……以降低税率和实行所得税使金融贵族和土地所有者丧失不纳税的自由。……废除谷物税使英国的土地所有者做了工业家的牺牲品，废除食糖等的差别税使殖民地的土地所有者做了工业家的牺牲品……他们宣传限制国家开支，降低税收以及给予最可靠的那一部分工人以选举权。他们希望使新的同盟者参加议会，以便更快地取得直接的政治统治，因为只有借助于这种统治，他们才能清除已经失去任何意义但却花费很大的英国国家机器上的传统附属品，如贵族、教会、挂名领高薪的职务、半封建的法学界等"[②]。

但是，资产阶级所需要的只是政权和财政权，并不会去取消封建地主和金融贵族的私有财产。资产阶级要取消旧统治者对财政的

① 恩格斯：《英国的10小时工作制法案》，《马克思恩格斯全集》第7卷，人民出版社版，第280页。

② 同上书，第281—282页。

控制和在财政上享受的特权。但当旧统治者被迫退却的时候，资产阶级从维护资本主义私有制这个目的出发，又反过来对他们实行保护。资产阶级政府通常对封建统治者给予巨额的赎金，对于反动政府的债务给予承认并进行偿付。资产阶级的新统治者知道，如果拒绝偿付旧的国债，不仅以后找不到银行家肯让他们来借支，而且也会危及自己的债权。所以，他们认为："借债是反革命的特权，而还债则是革命的特权。"①

当资产阶级已经成为统治者之后，财政需要就增长了。支付赎金和清偿旧债，负担尤其沉重。于是，他们就必须继续征收旧税和举借新债，就必须对无产阶级和农民群众照样地进行财政剥削。他们已经没有多少顾虑，因为政权和财政权都已经掌握在自己手里。产业资产阶级同金融贵族一样，当他们刚刚"获得对封建贵族的决定性胜利的时候，也就是对人民实行最露骨的反动的时候"②。这样，资本主义的财政就形成了。资产阶级对人民群众的财政剥削达到什么样的程度，一方面要看阶级矛盾的状况，另一方面也决定于资产阶级利益的需要。

第二节　垄断前资本主义财政

以工商业资本家为主体的资产阶级掌握了政权之后，资本主义的生产方式就以更快的步伐占领一切经济部门。在十九世纪六十年代之前，自由竞争是资本主义制度的一个重要特点，垄断还没有得

---

① 马克思：《西班牙的反动》，《马克思恩格斯全集》第 10 卷，人民出版社版，第 515 页。

② 马克思：《东印度公司，它的历史与结果》，《马克思恩格斯全集》第 9 卷，人民出版社版，第 167 页。

到发展。在一切经济部门，都有着众多的资本家，他们个人拥有的资本为数相对不大，既不足以控制整个部门的生产经营，也难于垄断原料或成品的市场。他们对于国家怀着这样一个共同的要求：保护资本主义私有制，镇压被剥削者的反抗；同时，在原料、市场等方面为资本的经营创造出一个有利的条件。他们还不能把自己个人或者一个小集团的利益同国家的活动直接联系起来。一方面，个人或者小集团还不能控制国家；另一方面，国家活动所带来的物质利益，个人或者小集团也无力去独享。各个资本家相互间既然自由竞争，对于国家的活动也就要求利益均沾，对于国家的财政负担在本阶级内部也就要求“公平”负担。在垄断前资本主义时期，资产阶级所要求于国家的，只能是为资本获得利润和积累提供有利的外部条件。无论就客观情况和资产阶级的主观要求来说，“国家不过是资产阶级用来对付它的个别成员和被剥削阶级的相互保险的公司”[①]。这一切对这时期财政的发展有着决定的作用。

资产阶级是利用了无产阶级和农民的力量才能推翻封建统治的，反对苛捐杂税曾经是动员群众的一个口号。现在，情况已经改变，资产阶级必须收回这些口号，但新统治者总要比旧统治者格外谨慎些。同时，资本主义的生产关系在当时促进了生产力的迅速发展，国民收入迅速增长了，资产阶级政府的财政需要比较容易地得到解决，暂时地也可能放松一下对劳动群众的财政剥削，缓和一下阶级矛盾，更有利于资本家对剩余价值的榨取。这些情况对垄断前资本主义财政的发展，有着重要的影响。

垄断前资本主义的财政具有什么特点呢？它同封建主义的财政相比，有着什么重要区别呢？

---

① 马克思和恩格斯：《〈新莱茵报。政治经济评论〉第4期上发表的书评》，《马克思恩格斯全集》第7卷，人民出版社版，第338页。

第一，财政支出相对地缩减。

工商业资产阶级认识到没有国家的保护是不行的，国家的活动和财政支出在一定范围内是必需的。但如果超越了这个范围，它就会影响到资本的积累。为此，他们反对过“王权连同它的穷奢极侈的生活”“贵族的薪高而消闲的职位”“教会”“庞大的司法机构”等等，认为这一切都是“生产的多余的、非必需的费用”。消灭它们，缩减它们的开支，名义上对全民族有利，实际上首先是对工商业资产阶级有利。现在，资产阶级的共和国已经建立。在这个共和国里，“生活的各个领域都处在自由竞争的无限的统治之下，只是在总的方面留下一个为整个资产阶级所必需的最低限度的行政权，以便在对内对外政策上保障资产阶级的共同利益并管理资产阶级的共同事务，而就连这个最低限度的行政权也必须组织得尽可能合理而经济”[①]。资产阶级在这样的条件下就提出了“廉价政府”的口号。

皇室、贵族、庞大的官僚制度、其他封建制度的上层建筑等等被取消，或者变得不重要了。阶级矛盾有所缓和，生产发展得比较迅速，资产阶级的新官僚制度暂时还不特别庞大，所以，国家行政管理的支出能够有所缩减。但在封建残余势力还很强的国家里，这类支出的缩减是很有限的，或者根本就没有减少。

至于占财政支出中重要地位的军事支出，情况就更加复杂一些。在早期殖民战争中已经获得好处的国家中，资产阶级已经不再需要用武器来战争，而是需要用商品和资本来竞争。英国就是一个例子。“**曼彻斯特学派**是真正愿意和平的，因为这样才有可能在国内和国外进行工业战争。它追求英国资产阶级在世界市场和英国本土的统治地位，在世界市场上，应当使用它的武器——棉花包来进行战争；

---

① 马克思：《宪章派》，《马克思恩格斯全集》第8卷，人民出版社版，第389页。

在英国本土，作为现代生产的累赘的贵族应该被消灭，作为现代生产的简单工具的无产者应该被奴役，而它本身，作为生产的领导者，也应该领导国家和占据国家职位。”[①] 但在其他国家，资产阶级却不安于现状，迫切要求对外掠夺和开拓世界市场。即使在垄断前资本主义时期，资本主义国家之间，资本主义国家和殖民地被压迫民族之间，也会发生战争。不管资产阶级统治者的愿望如何，他们都必须豢养大量的常备军，把大量财富花费在不断的军事行动中。

在资本主义发展较晚的国家，为了赶上先进者并在世界市场上分得一席地，统治阶级很早就利用国库资金来加速资本主义的发展。比如德国，在铁路建筑、港埠和内河交通的发展等方面，国家支用不少资金。在对外贸易有关的部门中，政府也直接给资本家以不同形式的贴补。这一切支出在垄断前时期中也已经达到相当的规模。

“廉价政府”的政策是符合资产阶级利益的。但资本主义社会各种矛盾的发展使这样的政策不可能真正地贯彻。资产阶级国家的财政支出即使在这个时期中绝对额也是不断增长的。只是由于生产的发展速度一般较高，才使财政支出在国民收入中的比重和封建主义国家相比是降低了，而且通常保持在一个低水平上。

第二，人民的财政负担有所减轻，税捐对经济的消极作用有所减少。

财政支出的相对缩减使政府的财政状况有所改善，从而也使政府有可能对财政收入制度作一定的调整。在封建国家，课税早已成为财政收入的重要方式，在资本主义国家，这种收入方式更获得广泛的运用。问题在于：如何运用课税的种种方式？把税负放在什么人的肩上？

---

① 马克思:《英国议会中的辩论》,《马克思恩格斯全集》第 11 卷，人民出版社版，第 317—318 页。

资产阶级政府通常会加强对大土地所有者的课税。资产阶级在理论上和实践上都发动了这样的攻势。他们的代言人李嘉图“证明，土地的私有制不同于农业工人及农场租佃者的相应的要求，它是一种完全多余的、同现代生产的整个制度不相容的关系；地租——这些关系的经济表现——如能由国家握有，则有很大利益；最后，他证明，地主的利益是同现代社会的其他一切阶级的利益相抵触的”[①]。在财政实践上，资产阶级政府也这样做；在英国，就实行自由贸易和课征所得税。

在英国，围绕着谷物进口税展开了长时期的各派政治力量之间的斗争。对进口谷物课征高额关税，使国内市场上谷物昂贵，大土地所有者从而能收取高额地租。谷物的昂贵使工人实际收入降低，也使名义的货币工资有所提高，对于工业资本是不利的。十九世纪四十年代中取消了“谷物条例”的最后残余，标志着资产阶级的重大胜利。

英国的资产阶级不仅要求谷物的自由输入，作为“世界工场”的主人，他们也还要求原料的自由输入和工业品的自由输出。为了在世界市场上进行自由竞争，他们就要求自由贸易，要求政府不以关税作为财政收入的重要来源。对于国内商品流通，他们也要求自由贸易；在课税制度上他们不反对必需品的消费税，但要求把原料和半成品上的税额转移到最后成品，取消诸如国内关税等妨碍商品流通的课征形式，使资本主义生产和流通受到最少限度的国家干涉，使资本能够自由竞争，自由地取得利润。

资产阶级是从本阶级的利益出发来要求政府实行自由贸易以及有关的财政政策的。他们绝非为了人民的利益来限制大土地所有者

① 马克思:《印度问题。——爱尔兰的租佃权》,《马克思恩格斯全集》第9卷，人民出版社版，第181页。

的收入。但在当时条件下，这促进了生产的发展，在一定限度内也能减轻人民的负担。资产阶级在实行这些措施的同时，为应付日益增长的财政需要，必须寻找其他财政收入的来源。不少资本主义国家在这时期中就改进了原有的课征形式，实行了所得税。

在资本主义之前，对土地、房屋等财产的课税已经有所发展。在商品货币关系发展之后，对城市工商业户也征收过营业税等。资产阶级取得政权后，也不会放弃这种收入来源。这些课征不仅影响到土地和房屋的所有者，而且也影响到资本家本身。为了缓和矛盾，政府就在课征制度方面适当减少负担畸轻畸重的现象，使课税额大体上能与交纳人的收入成比例。"应能负担"的原则也被提出了。

在这时期中，实行了所得税。所得税的课征以社会上各阶级、各集团的所得为前提，而资本主义社会已经具备了这样的前提。但是，资产阶级从其阶级利益出发，起初是反对所得税的。虽然它只是"一种百分之百的资产阶级措施"，法国反动的议会却谈虎色变，要把所得税"永远逐出了自己的共和国"。[①]有些资本主义国家曾经在战时开征了所得税，但总是把它当作一个临时性措施。财政需要的紧迫，阶级斗争的压力，迫使资产阶级不得不课征它。但在课征时，采取划分固定收入和非固定收入并且把利润和工资一起列作非固定收入的办法，采取把课征对象扩大到劳动工资、养老金、个体劳动者收入等的办法，"打着行善的幌子，不过是力图把一部分社会负担从自己的肩上转移到土地占有者和有价证券持有者的肩上罢了"[②]。同时，也使劳动大众一起负担国家的支出，或者使最富的阶级只有较

① 马克思:《1848年至1850年的法兰西阶级斗争》,《马克思恩格斯全集》第7卷，人民出版社版，第47页。

② 马克思:《君士坦丁堡的乱子。——德国的招魂术。——预算》,《马克思恩格斯全集》第9卷，人民出版社版，第83页。

轻的负担。

资产阶级政府要课税，负担终究要落在劳动人民身上。垄断前资本主义时期也绝非例外。但同封建主义相比较，由于资产阶级把课税当作进攻大土地所有者的一个手段，由于他们改进了制度使课税较少地妨碍生产和交换，由于他们为了缓和矛盾而考虑了纳税者的负担能力，在课税上人民的负担相对说来有所减轻。

第三，国家的债务状况有所改善。

由于财政支出相对减少和人民负担相对减轻，资产阶级国家的财政收支易于接近平衡。即使不能平衡，由于生产得到较快的发展，国家也较易于借款来解决暂时的困难。国家的信用地位比较高，债务上的支出也比较低，国家积累的债务也比较少。从资产阶级这方面看，由于生产发展所提供的投资可能性比较大，他们没有必要在国家债务上大量投资。他们之中也还没有形成那样有势力的集团可以垫支给国家大量资本，从而来控制全部政府事务。但是，战争还是要使这些国家的债务大量增加的。比如，英国镇压美洲殖民地的战争和反对法国大革命的战争，就是英国在十八、十九世纪债务增长的主要原因。但即使这样，债权人还不是集中在少数人或一个集团身上的。

马克思在《合众国的预算和基督教德意志的预算》一文中，曾以当时的美国作为垄断前资本主义国家的代表同尚在封建统治下的德国，在财政上作了一些比较。他指出：美国面积大，人口多，但财政支出反而比普鲁士小得多；这是由于美国当时官吏的薪俸较低，没有宫廷的豪华和浪费，常备军的数量也较小。美国当时也进行对西班牙的战争，有了赤字，发行了公债，但政府的债信很高，债券很容易出售。普鲁士政府的信用很低，不得不实行强迫公债[①]。财政

① 参阅马克思：《合众国的预算和基督教德意志的预算》，《马克思恩格斯全集》第6卷，人民出版社版，第181—183页。

状况的不同，主要是由两种不同的生产关系所决定的。

第四，财政体制进一步集中化。

封建主义的财政具有分散和不统一的特点。当资本主义财政形成之后，集中化的趋势就明显地加强了。资本主义财政的集中化，是资产阶级在国内和国外所处地位所要求的。在国内，疆域比较广大的民族国家已经形成，国内市场的统一已经具备了经济上和政治上的条件，它的实现符合资产阶级的利益。分散的、各自为政的财政体制如果不加改变，只能成为市场统一和经济发展的障碍。为确保财政的集中化，主要的财政收支都要归中央掌握；地方虽保留一些收支，但不占重要地位，而且都是地方性的课征，影响不大。地方财政中比较发达的是城市财政，但在城市课征的税收主要也归中央。但资产阶级在经济、政治以至于军事上的对外扩张不断地进行，军事力量和大量的军事支出还是必需的。为确保这些支出，也需要财力的进一步集中。

垄断前资本主义财政的集中化是资产阶级利益所要求的。但随着集中的财政体制的建立，统一的财政制度得以实行，比较有效的财政机构得以设立，从而使财政对于生产和人民生活的消极作用有所减少。因此，同封建主义财政相比，这种集中化在当时还是有一定的进步作用的。

最后，财政管理也有所改进。

资产阶级在向封建势力争夺财政权时，尽量揭露皇室贵族的滥用权利、金融贵族的投机取利、机构的无能、官吏的贪污等等。他们也通过议会力争自己的代表有权审查国家的财政收支，从而限制封建君主的财政权。他们也要求国家财政收支必须编造统一和完整的预算，不得向议会保守秘密，并且应当公布。他们也反对包税制度和其他的中饱制度。在进行这些斗争时，为获得人民群众的支持，他们也曾许下了改进财政管理的诺言。当他们取得政权后，也必须在一定程度上实行这些诺言。

改进财政管理，是当时资产阶级利益所要求的，但这并非财政管理的真正民主化。资产阶级建立的预算管理制度，规定议会对国家预算的讨论和批准以及执行的监督上似乎享有广泛的权利。他们宣称：这是人民在行使财政权。实际上，议会既然只是资产阶级专政的装饰品，这些权利即使是真实的，也只能是资产阶级的财政权，并非人民群众的民主理财。

由上述可见，正如资本主义生产方式排挤封建主义生产方式会促进社会生产力的发展，资产阶级推翻封建贵族而掌握政权和财政权，资本主义财政代替封建主义财政，在总的方面也能改进财政的状况。当然，各个资本主义国家的状况是不同的。在法国，早在十九世纪，财政赤字已是经常的现象。帝俄也是如此。在英国和美国，在垄断前这时期中国家收支虽也有过赤字，但不是经常的，政府还能够管理自己的财政来消除赤字，重新达到平衡。

资本主义财政的发展不仅在国家之间是不平衡的，而且就一个国家来说也不是稳定的。战争和政治上的动荡总是带来财政上的困难，而财政上的困难又会反过来影响资本主义的政治和经济。“欧洲从十八世纪初没有一次严重的革命事先没有商业危机和财政危机。”①财政危机是资本主义社会各种矛盾发展的结果。

工业资本的统治，要求降低生产成本和不断扩大生产。垄断前工业的空前发展和繁荣已经蕴藏着危机的征兆。即使不发生什么意外，到了一定的时候，市场的扩大仍然会赶不上工业的增长，不可免地要引起危机；如果有一个大市场突然缩小，危机的来临就会加

① 马克思：《中国革命和欧洲革命》，《马克思恩格斯全集》第9卷，人民出版社版，第115页。

速。工业和商业的危机并不局限于一个国家，必然引起资本主义国家之间对于市场的争夺。经济上的危机不仅给资本家带来亏损，而且造成工人失业和农民贫困，从而引起政治动荡。为扩大市场以应付经济的困难，为加强镇压以保持社会秩序，资产阶级国家必须扩大财政支出，同时加强税捐课征。这样，一方面使统治者和人民群众之间的矛盾加强了，另一方面也使生产成本提高了。资产阶级为保持高额利润，必须加紧剥削，扩大剩余价值，但又使政治动荡更加严重。这些矛盾发展的结果使资本主义国家的税捐等收入不能弥补大量支出，造成赤字和国家债务的增长。资产阶级政府为求摆脱财政危机，曾进行种种改革。但只要财政支出不能削减，任何改革至多也只能使统治者和人民群众之间、各个阶级之间的冲突有所缓和。只有当资本主义经济周期的发展渡过了危机之后，生产和需要的矛盾有所减轻了，阶级矛盾有所缓和了，财政危机才会暂时消除。

即使在垄断前资本主义时期，由于资本主义社会的基本矛盾，财政危机已经是不可避免的。但由于当时财政分配的规模相对地还不大，财政危机对于当时资本主义的政治和经济所发生的影响相对地也还不大；资产阶级还不是利用财政来直接给自己提供高额利润，财政在当时社会各种矛盾的发展中所起的作用也还不像垄断资本主义时期那样严重。

第三节　垄断资本主义的财政

在垄断资本主义时期，资本主义的基本矛盾加深了。经济政治发展的不平衡是资本主义的绝对规律，帝国主义国家之间的矛盾也不断加深。资本主义经济发展相对稳定的局面已经过去了。周期性的经济动荡经常威胁着某个资本主义国家或者甚至整个资本主义世界。资本主义国家内资产阶级和无产阶级以及其他劳动人民的矛盾，一个垄断集团和另一个垄断集团的矛盾，垄断资产阶级和中小资产阶级的矛盾，等等，也都在发展。

在资本帝国主义国家的对内和对外关系上，垄断资本的统治和控制是主要的特征。“金融寡头给现代资产阶级社会中所有一切经济机构和政治机构罩上了一层依赖关系的密网——这就是这种垄断的最明显的表现。”[①] 从第一次世界大战起，垄断资本主义就开始向国家垄断资本主义发展。通过两次战争和三十年代的经济危机，垄断资产阶级愈来愈多地利用国家垄断资本主义的各种形式。

国家垄断资本主义是垄断资本和国家政权合为一体的垄断资本主义。它充分利用国家的权力，加速资本的集中和积聚，加紧压榨劳动人民，加紧吞并中小企业，加剧垄断资本集团之间的相互兼并，并且加强垄断资本在国际上的竞争和扩张。

财政是国家对于社会产品的分配。当“万能”的垄断经济组织已经有了强力，已经牢牢地控制了政府的时候，必然最大限度地利用财政作为影响经济的重要渠道，作为实现其对内对外政策的重要保证，作为谋取最大限度利润的重要手段。占资本主义国家全部人口中极小部分的垄断统治集团控制了财政，财政服从于这样少数人的利益，这是垄断资本主义时期财政的基本特点。

这个基本特点表现在下列方面：

第一，财政资金大量用于对垄断资本集团有利的用途上。

在垄断前时期中，资产阶级所要求于他们国家的是保护资本主义私有制，维护这个制度的一般的外部条件。如前所述，他们所要求的基本上是一个廉价的为他们的私有财产服务的“夜警政府”。当垄断形成之后，垄断资本集团所要求于政府的显然就不能以此为满

① 列宁:《帝国主义是资本主义的最高阶段》，人民出版社 1974 年版，第 113 页。

足。他们要求尽可能地扩大财政收支的规模，而且定然要把财政资金使用在对自己有利的用途上。

垄断资本集团的利益同整个资产阶级的利益有一致的地方，但他们同中小资产阶级之间也有着矛盾，他们内部各个集团之间也有着利害冲突。垄断资本集团的利益同无产阶级和广大人民群众的利益是对立的。但是，他们总是把自己的私利掩饰为资产阶级“集体”的利益，说成是“全民”的利益。这种手法表现在他们所实行的加强国家机器和国民经济军事化的政策上，也表现在为此目的而进行的大量财政支出上。

垄断资本集团利用军事机器和其他暴力工具，在政治、经济、思想各个领域里加强国家的活动以实现其压迫、侵略、欺骗、奴役本国和外国人民的目的。这一切都是以“国家”的名义来做的。资本帝国主义者这样做的政治目的是力求加强自己的地位：在国内不仅要压迫劳动人民，而且也要压迫中小资产阶级，排挤势力较弱的资本集团；对外侵略和奴役弱小民族，排斥其他资本主义国家的势力。

垄断资本集团实行这样的政策，也还有着经济上的目的。他们不能满足于仅仅取得平均利润，一定要取得垄断高额暴利，而且是永远也不会感到餍足的。他们的欲望，依靠通常的办法是达不到的。国家对私人垄断资本集团大量军事订货，大量购置，是以大量的财政资金来保证实现其大量利润。国家提供技术资料，承担投资风险，以财政资金为他们的投资开拓阵地。国家进行大规模的科学技术的研究项目，培养专门技术人才，这实际上是以财政资金来负担垄断资本的扩大生产的部分费用。国家将大量资金用于对外“援助”，这一方面为垄断资本集团的商品和航运业务等打开市场，另一方面也为其资本输出创造了条件。国家给予农业各种补助，高价收买剩余农产品，主要目的不在于扶助农业部门的生产劳动者，而是为了保证农场主的利润。国家修建住宅，对私人住宅业给予长期贷款，目的实际上不在于为人民提供福利，而是为了营造厂商和其他一系列的垄断资本组织的利益。总之，没有这样大量的财政支出，垄断资本集团就不能在国内和国外顺利地销售商品，不能取得垄断者的高额利润。假如说，垄断前资产阶级一般地还是把财政支出看作是一种“多余的、非生产的费用”，所以不要求过多；那么，在垄断资本主义时期，从垄断资本集团看来，这就是一种必需的费用，没有它，高额利润就难于得到，生产就不能维持。当然，这种费用应当尽可能地由别人来负担，而这种利益应当尽可能地由自己来独占。

因此，当垄断资本集团形成、国家垄断资本主义发展之后，财政资金一定要用在对他们有利的用途上，财政支出的规模一定迅速增大。这是必然的趋势。

第二，人民的税捐负担加重，课税中的阶级矛盾加深，在税捐政策和制度上维护垄断资本集团的利益。

为应付飞速增长的支出，国家必须占有大量产品。国家的占有，不仅在绝对额上必然增长，而且在国民收入中所占比重也必然增大。资本主义国家占有社会产品的基本方式是课税。课税的种类增加了；无论对商品课征的所谓间接税还是对所得课征的所谓直接税，在这时期中都广泛地被运用了。随着国家财政需要的增大，税率也都提高了。

加强税捐课征，目的还不仅仅是弥补财政支出。在这时期中，资产阶级国家有意地利用税捐来加强对劳动人民的剥削，垄断资本集团企图通过国家的课税来谋取在工厂企业中所不能获得的东西。垄断资本集团在企业中以采用新技术、提高工人劳动强度等方式来加强剥削；在企业外，则通过国家的课税，使工人和其他劳动人民的实际收入降低，使他们在国民收入中所得的份额被迫缩小，迫使他们肩负国家财政支出的主要部分。

垄断资本集团通过国家课税对劳动人民的进攻必然遭到激烈的反抗。这种斗争是在生活必需品价格、工资、课税三条战线上同时而且相互联系地进行着的。在课税上进行的斗争是很激烈的。国家对人民生活必需品课税，使价格上涨，威胁人民群众的生活。国家在名义上把课税范围扩展到整个资产阶级，甚至对垄断资本课征名义上较重的税捐，企图从而缓和矛盾；实际上，由于垄断组织有漏税和偷税的自由、免税和减税的特权，负担相对不重。垄断资本集团也还以投资风险高或市场需求不足为借口，由政府在课税上给予他们种种优待。这种政策的实质都是加重人民群众的负担，扩大垄断资本集团的占有份额。实行这样的政策，不仅加剧垄断资本集团同劳动人民之间的矛盾，而且也加剧垄断资本集团同中小资本家之间以及垄断资本各个集团之间的矛盾。

在这时期中，关税更是成为垄断资本集团保护市场和侵吞外国市场的工具。以保护本国工商业为借口，资本帝国主义国家通常以高额进口税为壁垒来保护本国市场，使外国商品难以输入同自己的商品相竞争，从而便于在本国市场上维持垄断高价以取得超额利润。资本帝国主义国家也以互相优惠的名义同殖民地、附属国以及其他经济落后国家订立关税条约，保证自己的工业品可以占领这些国家的市场，而从这些国家低价输入农产品和其他工业原料供垄断组织来使用。这样，不仅在经济上可以间接地剥削这些国家的劳动人民从而使垄断资本集团得到暴利，而且使这些国家在政治上也必须依附于自己。有时候，几个帝国主义国家结成关税同盟，彼此在进口税上互相优待而且统一税率。这样一方面解决彼此间的生产过剩和市场不足的困难，另一方面也集中力量在资本主义世界中排挤同盟之外的国家以夺取较大的地盘。这种同盟实际上是国际垄断资本的一种暂时的协定；它即使能暂时地缓和一下同盟内部垄断资本集团的冲突，但必然加剧几个同盟之间垄断资本集团的矛盾。

第三，财政危机愈益深刻，国家债务愈益增长，通货膨胀愈益严重。

垄断资本主义时期中财政支出不断增长，税捐剥削不断加强，但二者并不能互相适应。当经济发展陷于停滞时，这些国家的预算经常出现赤字。战争时期有巨额赤字，战后也不能消除。在经济萧条的年月里收支不能平衡，在扩军备战人为维持的繁荣年景下收支仍然有很大差额。平衡的预算，愈来愈成为不可能了。

收入不能抵补支出，国家已经不能用通常的方法即主要以课税等方式来筹措资金了。这个差额就由国家向垄断资本借款来解决。为什么一定由垄断资本集团来充当主要的债权人，这是由于垄断资本集团掌握了这些国家的金融体系，他们如同封建社会末期的金融贵族一样，正可以利用国家债务来控制政府，多方面谋取利益。垄断资本集团控制了政府，掌握了银行和交易所，就可以获得国家债务上的利息收入和国家债券上的投机利润。他们以吸收来的大量资本投在国家债券上，在国家的支持下可以毫无顾忌地扩大自己的放款从而又制造出数额巨大的虚假存款。生产的规模增长得很小，或者竟然还缩小了，但是，信用却极度扩张了。这样，就必然地要发生通货膨胀。

正因为赤字、债务和通货膨胀在这时期中是必然地联系着的，这些国家的财政危机就成为不可克服的了。恩格斯在《论俄国的社会问题》一文中指出："俄国无疑是处在革命的前夜。财政已经混乱到了极点。捐税的重压已在失去作用，旧国债的利息用新公债来偿付，而每一次新公债都遇到愈来愈大的困难；……行政机构早已腐败透顶，官吏们主要是靠贪污、受贿和敲诈来维持生活，而不是靠薪俸。全部农业生产……弄得混乱不堪；……农民……遭到捐税压榨，受到高利贷者的洗劫；农产品一年比一年减少。”①二十世纪的帝国主义国家在深刻的财政危机中，也会呈现出同样的情景。

正因为赤字、债务和通货膨胀在这时期中是联系着的，人民群众的负担是无比地加重了。作为工资和其他劳动收入的所得者，他们要负担所得税。作为生活必需品的主要购买者，他们要负担大部分的消费税、进口税、营业税等。作为固定货币收入的取得者，他们又要负担“通货税”，而这种税的课征是不断加重、没有任何限制的。人民群众不仅要负担政府的大量支出，而且也要负担垄断资本集团在国家债务、通货膨胀中所获得的额外利益；如果说，前面这种负担还以国家预算上所列的数额为限度，那么，后面这种负担就是在这种限度之外，因而也就没有什么限制的了。

财政赤字导致通货膨胀，这也说明在垄断资本集团的统治下，财政体系和金融体系已经融合起来了。金融巨头既控制了工业和金融业，又通过政府机构和人员以及国家债务控制了国家的财政。在他们看来，国家的财政银行体系和他们私人的银行信用体系都是为他们谋利的工具，相互配合，服从于同一个目的。如前所述，国家财政的赤字照例由私人银行体系来垫付，国家的很大部分债券由银行金融等组织来承购，国家的债务照例成为金融资本集团的投资对象，这一切看来是私人银行体系对国家财政体系的支持。但在同时，国家的银行担保了私人银行的大量信用，国家的财政资金脱离了国家预算并通过国家银行而为私人银行所使用，大量的财政资金在国内和国外为金融资本开辟通道和打开利润优厚的出路，这一切显然是国家财政体系为私人金融资本所提供的服务。所谓“国家的干预”

---

① 恩格斯：《流亡者文献》，《马克思恩格斯全集》第18卷，人民出版社版，第622页。

绝不是为了限制私人垄断资本集团的活动，而是为了使他们的活动更加便利、安全和有利。

第四，在财政管理上资产阶级民主形式的虚伪性更加暴露了，垄断资本集团的控制更加强了。

在垄断前的时期中，资产阶级标榜财政管理的民主、议会充分行使预算权、地方财政自治等等。这一切当然只是资产阶级民主的形式。但是，当自由竞争已经被垄断所代替时，这些形式同经济关系发生了矛盾。在这时期中，资产阶级议会长期行使的课税权和拨款的批准权受到了愈来愈多的限制，政府首脑作为最大的垄断资本集团的代表实际上可以随意增减税率和改变课征范围，可以随意决定资金使用的方向和调整限额，可以随意增加国家债务，可以随意实行赤字财政和通货膨胀的政策。国家预算的审议和批准，更加流于形式了；不仅人民群众，就是中小资产阶级的代表也无权过问，实际上是在议会之外由几个最强有力的资本集团商谈决定。在中央和地方之间，财政愈来愈集中在中央，地方愈来愈依赖于中央，而中央的财政则在垄断资本的严密控制之下。国家预算外的各种特殊基金，更是资产阶级的议会所不能过问。这些基金如雨后春笋，日益增多；大量财政资金，脱离了国库，不受议会监督。正常预算程序之外分配的资金也愈来愈多。垄断资本集团公开地也隐蔽地进行财政剥削，劳动人民的负担沉重，即使中小资本家也处于受压迫和受歧视的地位。

综上所述，垄断资本主义财政，作为一种分配关系，是国家垄断资本主义的一个重要组成部分。它是为垄断资产阶级服务的。国家通过它对整个经济生活起着重大的影响。但是，它既不可能违背垄断资产阶级的利益，也就不可能消除这些国家内部在阶级关系上任何一个主要的矛盾，也不可能消除帝国主义国家之间的矛盾。它既要扩大垄断资本的利润和加强对劳动人民的剥削，也就不可能解决导致资本主义经济困难和危机的任何一个主要的矛盾。相反，它已经是，而且将愈来愈明显地是这些矛盾发展和激化的一个重要因素。

第四节　资产阶级财政思想的发展

资本主义生产方式经历了资本原始积累、自由竞争和垄断统治三个阶段。在后两个阶段，由于资产阶级已经掌握了政权，也就有了资本主义的财政。随着经济和财政的发展，资产阶级的财政思想也在发展，反映出经济和财政中的矛盾。这种思想反过来对于资产阶级国家的财政政策和财政措施也有重要的影响。

在资本原始积累时期，资产阶级还没有取得政权，他们对于封建君主实行的财政政策自然不能漠不关心；他们持有一定的主张，形成一定的财政思想。比如，一切重商主义者从他们对于财富、金银、贸易等等的基本观点出发，对于国家的课税和财政支出就不能不表示一定的态度；为解释他们的立场，也必须提出一定的观点。但是，他们的财政观点并没有形成一个系统。他们是在肯定封建国家的前提下提出自己的观点的，虽然这些观点本身反映了资产阶级的要求，客观上也起了促进资本主义发展的作用，但他们的财政思想总起来看只是对于政府理财的一些看法，并不成为一门科学。

资产阶级古典政治经济学的奠基人威廉·配第，在财政思想的发展中有着重要地位。他的重要著作如《赋税论》和《政治算术》都述及财政问题。他和重商主义者的相同之处是：在肯定专制君主政权的前提下论述如何课税、如何进行财政改革才能有利于商品经济和产业资本的发展。换言之，也是企图在财政上调和封建统治者同资产阶级的矛盾。这种观点显然不是进步的。但是，配第从财富的本质出发，力图从经济生活的内部联系上对财政措施进行分析。他着重讨论了课税的负担归宿问题。他认为，财富的最后源泉是土地和劳动，但当劳动者同土地相分离之后，劳动者在原则上就不能承担像税捐这样的额外负担，而课税的负担只能归着在地租及其派生的收入上，而土地能够提供多少地租，又要看劳动者的劳动中有多大份额是维持自己最低生活所必要的，有多大份额是剩余的。配第在他的财政改革计划中，不仅从最好不妨碍工商业发展这样比较浅薄的观点来论述问题，而且建议裁减人员使之转入生产部门，用课税来减少不生产者的收入，用财政分配使一部分社会财富转移到有经营事业能力的人的手中。也就是说，从节约劳动时间这样比较根本的观点来论述问题。配第的财政观点反映了新兴的资产阶级的利益。但他没有进一步说明有关财政的根本问题即国家同经济的关系，所以他并没有能创立财政学。

资产阶级财政学的创立，是由亚当·斯密来完成的。斯密的时代是资本主义已经大大发展，但“革命的资产阶级尚未将全社会全国家征服”的时代。英国的资产阶级迫切要求扩大生产规模，而阻碍他们达到这个目的的已经不是市场的狭小，而是资本的不足和劳动生产率的尚待继续提高。消除这种障碍，他们依靠的是自己的力量，而不是外力的推动。在这样的条件下，他们对于国家干涉经济就持着否定态度，要求国家严格缩小活动，把“君主应尽的义务”规定为极少数的几项，仅仅保护资本主义生产的外部条件。

斯密从劳动价值学说出发，区别生产的和不生产的劳动，把国王、官员、军队、牧师、医生、文人这些最庄严又最重要的人物都列为不生产的。他认为，这些人是“靠别人的勤劳的生产物来生活，所以人数应减至必要的最小限度。……他们自身只是生产上的虚费，所以他们的费用必须减至必要的最低限"[①]。斯密针对着奴隶主和封建贵族看轻生产劳动和为大量寄生性消费进行辩护的观点，指出了剥削阶级国家对生产的消极作用。这是资产阶级的进步观点，具有其历史意义。

经济上已经占据优势的资产阶级要摧毁封建主阶级的国家，同时也需要一个保护自己利益的国家。对这样一个经济上已经站稳了，但政治上暂时还没有取得绝对优势的阶级来说，最符合它利益的是这样一种观点：指出国家不是什么超越人类的力量所创造的东西，指出国家的活动并不能创造国民财富，这种活动虽属必要，但有时反而会妨碍国民财富的形成和增长。斯密就完成了这样一个理论任务。他比较正确地说明财富的本质和成因，从而丰富了政治经济学；也比较正确地说明了国家和经济的关系，从而创立了财政学。在斯密之前，财政学讲的是国家如何理财，是国家行政事务，所以，财政学只是马克思称之为"包罗万象的杂烩羹"的官房学的一部分。斯密否定了这一切，把财政看作是国家经济——国家和经济的相互关系——的一部分，把财政确认为一个经济范畴。

李嘉图基本上接受斯密的财政观点。他也认为，尽量缩小国家的活动，节减政府的支出，减轻税捐的课征，对于经济发展是有利的。他声称："凡属赋税都有减少积累能力的趋势。"[②]所以反对重税。他从分配理论出发来论述税捐的负担问题，指出只有利润和地租作为一种剩余额或差额才能够负担税捐。

资产阶级古典学派的财政理论和经济理论，从思想领域里为资产阶级在政治上和经济上取得统治创造了条件。他们的财政观点，

---

① 马克思：《剩余价值学说史》第1卷，考茨基编，生活·读书·新知三联书店1957年版，第387页。

② 李嘉图：《政治经济学及赋税原理》，商务印书馆1962年版，第812页。

对于垄断前资本主义国家的财政政策也有一定影响。当资产阶级取得政权并日益从财政上对劳动人民实行剥削时，无产阶级和其他劳动人民的反抗必然会日益加剧；阶级斗争激化，国家机器加强，财政支出增大，国家的财政剥削也更加重。在这样的条件下，各种庸俗派的财政理论观点也必然地发展起来。

所谓“集体需要”论就是一种广泛传播的观点。这些经济学家把资产阶级的国家描绘为全民的国家，说成是整个社会集体进行合作的最高形式。他们认为，国家可以进行最伟大的集体事业，以满足集体需要并推动社会发展。而财政支出就是满足集体需要的手段，税捐等就是满足集体需要所必需的代价。“集体需要”论者从根本上否定了资产阶级国家的财政的剥削性。

亚当·斯密从个人利益和社会利益二者自发协调的社会观出发，虽然能认识到国家活动的非生产性，却不能认识国家活动的阶级性。“集体需要”论者否定了国家活动的阶级性，从而也就不能坚持国家活动的非生产性的观点。他们提出国家工作人员的活动是生产物质财富所必需的等观点。但是，要把政府官吏、军队等人员的活动说成是生产的劳动，看成也创造物质财富，终究是困难的。为模糊这种区别，庸俗经济学家就借重于主观价值论，提出所谓福利的观点。

资产阶级福利学派的基本观点是：财政作为公共经济，同私人经济一样，都是给人们提供一种心理上的满足（效用）的手段；国家活动所提供的效用就是人们的“福利”，而为了提供“福利”，国家就需要财政支出，也就需要财政收入；财政收入会对社会成员造成一种反效用，这种反效用就是“福利”的成本。只要财政支出所保证的国家活动能提供的效用比财政收入所引起的反效用来得大，那么，财政就增进了“社会的福利”。只要社会成员从国家活动中享受到的效用比他从财政交纳中所担负的反效用来得大，那么，他就得到了益处。可见，“福利”论者不仅掩盖了资本主义财政的剥削实质，而且也为财政剥削的日益加强作了辩护。

当资本主义社会中的阶级矛盾日益激化，资产阶级经济学家仅仅用“福利”等来粉饰太平就不够了，他们不得不承认矛盾，但又从多方面来宣扬改良主义的观点，即通过国家的财政措施，可以解决这种矛盾。“社会政策学派”“国家社会主义”“讲坛社会主义”“市政社会主义”等等，都属于资产阶级改良主义观点，都把财政当作是改造社会的工具。他们要求加强国家的活动，干涉社会经济生活，增加社会文化福利措施来“造福”于人民，通过课税来“改变”收入和财产上的不平等。他们为资产阶级国家的财政政策作了种种的解释和建议，却从来不接触到这样一个问题：在资产阶级无论在经济上和政治上都占着统治地位的条件下，财政如何能够违背剥削阶级的利益，竟然为被剥削阶级的利益服务。实质上，他们一方面为资产阶级国家加强统治机器和加紧财政剥削作了辩护，另一方面起了麻痹人民群众的斗争意志的作用。

资产阶级的改良主义的财政观点，在工人运动中的右倾机会主义者身上得到了共鸣。希法亭、考茨基等修正主义者认为，在资本主义国家，生产力愈发展，资本家的收入愈多，国家就愈能以捐税形式“最迅速地获得它为了实现有利于群众的巨大革新所必需的资金”来改进工人福利事业；“工人在资本主义之下得到的福利越增长，他们就越安于并容忍资本主义制度，就越会放弃一切不可靠的冒险企图”；所以，阶级矛盾就缓和了，熄灭了。他们也认为，把财政措施和银行信贷措施相配合，资本主义国家可以防止危机和停滞，可以保证稳定的经济发展；所以，资本主义经济发展中的矛盾也就不存在了。他们的结论就只能是，社会主义革命成为多余的了，资本主义财政是把资本主义改变为社会主义的一个工具。

垄断前资产阶级庸俗派的财政观点有着两个共同点：第一，承认社会上有着不同利益的集团，同时鼓吹国家的超阶级性，掩盖财政分配的阶级实质。第二，在肯定资本主义商品经济体系可以保证合理分配和使用资源的前提下也承认这种经济体系中有着局部的、暂时的失调，从而为国家日益扩大的财政分配提供了理论根据。但是，当资本主义进入垄断阶段之后，上述那些理论观点就不能适应资产阶级的需要。凯恩斯主义的财政理论就代替了它们的地位。

凯恩斯主义是垄断资本主义的产物，是资本主义危机的产物。它反映了资本主义国家内部和对外的矛盾，又企图解决这些矛盾。凯恩斯主义者承认，单凭市场经济的自发调节，不能保持“充分就业”和“繁荣”，自然也不能缓和或解决各种矛盾。他们强调国家在分配和流通领域进行广泛的活动，积极干预经济是必要的，也是有效的；国家可以采取压低利率等金融措施，但更重要的是实行财政措施，即扩大财政支出，直接增加投资和消费，同时又刺激私人投资和消费的增长。他们把赤字财政看作是重要的“反危机”措施。他们也认为，扩大商品输出和资本输出，使国内剩余商品和资本能够找到出路，对于“反危机”也是有利的。所以，对于保证资本帝国主义国家对外经济扩张和政治侵略的财政措施也都应加以肯定。这样，他们就对垄断资本主义的财政作了全面的辩护。他们把增税、大量非生产性支出、经常性赤字等使千百万劳动人民贫困的因素描绘为保证“充分就业”、形成“福利国家”的基础；把这些反映出资本主义制度下矛盾的深刻性和统治阶级对其历史命运进行反抗的反动性的种种现象，解释为资本主义制度得以永世长存的依据。

凯恩斯主义的财政理论从二十世纪三十年代起至今在资产阶级的财政思想中占着主要地位。当这种理论形成时，它是以资本主义世界所经历的大危机为背景，从而企图证明膨胀性的“反危机”财政措施是医治资本主义病症的灵验妙方。随着经济条件的改变，凯恩斯主义的财政观点也作了一定的调整，但基本点是不变的。

第二次世界大战时期，大量的军事支出为帝国主义带来一时的虚假繁荣和就业增加。战后，帝国主义国家在一个时期内仍然实行国民经济军事化的政策，战时因物资匮乏而不能满足的消费需求在战后急剧上升，投资由于战后设备更新而显得高涨。四十年代中，资本主义国家虽然还存在着大量失业人口，但由财政赤字而引起的通货膨胀已经非常严重。继续单方面鼓吹膨胀性的财政政策，显然不符合垄断资本集团的要求；如果放弃这样的政策、否定这种理论，也是对他们不利的。为了缓和人民群众同垄断统治者、中小资本家同垄断资本集团之间的矛盾，凯恩斯主义者提出所谓补偿性财政政策，并作了理论说明。他们企图以膨胀性和紧缩性的财政措施的更替，来抵消资本主义经济的周期波动：在市场需求不足时，增加财政支出；在私人消费和投资已经增大时，减少国家开支。以国家的需求来灵活地补偿私人需求的差额。实行这些措施，就需要资产阶级政府在课税、借债、支出和财政预算管理上享有充分的灵活权利。这种理论为垄断资本集团加紧利用财政和信用体系为自己谋利，作了“灵活”的辩护。

“补偿财政”的理论和政策，在实践中都遭到失败。以“丰年”的财政盈余来补偿“歉年”的财政赤字，根本不可能。“灵活调节”的结果是：财政刺激总是过度而又无效，财政紧缩却很快地引起经济的萧条。所谓补偿财政与膨胀财政实际上不能有什么重大区别。在财政的长期刺激下，通货膨胀和物价上涨就成为普遍的现象，在六十年代后期这已是资本主义世界严重的经济问题和政治问题。

凯恩斯之后的凯恩斯主义者面对这样的现实，必须从理论上把赤字财政同物价上涨二者间的客观联系作另外的解释。他们声称，既然还有失业，还有着过剩的生产能力，赤字财政的刺激作用本应提高就业、促进生产增长而不会引起物价上涨，而目前物价之所以上涨，是由于其他的原因，其中最主要的是工人要求增加工资。工人要求提高工资，就减少了就业的机会；这二者有“置换”的关系，只能择其一。这就是新凯恩斯主义者提出在工资增长率和失业率之间互相置换的所谓“菲利普斯曲线”的理论。他们说，通货膨胀有两种类型：一种是由于需求过多所引起的，另一种是由于成本过高所造成的。六十年代后期以来的通货膨胀和物价上涨是后一种，因此，解决的办法不是减少财政刺激，而是控制工资的上涨。在这种理论下，他们就提出了所谓“收入政策”，即用法律或其他办法来限制货币工资上升的政策。

六十年代，资本主义国家的经济发展较快。六十年代后期发展速度降低。进入七十年代后，危机频繁，经济停滞。经济发展速度的降低不能不引起资本主义国家普遍的注意。同时，在帝国主义内部，经济的发展也是不平衡的，经济发展较快的国家在相互的斗争中处于有利的地位，在争夺殖民地和势力范围中也处于优势。如何促进经济的成长，对于那些老大帝国的统治者们更是不能忽视。新凯恩斯主义者把膨胀性财政政策同经济的“成长”联系起来。他们宣称，政府的直接投资和政府支出刺激下的私人投资，是经济迅速成长的条件，通货膨胀使社会上形成一种强制储蓄，使这部分储蓄能够保证经济发展，这对于经济不发达的国家更是必要的。他们也宣称，对外大量投资，对于资本输出国能促进它的国内经济活动，对于输入国也能增加它的投资从而加速它的经济发展。

如果说，在六十年代财政刺激曾有利于投资的增长，从而对经济发展速度有过一定的刺激作用，那么，到了七十年代，在所谓

“滞胀”的局面下，物价上涨和经济发展速度下降二者并存，财政刺激经济增长的作用已经走向反面。对于这样的现实，新凯恩斯主义者作何解释呢？如同对通货膨胀和物价上涨一样，对于经济发展速度的降低，他们同样地把罪责归之于工人阶级。他们说：正由于工人阶级要求过高的工资，投资利润下降，投资增长缓慢，经济发展速度才下降。因此，资本主义国家应当实行的是“收入政策”和对私人投资的奖励政策。

垄断资产阶级的财政政策已经实行几十年了，既没有使资本主义社会摆脱危机的威胁，也没有保证经济的迅速“成长”。凯恩斯主义者的药方宣告失灵了。实行这样的政策，不仅人民群众反对，在资产阶级内部也引起种种不满。在资产阶级的经济学家中，有一些人在失望之余，缅怀昔日光景，多少倾向于所谓“新自由主义”的立场。也有一些人，要求所谓“结构改革”，即适当地缩小国家垄断资本主义的活动。但在垄断资本统治这些国家的政治和经济的条件下，所谓“新自由主义”和“结构改革”实际上也是为它服务的。垄断资产阶级要求政府以财政资金在国内为他们提供投资机会和市场的条件下，实行“企业自由”；政府以财政资金为资本输出和商品输出开辟了顺畅的通道之后，实行自由贸易和减少国家干预。显然，这不是不要国家干预，而是要求国家采取对垄断资本集团更加适合的方式来干预经济，以“自由竞争”来缓和资产阶级内部各个集团之间的矛盾。

资产阶级的财政思想，如同资本主义的经济和财政一样，必须服从资产阶级利益的需要。它曾经否定了为封建君主服务的官房学，以一个科学的新姿态出现。但是，没有多久，它虽然还保留着伪科学的外衣，实际上却陷入同官房学一样的地位。后者的目的是装满皇室的金库，前者的目的是充实垄断巨头的票据夹；后者注意的是加强金库管理，前者倡导的是实行对财政的所谓计划管理。姿态虽然不同，但为少数剥削者服务的实质则是一致的。对于当前资产阶级的财政思想来说，“成为问题的，已经不是这个理论还是那个理论合于真理，而是它于资本有益还是有害，便利还是不便利”。

第三章　资本主义国家的财政支出

第一节　财政支出的内容

资本主义国家的财政支出，包括从中央到地方各级政府的支出，大部分列入各级政府的财政预算，但也有相当部分并不列入预算。当前，政府直接或间接地经营一些国营企业；这些企业在经营上有一定的独立性，它们经营活动中发生的经常性收支通常不受政府管理，但它们的利润分配和亏损弥补以及扩大经营规模所需的投资支出，则在不同程度上列入政府的财政预算。因此，资本主义国家的财政支出，范围宽窄不一：最窄的仅仅包括列入政府行政预算中的财政支出；最宽的则不仅包括各级政府预算内外的财政支出，而且也包括国营经济部门中的部分支出，因而称为公共部门的支出。资本主义国家的财政支出，一般情况下并非统一管理，也没有一个可以称为国家预算的统一计划。各级政府的财政支出，在名目和管理形式上也有差异。范围很广的财政支出指标，如公共部门的支出，仅仅在统计分析上有一定价值。对财政管理上有重要意义的是各级政府的财政支出，尤其是列入其行政预算的那部分财政支出。

在各级政府的财政支出中，中央政府的财政支出现在占着最重要地位。这是同资本的集中、垄断集团势力的增强以及国家垄断资本主义的迅速发展密切有关的。以美国为例，美国的财政支出包括联邦、各州、州以下各地方政府的支出。第一次世界大战前，联邦政府的财政支出约占各级政府财政支出总额的五分之一。即使到二十年代后期，也仍然只占四分之一。三十年代以来，由于战争和经济危机等原因，联邦政府的财政支出增长很快，远远超过州和地方两级的财政支出。到目前为止，联邦财政支出在各级政府财政支出总额中约占 70%。详情如下表：

（单位：亿美元）

历年	联邦政府财政支出	州和地方政府财政支出	各级政府财政*支出总额
1929	26	78	103
1939	89	96	176
1949	413	202	593
1959	910	469	1310
1969	1884	1176	2856
1979	5080	3299	7579

* 联邦支出中，包含有对州和地方政府的财政补助。在计算支出总额时，已经减去重复计算部分。

资料来源：1980 年美国总统提交国会的经济报告，统计附录。

各级政府所掌握的财政资金，并非全部都列入一个预算，管理也不是统一的。以美国的联邦政府为例，财政资金分成联邦基金和信托基金两部分。联邦基金中资金的分配使用形成联邦行政预算中的财政支出，联邦信托基金中资金的分配使用则形成政府行政预算外的专项财政支出。联邦政府的信托基金主要是社会福利和失业救济等方面的专项基金，是在战后迅速发展起来的，到七十年代已达到很大规模。这两部分财政支出从七十年代以来的发展情况如下表：

（单位：亿美元）

财政年度 *	联邦基金支出	信托基金支出	联邦政府财政支出总额 **
1970	1563	491	1966
1975	2401	1112	3262
1979	3624	1713	4937
1981 ***	4297	2343	6158

* 美国的财政年度，在1976年度及其前，为上年七月一日至本年六月三十日；1976年度之后，为上年十月一日至本年九月三十日。

** 两部分支出的总额中，已减去相互间的收支而造成的重复计算部分。

*** 预算数字。

资料来源：同上表。

资本主义国家的财政支出通常是按政府的各项职能分别列明的。随着国家的需要的变化，政府职能也有变化。职能的划分与政府部门的结构也不完全一致。今以美国联邦政府的财政支出为例，根据官方资料，把七十年代以来几个财政年度中各项财政支出按政府职能划分的情况列表如下：

（单位：亿美元）

	1970年	1975年	1980年	1981年
国防	785	856	1304	1462
国际事务	43	69	104	96
一般科学、空间和技术	45	40	59	64
能源	10	22	78	81
自然资源和环境	31	73	128	128
农业	52	17	46	28
商业和住房贷款	21	56	55	7
交通运输	70	104	196	202
地方和地区发展	24	37	85	88
教育、训练、就业和社会服务	86	159	307	320
卫生	131	277	565	625
收入保证	431	1086	1909	2200

续表

退伍军人福利和服务	87	166	208	217
司法	9	29	45	47
一般行政	19	31	49	49
一般性财政援助	5	72	87	96
利息	183	309	633	672
准备付款项目			1	26
减去：收入抵补支出项目	66	141	223	251
合计	1966	3262	5636	6157

资料来源：1970年和1975年数字，根据1980年美国总统提交国会的经济报告；1980年和1981年数字是预计数字，根据《1981年度美国政府预算》。

在资本主义国家的财政支出中，军事支出占着重要地位。以美国为例，1981年度国防项下的支出占联邦政府财政支出总额的24.4%。国防项下的支出包括：军事人员经费（约占总额的23%），退休军事人员支出（约占8%），军事活动和维护支出（约占30%），军事购置（约占21%），科研、发展、试验、评价支出（约占10%）以及其他军事支出（约占7%）。

军事支出的增长是很快的。以美国为例，联邦政府在国防项下的支出，1970年度为785亿美元，1975年度为856亿美元，1981年度预计为1462亿美元。但军事支出在联邦政府财政支出总额中所占比重却是下降的。据美国官方资料，这项比重，1960年度为49%，1965年度为41%，1970年度为40%，1975年度为26%，1981年度预计为24%。

军事支出的金额逐年增加，但比重不增甚至下降的情况，六十年代以来在许多国家是比较普遍的；只是军事支出原来处于低水平的国家在这些年来上述比重才略有提高。其结果是许多国家的军事支出在国民生产总值中所占比重或是下降，或是处于较低水平。

1970 年与 1975 年比较，美国的这项比重分别为 7.9% 和 6%，加拿大分别为 2.4% 和 2%，法国分别为 4.2% 和 4%；日本和西德的这项比重略有上升，日本分别为 0.8% 和 0.9%，西德分别为 3.3% 和 3.6%，都是处于较低水平。

近年来在资本主义国家的军事支出中，与人员有关的支出占很大比重。以美国 1979 年联邦政府的国防项下支出为例，这项支出约占 35%，与军事活动有关的购置、科研、设备维护等支出约占 60%。与此同时，部队人数却又是减少的。以美国为例，1966 年超过 300 万人，近年来刚刚超过 200 万人。这表明，资本主义国家的军事支出的金额虽有增加，但就人力和物力来看，由于物价腾贵，人员经费上涨，军事实力呈现下降趋势。

在资本主义国家的财政支出中，国家机关的行政经费也占着重要地位。资产阶级的国家机器，除了军队，也还包括从中央到地方，从国内到国外，从警察、监狱到文化、宗教等一系列机构。其中有一些是暴力镇压机关，但也有一些是一般行政管理、对外事务管理、经济事业管理等机构，同样也是资产阶级统治所必需的。

为数众多的国家机关占用大量人力，消耗大量物质财富。国家机关的行政经费，在资本主义国家中有着增大的趋势。这是由于阶级斗争的激化，有必要加强国家机器。这也由于国家垄断资本主义的迅速发展，设立了许多经济机构，从各方面干预经济生活，借以缓和市场困难和经济危机。近年来通货膨胀的加剧也使许多国家在管理物价和控制工资上涨等方面设立了不少的机构。国家机关支出浩繁，也由于官僚机构腐朽性的加深，高级官吏的挥霍浪费，对工人贵族的高价收买等。由于上述原因，美国联邦政府近年来文职人员约 300 万人，州和地方政府的人员超过 1200 万人，合计超过 1500 万人，比 1960 年增加将近一倍。这些人员占全国民用劳动力的15%以上。这样大量的政府行政人员，仅工资薪金一项在1976年就达139亿美元以上；随着物价上涨，政府人员的工薪也有提高，这项支出也在迅速增加。资产阶级在十八、十九世纪所鼓吹的“廉价政府”早已被“大政府”所代替。虽然统治阶级内部也有人对此表示忧虑，政府首脑也经常说要实行行政制度改革以提高效率并节约支出，但“大政府”的发展趋势并不能根本改变。

资本主义国家的行政经费支出，是分散地列入各部门和各职能的支出项目中的，没有集中地反映在财政预算中。比如，美国联邦政府在“一般行政”项目的支出，1981年度只有49亿美元，占同年度联邦政府预算支出总额不足1%。但实际上这项下只包括美国总统、国会、中央机关的行政经费，不包括地方政府的经费，也不包括国家各部门的行政费用。

资本主义国家目前有相当数额的社会文化支出。在美国联邦预算中，列入“教育、训练、就业和社会服务”“卫生”“收入保证”“退伍军人福利和服务”等项下的支出，都属于这一类。近年来，这几项支出合计超过财政支出总额的一半。对于这种状况，应当作具体的分析。

资本主义国家目前有名目繁多的社会救济和福利支出。例如，美国联邦政府在“收入保证”项下就拨款举办“老年、遗属和残疾保险方案”（OASDI），除联邦政府文职雇用人员、各州和地方政府及非营利机构的某些雇用人员外，其他挣工资的人基本上均参加这一方案。在退休、残疾或死亡时，本人或家属可得到一定的救济补助；这个方案的支出规模很大，1977年付出款项达820亿美元，受益人数3320万；1978年预计支出为930亿美元，1979年为1031亿美元。但这个方案的资金来源实际上是受益的工人自身所交纳的。1977年度联邦政府征收工资税（即社会保证税）778亿美元，全部拨充这项支出，而工资税的半数由工人直接交纳，其余半数虽由资方交纳，但实际上也是从工资内扣除。

社会救济和福利支出的迅速增加，也是战后工人阶级在经济和政治上力量增长的反映。工人阶级要求收入和生活的保证，政府不得不进行这种社会“改革”，实行所谓“社会保险”。历史上所谓社会保险法开始于十九世纪八十年代德国俾斯麦政府。当时，规定对工人受伤、病残和年老时支付一定数额的保险金。以捍卫大地主和大资本家利益为己任的俾斯麦政府为什么要实行这项法令？显然不是为了工人阶级的福利，而是企图以这种措施来缓和工人阶级的反抗，从而增进资本家的福利。战后情况也基本上一样。凡在工人运动发展比较迅猛的部门，福利和救济的措施就较多，例如，美国联邦政府对铁路工人、煤矿工人、退伍军人等，规定了较多的收入保证措施。此外，在经济危机和停滞的时期，福利支出通常增加，一方面是缓和阶级斗争所必需的，另一方面也是刺激经济所需要的。

资本主义国家教育方面的支出，近年来增加也较快。以美国联邦政府“教育、训练、就业和社会服务”项下的支出为例，1981 年度预计为 320 亿美元，占联邦支出总额的 5% 以上。其中包括对各类教育机构的补助支出，劳动力就业训练支出，失业者职业教育支出等。战后科学技术的发展，要求工人具备一定的科学技术知识；保证工人掌握一定的文化知识和专业知识，是战后生产发展所必需的，也是资本家得以提高工人劳动生产率和利润所必需的。政府用大量资金来支持教育和有关事业，一方面是工人阶级不断长期斗争的结果，另一方面也是政府用国库资金来弥补社会劳动生产力不断再生产并提高质量的费用，对于雇用劳动者的资本家也是有很大好处的。

资本主义国家也有一些与国民经济发展有关的支出。美国联邦预算中在“能源”“自然资源和环境”“农业”“地方和地区发展”等项下所开支的资金，有一部分就是用在经济发展上的。这类支出增长也很快，比如，“能源”项下的支出，1975 年度为 22 亿美元，1981 年度预计要增加到 81 亿美元。“自然资源和环境”项下的支出，1975 年度为 73 亿美元，1981 年度预计增加到 128 亿美元。

资本主义国家的经济支出并非完全用于经济建设方面的投资和经费。比如，美国联邦政府在“农业”项下的支出，近年来低则在全年支出 50 亿美元的水平，高则接近 100 亿美元。分析其内容，主要包括下列方面：保证农场收入稳定，即在农产品价格下跌时给予各种补助；进行农牧业生产和保管以及运输等方面的科研工作；支持一些机构，提供信贷以刺激农产品出口。又比如，“能源”项下的支出，主要包括能源保护、能源供应、能源管理方面的支出，其中相当部分也是对经营能源开发和供应的大企业给予各种补助。

以上以美国联邦政府为例说明其各项财政支出的内容。资金的具体用途不同，但为统治阶级的利益服务这一点却是一致的。资产阶级经济学家或者把财政支出归并成社会费用和经济费用两类，因而把军费和国家机关的行政经费都列入社会费用，把统治阶级的私利说成社会的需要；或者把全部财政支出归并为经常性开支和资本性开支两类，从而把大量的消费性支出列入投资支出之中。但不论如何分类归并，资本主义国家财政支出的阶级内容是不能抹杀和掩盖的。

第二节　财政支出的发展趋势

长期以来，资本主义国家的财政支出有明显的增长趋势，最突出的是绝对金额的增长。据美国总统经济报告，美国各级政府的财政支出，1890 年约为 8 亿美元，1913 年为 32 亿美元，1929 年为

103 亿美元，1950 年为 610 亿美元，1960 年为 1364 亿美元，1970 年为 3119 亿美元，1979 年约为 7579 亿美元。可见，在不到一个世纪的时期内，财政支出增加了几百倍。其他国家的情况也类似。

但是，同时期内物价上涨也很快，因而财政支出的实际增长幅度比名义增长幅度要低些。以美国的情况为例，从 1950 年到 1979 年，物价涨了不止两倍；因此，同期的财政支出实际增长了约三倍。

而且，同时期内人口也有增加。随着人口的增加，财政支出按人口平均计算的增长率也就相应地要低些。进一步看，同时期内劳动生产率也提高很多。分析财政支出的增长趋势，应当考虑到这种基本情况。

因此，比较能说明财政支出的增长趋势的，不是绝对金额的增长率，而是财政支出在国民生产总值中所占的比率。再以美国为例，在 20 世纪初，财政支出占国民生产总值的比率约为 7%，到七十年代，占 30% 以上。可见，财政支出的增长趋势还是很明显的。

这种增长趋势有一定的普遍性，但各国的情况并不完全一致。财政支出在国民生产总值中所占比重，美国在七十年代低于英、西德、法等欧洲国家，尤其低于像瑞典那样的北欧国家，但高于日本。这主要由于美国政府的所谓福利措施举办较迟，也由于政府干预经济活动的规模相对较小。

这种增长趋势也呈现出一定的阶段性。从美、西德和英国的资料来看，十九世纪最后十年期内，三个国家的财政支出在国民生产总值中的比重都有一定程度的上升；但从二十世纪开始到第一次世界大战爆发，美国的这项比重上升不多，德国上升较多，而英国则反而下降。从第一次世界大战爆发到二十年代初期，这项比重在主要资本主义国家都是上升的。从二十年代后期到三十年代大危机前，这项比重普遍降低。从三十年代起到六十年代止，这项比重持续上升，但上升幅度不一。到七十年代后期，这项比重的上升趋势停顿下来了，在某些国家有所降低。但总起来说，财政支出在国民生产总值中所占比重达三分之一以上，是当前许多资本主义国家中普遍的现象。

使财政支出呈现增长趋势的一些因素是：

第一，社会生产力的发展是财政支出增长的前提。经济发展较为迅速的国家，在其发展初期的财政支出所占比重往往较低，随着生产的发展和按人口平均国民收入的提高，财政支出的比重也相应上升。也有少数发展中国家，按人口平均的国民收入还处在较低水平，但财政支出已占较大比重，这样的国家往往发展缓慢，财政支出的比重很高，但生产力无法迅速增长。

第二，人口的增长是决定财政支出增长的一个经常性因素。在人口增长过程中，老年人所占比重增大，学龄儿童和青年人需要学校和职业训练，人口集中在城市，住房和道路的需要更加迫切，这一切都会使财政支出增加较快。

第三，阶级斗争所引起的各种社会变动，也是财政支出不断增长的重要原因。阶级斗争的激化，使统治阶级尽量加强国家机器。但三十年代以来最明显的表现是社会福利支出的急剧增长。各国情况虽然不同，但经济较为发达的国家中凡属劳动力再生产所必需的部分费用，如必要的技术训练、失业救济、职业保险等，已经从资本家所支付的工资中转为财政支出，由政府以财政资金来偿付。而且，政府部门还向许多职工支付救济、补助等福利金，使国民收入中有很大部分是通过财政的分配而形成的。比如，美国的政府部门所支付的各种对个人的救济等款项，目前约占到个人收入总额的12%以上。

第四，经济危机的频繁发生，也是财政支出保持在高水平上的一个重要原因。三十年代以来，政府的购置规模不断增大，目前这些国家的国民生产总值中约有五分之一至三分之一是由政府部门购置的。政府购置的，不仅有商品，还有劳务；政府所购置的商品中，不仅有大量的消费品，而且也有一般的投资用的商品。政府购置劳务的支出增长很快，是政府部门中大量非生产人员得以就业的条件。政府的商品购置，为私人企业提供了市场。政府投资，也为私人投资创造了条件。在许多国家，道路、港口、电力、通信等所谓基本结构的设施，通常由政府以财政资金投资进行，这实际上是以政府投资为私人投资开辟道路。当私人投资已经有了相当规模而又呈现停滞趋势时，政府又进行新的投资以消除或减轻私人投资的困难；比如，科学试验和发展新技术的投资、减少环境污染方面的新技术和设施，大部分由政府负担。总起来看，在资本主义国家的周期性经济波动中，经济活动的急剧下降或长期停滞，反而使这些国家的财政支出在国民生产总值中所占比重上升。

第五，战争和战后的资金需要，是财政支出呈现台阶式增长的直接原因。财政支出的增加，受政府课税能力的限制和预算收支平衡的约束。但战争使这种限制和约束都取消了。战时增税，预算赤字，人民群众不能不接受。因此，财政支出的增长通常以战争为契机，从较低水平上升到较高水平，战后即使略有回降，但绝不可能恢复到战前的水平。以美国为例，第一次世界大战前各级政府的财政支出总额不过占国民生产总值的 8%，但第一次世界大战把这项比重推到 30% 的高水平；战后回降，但仍在 10% 以上。第二次世界大战又把这项比重再次推到接近 50% 的高水平。二战后又回降，但只能降到 22% 的水平就降不下去了。侵朝和侵越战争期间财政支出在国民生产总值中所占比重也显著地提高，但与前不同的是战后回降的幅度不大，使上述比重始终停留在较高水平。

战争与财政支出的关系，一方面表现在战争把财政支出一步步推向更高水平，另一方面也表现为在财政支出构成中军事支出带动了其他支出。许多国家的军事支出在战时达到前所未有的规模。当战争结束时，军事支出不可能保持在这样高的水平，就必然要有其他的财政支出来代替它的位置，首先是经济恢复所需的财政支出，其次是福利支出，再次是政府投资。这几种支出虽然不一定同战争有直接关系，但从整个国家的政治和经济形势来看，也可以说是战争的必然后果。

第三节　资本主义国家财政支出的性质

在政治上占统治地位的资产阶级，在资本主义的社会经济条件下，为了本阶级的利益而对已经占有的财政资金进行分割使用，这就形成了资本主义国家的财政支出。这样的财政支出，是以为统治阶级的利益服务和非生产性为其特点的。

为统治阶级利益服务，通常被称为资本主义国家财政支出的阶级性，是有大量事实作为根据的。但这并不是说，这些国家的每一笔财政资金，国库中的每一元钱，都直接进入资本家的钱包，对工人和人民群众不可能有一点好处。无论垄断前还是垄断资本主义时期，实际情况都不是那样的。

国家从来就是阶级统治的工具，但国家要能长期存在下去，必须实行一定的社会职能，使那个阶级对立的社会秩序得以维持下去。国家并没有独立于阶级职能之外的社会职能，它的任何一个职能都是服从于统治阶级的需要的，但在国家执行其阶级职能时，必须在一定程度上实行对社会的职能，否则阶级的统治就不能长期存在。正是在阶级职能和社会职能的相互联系和矛盾中，才能正确理解资本主义国家财政支出的阶级性。

阶级斗争是复杂的，在垄断时期尤为尖锐。对于长期占据统治地位并积累了丰富经验的资产阶级来说，它是懂得区分什么是整个阶级的长远利益，什么是某个集团的暂时利益，什么是基本的利益，什么是非基本的利益的。资产阶级国家作为整个社会的“正式代表”，必然会调节资产阶级内部的矛盾，在斗争形势对它不利的时候，作必要的退却。这就是为什么早在垄断前时期，资产阶级国家就已经在文化教育以至于社会公用事业上分配少量的财政资金；到了垄断时期，许多国家都以大量资金用于社会福利措施，使这类支出在财政支出总额中占着很重要的地位。

肯定资本主义国家财政支出为资产阶级服务的性质，从而否定人民群众有可能争取并得到对他们较为有利的财政资金的分配使用，那是不符合实际情况的。肯定资本主义国家的某些财政支出对人民群众可以提供一定的物质利益，从而认为这些国家的财政支出是为了“全民集体的需要”，从而否定财政支出的阶级性质，那也是不符合实际情况的。

关于资本主义国家财政支出的非生产性，或者说，这种财政支出是推动还是不能推动生产劳动的问题，需要进一步探讨。

分配是生产和消费的中间环节；如果抽象地和孤立地来看分配，是无从区别其是生产性还是非生产性的。但是，分配既是生产成果的分配，生产对分配就起着决定的作用。在分配的第一阶段上，就产品的被占有关系来看，从各类占有者在已经进行了的生产中占据着什么样的社会地位这个客观条件出发，可以有根据地估计出，就总的情况说，各类占有者将如何使用它们所已经占有的产品份额；从而可以指出，这种使用将对生产基本上产生什么样的作用。在这个意义上，可以区别分配的生产性和非生产性。显然，这种区别决定于占有者的地位，实际上反映出生产对分配的决定作用。这种决定作用当然要推展到分配的第二阶段上，具体地表现在产品被分割使用的关系上。在这个阶段上，从产品的使用将如何地影响以后的生产、各种分割使用关系将同生产劳动发生什么样的关系这个角度，就可以具体地区别各种分配是生产性还是非生产性的。

资本主义国家的财政支出，作为一个经济范畴，是在社会产品分配的第二阶段的一种分配关系。但是，要分割使用，必先占有；要有财政支出，必先有财政收入。资产阶级国家在资本主义社会经济生活中所占的地位，决定了它将基本上把它所占有的产品用在哪些用途上。当然，也不应局限于这样的分析。还必须就各项具体用途来分析资本主义国家财政支出将如何影响资本主义社会的生产劳动和整个社会的再生产。对于资本主义国家财政支出的非生产性问题，就是从这两方面来探讨的。

资产阶级国家保护资本主义的社会经济制度，即资本主义的生产关系。资本家需要国家，显然不是要它来全部地代替自己并支配国民劳动，而是要它来迫使多数生产劳动者忍受少数人的剥削。因此，资产阶级国家对内的主要职能是维持这种剥削制度，而不是代替私人资本家管理经济。资产阶级国家所占有的那部分产品，主要用来弥补国家机构的各种消费，而不是当作资本来使用。在资本主义条件下，社会产品的任何份额“只有当作资本投下”，才能保有自己价值并取得更多的价值。资产阶级国家的财政资金，既然总的说来不是当作资本来运用，财政支出总的说来也就是非生产性的。

应当区别资产阶级国家对经济的影响和对经济的干预，更不能把这二者看作就是资产阶级国家的管理经济的职能。“上层建筑一出现，就成为极大的积极力量，积极促进自己基础的形成和巩固。”[①] 资产阶级国家，作为这个社会的上层建筑的主要部分，其一切活动，不论是在经济领域中或是在这领域之外，都要直接或间接地影响到经济。显然，只有同经济密切有关的国家活动，才是资产阶级国家对经济的干预。就整个资本主义时期来说，这种干预可以采取多种形式，而且随着资本主义生产方式的矛盾的发展，国家对经济的干预有着增长的趋势。但这也并不表示资产阶级国家已经有了管理经济的职能。这种职能是以国家拥有国民经济中主要的生产资料为前提的，而这个前提在资本主义条件下是基本上不存在的。总起来说，资产阶级国家对经济的干预是要巩固私人资本对于国民经济主要命脉的控制，而不是削弱这种控制。

“现代国家却只是资产阶级社会为了维护资本主义生产方式的共同的外部条件使之不受工人和个别资本家的侵犯而建立的组织”[②]，并不具有管理经济的职能。这一点在垄断前资本主义时期是比较明显的。由此可见，资产阶级国家财政支出的非生产性也是比较明显的。亚当·斯密曾经说过，国王以及他属下的文武官员，以及全部海陆军，都是不生产的劳动者。他们是公众的仆役，他们的生活要由另一些人勤劳的年生产物的一部分来维持。他虽然并不认识资产阶级国家的实质，却觉察到了这种国家的财政支出的非生产性。

当垄断资本的统治形成之后，特别是国家垄断资本主义的各种形式有了较大发展之后，国家垄断资本在整个社会的资本总额中占着较大的比重，对国家的经济生活也有着重要的影响。有人就说，资产阶级国家可以有计划地管理经济，相应地，国家的财政支出也

---

① 斯大林:《马克思主义和语言学问题》,《斯大林文选》，人民出版社版，第521页。

② 恩格斯:《社会主义从空想到科学的发展》,《马克思恩格斯全集》第19卷，人民出版社版，第240页。

主要是生产性的了。但是，一个国家有没有管理经济的职能，是从国家对整个社会的经济生活来说的。国家有没有这样的职能，也还要看国家的占有同社会上其他的占有形式之间有着什么样的关系：是前者支配后者，还是前者为后者服务？国家垄断资本主义的发展使国家有了较多的企业和财产。但是，国家是以“总合资本家”的地位来经营它们的，这部分生产的资本主义性质并没有消灭；国家经营它们时，不仅严格遵守资本主义的一切“规则”，而且是以国家的垄断来为私人垄断资本服务的。说国家垄断资本是“反对垄断资本发展的更有效的工具”，并从而承认现代资产阶级国家已经具有管理经济的职能，这并没有事实根据。关于财政支出的非生产性，也是从整个国家的财政支出对整个社会的再生产来说的。要看财政资金分配的主要方向，也要看国家垄断资本在整个社会的再生产中起着什么作用。目前，在主要的资本主义国家里，维持国家机器的费用通常占财政支出总额的很大部分，在整个国民收入中也占着很大比重，这些财政资金不是当作生产资本来运用的。不错，一部分财政资金是转成国家垄断资本了，但是，如以下将说明的，这种特殊的资本未必能推动生产的劳动，相反地，却把原来是生产的劳动实际上变成了不生产的劳动。因此，总的说来，在垄断时期，在国家垄断资本主义的条件下，财政支出的非生产性并不会消失。

以上从资产阶级国家的性质来说明财政支出的非生产性，还应当进一步具体说明资产阶级国家各种财政支出对资本主义社会的生产劳动和再生产的影响。什么是生产劳动呢？马克思说：“如果整个过程从其结果的角度，从产品的角度加以考察，那么劳动资料和劳动对象表现为生产资料，劳动本身则表现为生产劳动。”① 他又说：劳

① 马克思：《资本论》第1卷，《马克思恩格斯全集》第23卷，人民出版社版，第205页。

动过程的“产品是使用价值，是经过形式变化而适合人的需要的自然物质”[①]。他也指出，这样的考察，是把“劳动过程首先要撇开各种特定的社会形式来加以考察”[②]，即对任何社会形态都是适用的。可见，生产劳动必须具备两个条件：第一，劳动的结果是一定的物质产品或劳务；第二，这些产品和劳务应能适合人的需要。

资本主义国家财政资金的分配使用，对于生产劳动究竟有着什么样的关系？根据资金使用的实际情况，可以区别下列各种情形：

资产阶级国家的一部分财政支出，不仅不能推动生产劳动，相反地是以一部分国民失去劳动的机会和可能为前提的。社会救济、失业补助等支出就是如此。退伍军人养老金等实际上也是属于这一类的。这种转移性的财政支出，在美国目前相当于个人收入的12%以上。

当然，资产阶级国家财政支出中的人员经费，其主要部分还是推动了一些人的劳动的。目前，这种财政支出在美国约相当于国民生产总值的11%。问题在于：这种劳动是生产的，还是不生产的。在这些支出中，包括了军队的薪饷、政府机关雇用人员的薪金、官吏的俸金，目前也还包括相当数额的“公共经济部门”中工人职员的工资等等。这些人合计人数颇多。他们虽也劳动着，但劳动的结果是什么？资本帝国主义国家几百万军人的劳动，创造的只是对人民生存权利的威胁和被压迫民族的灾难。官吏和机关雇员也提供了一定的“劳务”，但这种“劳务”实际上只是对少数统治者才是有用处的。他们不仅在劳动中没有生产出使用价值，而且在这个过程中还要消耗别人从事生产劳动的结果。“在大多数所谓‘高级’劳动

---

①　马克思：《资本论》第1卷，《马克思恩格斯全集》第23卷，人民出版社版，第205页。

②　同上书，第201页。

者，例如官吏、军人、名流、医生、牧师、法官、律师等等，就某方面说，他们不但不是生产的，并且在本质上是破坏性的。”[①]

只有当资产阶级国家的财政资金是用来支付国有企业中工人职员的工资时，似乎这种分配确实推动了一部分生产劳动。但是，这也要看这些企业的性质。在资产阶级“国有化”的经济中，也包括银行、保险等全部企业，显然这些企业中的职工并不从事生产劳动。国有军事工业拥有现代化的技术装备，工人也创造出相当数量的产品。但这些产品主要是各类武器和军用品，只有政府才需要并购买它们，人民群众不需要它们，即使资本家和其他剥削者个人也不购买它们。这种产品是一种特殊的使用价值：它既不是供生产消费，也不是供生活消费；它既无助于劳动产品的再生产，也无补于劳动力的再生产。相反地，生产和消费这种特殊的产品，却严重地妨碍了真正的生产。生产这种产品的具体劳动，虽然有着生产劳动的外貌，但“从结果的观点”来看，实际上是非生产劳动。这些产品，由于政府的购买而其全部价值似乎得到了社会的承认；但事实是政府有了这种扩军备战的需要，才把一部分劳动资源分配到这些特殊部门。这些工人劳动的结果同军人、官吏等的“劳务”只有形态上的区别，而内容上并无实质的不同。

以上说明了资产阶级国家财政支出中救济、补助以及人员经费等项目的分配使用与生产劳动的关系。它们形成了资本主义社会中某些人员的收入；但由于它们推动的主要是非生产劳动，所以它们形成的收入主要是派生的收入，而引起国民收入的再分配。财政资金的这部分分配使用基本上不能促使国民收入增大，只是使现有规模的国民收入中用于非生产人员消费的部分显著地扩大而已。

---

① 马克思：《剩余价值学说史》第1卷，考茨基编，生活·读书·新知三联书店1957年版，第271页。

在资本主义国家的财政支出中，有着大量的购置开支。这种财政支出是对商品和劳务的购置，目前约占国民生产总值的10%。随着扩军备战和国家机构的日益庞大，这种开支迅速增长。这一部分财政资金的分配使用，同生产劳动有着什么样的关系？这种分配究竟是生产性还是非生产性的？需要有一个清楚的认识。

资产阶级国家购置的对象，基本上是已经进行了的劳动的结果。国家购置，使这些商品实现了，使这部分已经支出的劳动似乎得到了社会的承认，从而就为这样的劳动在以后继续进行提供了必要的条件。资本家是为卖而买的，只有在他能把商品卖出去的条件下，他才会继续购买劳动力，劳动过程才有可能发生。在这个意义上，国家购置支出这种分配似乎间接地推动了私人资本主义企业中工人的生产劳动。

但是，国家购置的产品总是要被使用的。这些产品是在国家机关、军队以及其他公共单位中被使用的，它们或者在本期内就被消费掉了，或者积累起来供以后消费。如前所述，在这些部门中人们进行的基本上是非生产的劳动；因此，国家购置的大量产品也就是在本期或今后这种非生产劳动的过程中被消费掉了。只有在具体的生产劳动中，被消费掉的产品才可以把自己的价值转移到另一种产品上，从而保存自己的价值。在非生产劳动的过程中，这些产品的价值就被消灭了。即使暂时积累起来了，也只不过是暂时还没有被消灭，迟早难逃这样的命运。

因此，如果说资产阶级国家的大量购置推动了社会上大量的劳动，那么，这是要有巨大代价的。那就是把这种原来是生产的劳动实际上转化为不生产的劳动。如果说，资产阶级国家的这种财政支出刺激了社会生产的扩大，那么，这是以生产物愈来愈大的部分被浪费在既无助于生产物的再生产又无补于劳动力的再生产的种种用途上作为代价的。这正深刻地表明了资本主义国家财政支出的非生产性。

综合资产阶级国家财政资金分配使用的各种情形，从它们直接或间接地所推动的社会劳动的结果来看，可以看到，资本主义国家财政支出具有非生产性。这种性质对资本主义财政的发展有重大影响。生产性的财政支出，由于它推动的是生产劳动，只会使国家占有的价值在其存在形态上发生变化，在量上不仅不会减少，而且可能有所增大。因此，生产性的财政支出发生了一次之后，它就能继续不断地推动至少是同量的生产劳动，而这种劳动的结果能创造一定的使用价值以满足一定的需要。非生产性的财政支出则不然。当这种支出也直接或间接地推动了一定量的非生产劳动之后，政府要继续不断地进行至少是同额的财政支出，才勉强能使这部分劳动可以重复地进行下去，如果要扩大它的规模，必须扩大财政支出。生产性的财政支出，为社会的再生产和扩大再生产提供了一定条件，为财政收入的增长也提供了一定条件。而非生产性的财政支出，从长远看，对于社会再生产的规模起着限制的作用，从而对于财政收入的来源也起着限制的作用。因此，资本主义国家财政支出的非生产性，与它们财政的困难和危机，有着必然的联系。

资产阶级的代言人不仅从资产阶级国家的本质和职能这方面来掩盖财政支出的非生产性，他们也从财政资金的分配使用状况来歪曲财政支出的性质。对于区分生产劳动和非生产劳动，资产阶级从来也不能提出一个明确的概念。当前，他们更是歪曲生产劳动的意义，在这种的概念混乱中提出资本主义国家的财政支出基本上有生产性的说法。

“古典时期的经济学，是和暴发户时期的资产阶级一样，对于国家机构，极尽批驳能事的。”[①] 斯密把官吏、军人的劳动同产业资本家取得利润的源泉的那种劳动相区别，指出前者是不生产的劳动，从而也提出了资产阶级国家的财政支出的非生产性。但是，斯密并没有对这种区别作出科学的说明。一方面，他从资产阶级的观点，把生产劳动看作是“直接和资本相交换的”劳动、“生产资本的”劳动，从而提出了那种足以明显地暴露出资本主义生产的社会性质的概念，即资本主义条件下，只有能够生产出剩余价值的劳动才是生产劳动。另一方面，他又提出“生产商品的劳动”是生产劳动，而且对商品和物质财富并不明确区别。斯密的概念混乱，为以后资产阶级对财政支出的非生产性进行种种辩护，提供了可乘之机。

资产阶级需要庞大的国家机器和人数众多的不生产者阶层。所以，“在理论方面恢复不生产劳动者中这个单纯寄生的部分，甚至为其中不可缺少的部分所享受的过大的要求权辩护，就成了这种社会尤其是上等阶级的阿谀者的主要任务了”[②]。他们把“生产商品”的劳动曲解为有用的劳动，而且宣称任何非生产劳动在一定限度内都是对全社会有用的。所以，他们认为：区别生产劳动和非生产劳动既不可能也没有意义，对财政支出也无从区别它的生产性或非生产性。“不生产者吃掉的全部东西，全是合于秩序的，因为他们对于财富的生产，是和劳动者一样有贡献，不过贡献的方法特别而已。”[③] 他们否认了资本主义国家财政支出的非生产性，也就进一步为这种支出的不断膨胀，为这种支出对人民生活和国民经济的消极影响进行了辩解。

资产阶级掩盖财政支出的非生产性，这是从他们的阶级立场来看

---

① 马克思:《剩余价值学说史》第 1 卷，考茨基编，生活・读书・新知三联书店 1957 年版，第 272 页。

② 同上。

③ 同上书，第 373 页。

待这个问题的必然结果。本来，在资产阶级看来，任何一种劳动是不是生产出物质财富，生产出什么样的物质财富，对他们并无差别，只要这种劳动能够给他们带来利润就行。只要满足这个条件的劳动，在他们看来就是生产劳动；不符合这个条件的，就是不生产的劳动。相应地，任何一种财政支出，只要直接或间接地给他们带来高额利润，自然就是生产性的支出。在他们看来，政府对资本家的贴补，显然是生产性的；政府的订货，为他们实现利润提供了前提，特别是在价格上给予了他们很大好处，当然也是生产性的；政府的社会福利开支，在有利于他们雇用工人这个范围内，也是生产性的。至于政府订货的具体内容是什么，政府贴补的影响是什么，政府庞大的社会福利支出对社会经济会有什么后果，对他们是不相干的。外“援”支出有利于资本和商品的输出，非生产部门大量人员的经费也有助于某些企业的商品销售，所以，这些支出在有利于增加利润的限度内，在利润能够增大的资本家集团看来，也都是生产性的。因此，任何财政支出，都可以是生产性的。“建造金字塔，甚至地震、战争等天灾人祸，都可以增加财富。”① 在资产阶级特别是垄断资产阶级看来，任何一项财政支出有没有生产性，有多大的生产性，关键在于它给自己、给这个资本集团、给这个阶级能够带来多少利润。

第四节　财政支出对资本主义再生产的影响

上节中对资本主义国家财政支出的性质作了初步的探讨，在此基础上，就可以进一步分析这样的财政支出对资本主义的再生产在

① 凯恩斯:《就业利息和货币通论》，商务印书馆 1977 年版，第 109—110 页。

短时期和长时期中会发生什么样的影响。

如前所述，资产阶级国家干预经济生活，通常并且主要是在分配领域。财政分配的整个过程是利用货币来进行的。分析财政支出对再生产的影响，首先应当从资本主义社会中商品的销售来考察，因为财政支出首先影响到销售市场。其次，也必须把财政收入和支出合起来考察它们对资本主义再生产的影响。这是因为，如果没有国家的占有，就不能有国家对这部分产品的分割使用；当财政支出对再生产发生一定影响时，财政收入一定也已有了影响。

首先考察资本主义国家中产品的销售同财政支出的关系。统计资料表明，前者对后者的依赖程度近几十年来是越来越加深的。以美国国民生产总值的使用状况为例，根据 1929、1949、1959、1969、1979 年的统计资料，列表如下：①

（单位：亿美元）

使用状况	1929 年		1949 年		1959 年		1969 年		1979 年 *	
	金额	%	金额	%	金额	%	金额	%	金额	%
个人消费	773	74.7	1781	69.0	3108	63.9	5797	62.0	15098	63.7
私人国内投资总额	162	15.7	353	13.7	776	15.9	1462	15.6	3862	16.3
政府购置	88	8.5	384	14.9	976	20.1	2079	22.2	4761	20.1
净出口	11	1.1	62	2.4	6	0.1	18	0.2	–35	–0.1
国民生产总值	1034	100.0	2580	100.0	4865	100.0	9355	100.0	23685	100.0

* 初步数字。

资料来源：1980 年美国总统提交国会的经济报告，统计附录。

在资本主义制度下，产品必须通过市场销售然后才能被使用；市场上必须有足够的有支付能力的需求，销售才能实现。财政支出显然对于社会需求的构成会发生重大的影响。马克思早就指出，资

① 由于四舍五入，总数与明细数可能有出入。

本主义社会中各个阶级的相互关系和经济地位，剩余价值对工资的比率，剩余价值分割成为利润、利息、地租、税金等部分的比例，对于社会需求的各个因素起着决定作用。[①] 从上面的统计资料来看，政府购置在社会需求中所占比重迅速扩大，而这是完全依赖财政支出才能形成的。在社会需求中占主要地位的个人消费需求，其中包括大量非生产部门的个人消费需求，如政府雇用人员、军人及他们家庭的需求等等，这些显然也是必须通过财政支出才能形成的。私营企业的生产投资，主要是不变资本的投资；资本家只是在市场情况对他们有利的条件下才进行这种投资，而只有在政府大量订货和直接贴补的刺激诱导下市场情况才能满足他们追求最大限度利润的欲望；所以，没有相应的财政支出，私人企业的生产投资必然不能达到这样的规模。至于输出超过输入的净出口额，所占比重虽不大，但如前所述，没有政府大量财政资金的支持，出口也难于达到较大规模。总之，随着资本主义国家财政支出规模的扩大，它就愈益成为资本主义社会中产品销售的一个重要条件。

财政支出既然能够影响流通，自然也会在一定程度上影响到生产。但是，财政支出究竟会对资本主义生产发生什么影响？下面从质和量两个方面来说明。

首先，从质这方面看，由于资本主义国家财政支出的非生产性，它将使资本主义生产的部门结构发生重大的变化。财政支出基本上包括两大部分：一部分是由国家开支的非生产人员的经费，包括工资和救济补助等；一部分是国家各种机构的购置拨款，而这种购置的一部分是解决这些机构的日常消费需要，其另一部分则暂时积累起来以供这些机构今后的消费需要。因此，大量的财政支出使资本

---

① 参阅马克思:《资本论》第 3 卷,《马克思恩格斯全集》第 25 卷，人民出版社版，第 203 页。

主义生产中形成一个特殊的部门，这个部门的产品只是由政府来购买并供国家各种非生产机构的需要。由于其产品不再进入生产过程，这个部门应当属于第二部类；但由于其产品并不能满足任何人的生活需要，它又不同于第二部类一般的生产。这种特殊的消费资料生产部门在财政支出的影响下就形成了，并且随着支出的膨胀也扩大了它的规模。军事工业就是这个特殊生产部门的最典型例子。

由于大量财政支出，由于这个特殊的生产部门的形成和发展，资本主义生产的第一部类和第二部类的构成都会发生一定的变化。原来的第二部类中，不仅有了一个特殊的消费资料生产部门，而且在一般的生活资料的生产中也发生了新的变化：除了通常的份额外，现在这种生产的一部分要供国家机构的非生产人员的消费需要，一部分要供这个特殊的生产部门中劳动者的消费需要以及这个部门中可变资本积累的需要。在第一部类中，也形成一个新的份额，即一部分产品将用来满足这个特殊生产部门的补偿和不变资本积累的需要。

总起来看，在大量财政支出的影响下，资本主义生产的部门结构发生了重大的变化，其结果是愈来愈大部分的劳动资源和其他物质资源被用来直接或间接地满足国家的非生产需要。从结果来看，这部分活劳动和物化劳动都是被虚费了，无补于资本主义社会的生产力的发展。因此，资本主义生产的这种部门结构的变化，本身就是再生产的一个消极因素。

其次，从量这方面看，大量的财政支出对于资本主义各部门的生产规模会发生多大的影响？

从表面上看，财政支出的规模直接决定着专门供应国家购置的那个特殊生产部门的规模。这个部门中的企业是为政府订货而生产的；订货愈多，原来的生产规模不仅能够维持，而且还可以扩大。生活资料的生产规模似乎也部分地由财政支出来决定，因为财政支出中人员经费愈多，非生产人员的消费需要愈大，而供应这部分需要的生产的规模也必须相应扩大。第一部类的生产规模，虽不是直接决定于财政支出，但似乎也受财政支出间接的决定性影响，因为当财政支出促使上述特殊生产部门扩大规模时，相应地也增大了这个部门对生产资料的需要，从而似乎也能有效地促使第一部类生产规模的扩大。资本主义国家的某些现象也似乎证实了这种影响的存在。大量军事订货“制造”出导弹、核武器等生产部门，而这些“生产”单位又相应地向第一部类提出机器设备、原材料等需要；大量政府人员的开支，似乎也为民用生产部门产品的销售创造了有利的条件。

财政支出通过流通来维持资本主义国家中某些生产部门的规模，甚至还促使它们扩大生产规模，这是财政支出对资本主义经济的支撑作用。从量这方面看，这种支撑作用实际上必然是先强后弱，也就是说，必然是不能持久的，只是暂时的。

即使大量财政支出使某些部门的生产规模扩大了，要维持这个规模，就需要至少使财政支出维持在已经达到的高水平上；如果扩大这个规模，财政支出还必须进一步增大。之所以如此，是因为影响这些部门生产规模的不是财政支出的绝对额，而是它的年度增长率。今年的支出数额比去年大，资产阶级政府才能在今年度内对各有关的生产部门提出比去年较大的需求，从而这些部门才能扩大生产规模，在今年度内不仅对第一部类提出比去年较多的补偿方面的需求，而且会提出积累方面的需求。如果今年的支出数额同去年一样，那就至多只能维持各有关生产部门原有的规模；由于劳动生产率有所提高，实际上还不能维持原有的规模，这些部门当然也不可能提出积累上的新的需求了。如果今年的支出数额低于去年，则各有关部门的生产能力就不能充分利用了，根本不可能有净投资，在补偿方面对生产资料的需求以及对劳动力的需求也都将下降。由此可见，资产阶级国家财政支出的年增长率愈高，它对资本主义经济的刺激作用愈大；相反地，则刺激作用愈小，甚至是负的。由于这种支出是非生产性的，它基本上不能推动生产劳动又不能保存自己的价值。要财政支出发挥较大的刺激作用，它就必须每年重复地而且不断增长地进行着，但事实上又不可能这样无限地增加。因此，财政支出目前较高的年增长率就为以后年增长率的下降种下了根；刺激作用愈大，它就愈不能持久，终于要下降，转变成相反的方向。

以上是从质和量两个方面来说明资本主义国家财政支出对于资本主义社会的流通以至于生产的影响。全部说明，都仅限于财政支出本身，也就是说，只着眼在分配的第二阶段而暂时忽略了第一阶段，单是考虑国家对一部分产品的分割使用而不考虑国家对这部分产品的占有。但这两个阶段是不能割裂的；当财政支出发生一定影响时，国家的占有同时也发生着另外的影响。为了正确估计财政支出的影响，特别是在量上估计它的支撑作用，必须把分配的两阶段统一起来，全面地说明它们对资本主义再生产的影响。

利用马克思关于再生产的图式，并从第二部类中分列出上述特殊的消费资料生产部门（II_2），其产品全部由国家购买并用来满足非生产部门各个机构的消费和积累的需要；第二部类的（II_1）部门则从事生活资料的生产，虽然其中一部分也是用来满足非生产人员的个人消费需要。

（Ⅰ）部类的产品价值$= c_1 + v_1 + m_1$

（II_1）部门的产品价值$= c_{21} + v_{21} + m_{21}$

（II_2）部门的产品价值$= c_{22} + v_{22} + m_{22}$

（II_2）部门中劳动虽然具有生产性的外貌，但实际上并非生产性的。如果把这部分劳动也计算在内，资本主义社会总产品的价值构成是$c + v + m$，而$c = c_1 + c_{21} + c_{22}$；……

假定这是一个纯粹的资本主义社会，资产阶级国家通过财政收入的各种形式来占有一部分产品。主要是对工人阶级进行额外的剥削，在次要方面也由资产阶级让渡一部分剩余价值。前者，$v_g = v_{1g} + v_{21g} + v_{22g}$；后者，$m_g = m_{1g} + m_{21g} + m_{22g}$。资产阶级国家占有一部分产品，主要依靠 v_g 的增大；当 v_g 增大时，m_g 有可能增大，但也可能保持不变或甚至减少。$v_g + m_g$ 是资产阶级国家的全部财政收入。

由于资产阶级国家的占有，工人的实际收入降低了。v 被分成 v_g 和 $\bar{v}$ 两个部分，$\bar{v}$ 是工人的实际收入，假定将全部用于购买生活资料以维持劳动力的再生产。资产阶级的剩余价值 m 中，分出 m_g 让渡给国家，其余一部分 $\bar{m}$ 由资本家消费（购买生活资料），另一部分 m_c 为不变资本的积累（形成对生产资料的购买），另一部分 m_v 为可变资本的积累（形成对生活资料的购买）。总起来说，

$$m = m_g + \bar{m} + m_c + m_v$$

资产阶级国家所占有的全部价值，在货币形态下将分割使用在三个份额上：一部分形成非生产人员的收入 i_g（用于购买生活资料），另一部分弥补非生产部门各机构的消费 i_{g1}（形成对特殊的消费资料的购买），另一部分 i_{g2} 是用来满足这些机构的积累需要（也形成对特殊的消费资料的购买）。总起来说，全部财政支出 $= \bar{i}_g + i_{g1} + i_{g2}$。

考虑了财政分配的第一阶段，资本主义社会总产品的价值构成就如下列：

$$(\text{I})\ c_1 + v_1 + m_1 = c_1 + (\bar{v}_1 + v_{1g}) + (m_{1g} + \bar{m}_1 + m_{1c} + m_{1v})$$

$$(\text{II}_1)\ c_{21} + v_{21} + m_{21} = c_{21} + (\bar{v}_{21} + v_{21g}) + (m_{21g} + \bar{m}_{21} + m_{21c} + m_{21v})$$

$$(\text{II}_2)\ c_{22} + v_{22} + m_{22} = c_{22} + (\bar{v}_{22} + v_{22g}) + (m_{22g} + \bar{m}_{22} + m_{22c} + m_{22v})$$

$$c + v + m = c + (\bar{v} + v_g) + (m_g + \bar{m} + m_c + m_v)$$

其中，$v_g + m_g$ 是财政收入总额，将分配成为这样三个份额：$\bar{i}_g + i_{g1} + i_{g2}$。

在社会产品分配的第一阶段上，占有关系已经基本上规定了整个社会对于各个部类的产品的需求是由哪些部分构成的，将达到多大的规模。对于第一部类的产品，社会需求是：

$$(c_1 + c_{21} + c_{22}) + (m_{1c} + m_{21c} + m_{22c}) = c + m_c$$

第一部类的生产要能顺利进行下去，资本主义的扩大再生产要能顺利进行下去，这一部类的全部产品必须能够实现，即生产和需求在价值量上必须均衡。这也就是要求：

$$c_1 + v_1 + m_1 = c + m_c；简化，得出$$

$$v_1 + \bar{m}_1 + m_{1v} + m_{1g} = c_{21} + c_{22} + m_{21c} + m_{22c}$$

对于生活资料生产部门（II_1）的产品，社会需求是：

$$(\bar{v}_1 + \bar{v}_{21} + \bar{v}_{22}) + (\bar{m}_1 + \bar{m}_{21} + \bar{m}_{22}) + (m_{1v} + m_{21v} + m_{22v}) + \bar{i}_g = \bar{v} + \bar{m} + m_v + \bar{i}_g。$$

对于这特殊的消费资料生产部门（II_2）的产品，需求是 $i_{g1} + i_{g2}$。因此，这两个部门的生产和需求在价值量的均衡条件就是：

对于 II_1 部门，$c_{21} + v_{21} + m_{21} = \bar{v} + \bar{m} + m_v + \bar{i}_g$；

对于 II_2 部门，$c_{22} + v_{22} + m_{22} = i_{g1} + i_{g2}$

在 II_2 部门生产和需求取得均衡的条件下，前者经过简化，也得出同一结果：

$$v_1 + \bar{m}_1 + m_{1v} + m_{1g} = c_{21} + c_{22} + m_{21c} + m_{22c}$$

总起来说，在产品分配第一阶段上由占有关系所决定的各个份额，必须符合一定的条件，才能使各个部门的产品都得到实现。这条件也就是在国家占有一部分产品并弥补非生产领域全部需要的情况下，资本主义再生产得以顺利进行的条件。它们是下列两个：

$$\begin{cases} v_1 + \bar{m}_1 = m_{1v} + m_{1g} = c_{21} + c_{22} + m_{21c} + m_{22c} \\ c_{22} + v_{22} + m_{22} = i_{g1} + i_{g2} \end{cases}$$

只有这两个条件满足了，各部门的产品才能完全实现，各个部门的生产能力才能充分利用。也只有这两个条件满足了，资本主义社会总产品才能顺利地进入分配的第二阶段，分割成补偿（c）、消费（$\bar{v} + \bar{m} + \bar{i}_g + i_{g1}$）、积累（$mc + m_v + i_{g2}$）三个部分，而在消费和积累的两部分中都已经包括了非生产领域的需要。

但是，资本主义扩大再生产顺利进行、社会产品实现的两个条件，并不是什么时候都能满足的。其中的一个条件，$c_{22} + v_{22} + m_{22} = i_{g1} + i_{g2}$，实际上是要求政府的购置必须完全地吸收掉（$\mathrm{II}_2$）部门的产品，也就是要求国家的财政支出一经进行，必须维持下去，只能增加而不能减少。即使资产阶级国家的财政支出吸收了（II_2）部门的全部产品从而使这个条件得到满足，另一个条件，$v_1 + \bar{m}_1 + m_{1v} + m_{1g} = c_{21} + c_{22} + m_{21c} + m_{22c}$，也不能经常满足。这个条件说明第一部类同第二部类的两个部门之间进行产品交换时，第一部类产品在解决了本部类内部补偿和积累的需要之后的余额，必须刚好在价值量上等于（II_1）部门和（II_2）部门的补偿和积累的需要。只有二者相等，部门间产品交换才能顺利实现，资本主义的扩大再生产才能顺利进行。显然，在资本主义条件下，只有在偶然的情况下，二者才会相等，部门间生产的比例才能刚好保证了产品实现的条件。

在资本主义条件下，生产相对过剩是普遍的情况，第一部类的生产也绝不例外。据美国联邦储备理事会的统计，1979 年度全部制造业的生产能力的利用率为 85.7%，这还是 1973 年以来的最高水平。以 1975 年为例，该项比率为 72.9%。第一部类生产相对过剩，意味着 $v_1 + \bar{m}_1 + m_{1v} + m_{1g} > c_{21} + c_{22} + m_{21c} + m_{22c}$，也意味着第一部类必须缩小生产规模，而且也将影响到生活资料生产的规模。

财政支出对资本主义再生产究竟能产生怎样的和多大的影响，这个问题的关键就在于：能否通过大量的财政支出，克服这种生产过剩，维持产品实现的条件，从而保证再生产的顺利进行。

财政支出对资本主义经济的支撑作用就表现在：（1）由于 $i_g + i_{g2}$ 的增长，使（Ⅱ$_2$）部门的生产扩大；（2）由于（Ⅱ$_2$）部门中 $\bar{v}_{22}$ 和 $\bar{m}_{22}$ 的增大，对（Ⅱ$_1$）部门产品的需求增加；也由于 $\bar{i}_g$ 的增长，对（Ⅱ$_1$）部门产品的需求增加；这两方面都影响到（Ⅱ$_1$）部门生产的扩大；（3）由于（Ⅱ$_2$）部门中 c_{22} 和 m_{22c} 的增大，也由（Ⅱ$_1$）部门中 c_{21} 和 m_{21c} 的增大，原来 $v_1 + \bar{m}_1 + m_{1v} + m_{1g} > (c_{21} + m_{21c}) + (c_{22} + m_{22c})$ 的情况，可能改变为二者的差额缩小即生产过剩有所减少，甚至二者暂时地相等。

资本主义国家财政支出的支撑作用是存在着的，但如前所述，它必然是先强后弱的、不能持久的。比较美国联邦预算支出和工业生产从 1950 年到 1961 年的增长情况，就能发现：在这十二年中，预算支出增大了约一倍，但工业生产只增长了 45%；预算支出的增长率始终超过工业生产的增长率，预算支出除了 1953—1955 年这一时期外基本上都是逐年增大的，但工业生产则在 1953—1954 年和 1957—1958 年都曾经下降。1969—1970 年和 1973—1975 年也是下降的。当然，资本主义国家的生产有所增长，也绝非完全由于财政支出的作用。但在比较二者时，也已经能发现这种支撑作用不断衰退的情况。以美国为例，在三十年代中联邦预算支出平均增大 1.5 亿美元就能使工业生产上升 1%，在四十年代中预算支出平均需要增大 4.3 亿美元，在五十年代中平均需要增大 9.3 亿美元才能使工业生产上升 1%。[①]

① 参阅《主要资本主义国家经济统计集》1948—1960 年，世界知识出版社 1962 年版，第 5、50、139 页。

资产阶级国家必先占有资金，然后才能分割使用它们。当政府扩大财政支出，使$\bar{i}_g$、i_{g1}、i_{g2}增大时，它必须同时增加财政收入，主要是增加v_g。当国家对工人阶级加强财政剥削时，即使工人的货币工资没有下降，他们的实际工资即$\bar{v}$必然要下降。在构成生活资料的社会需求的各个因素（$\bar{v}+\bar{m}+m_v+\bar{i}_g$）中，最主要的因素是$\bar{v}$，但$\bar{v}$必然要下降，而且它下降的数额一定要超过$\bar{i}_g$的上升的数额；$\bar{m}$及$m_v$不是主要的构成因素，而且它们究竟是增还是减，基本上决定于资本主义整个生产的升降。因此，考虑了财政支出和国家占有的两方面影响之后，可以肯定（II_1）部门的生产规模必然有缩小的趋势；即使在财政支出的刺激下，暂时或能稍有扩大，但不久总是要缩小的。随着（II_1）部门生产规模的逐渐缩小，m_{21c}首先要下降，c_{21}随后也要下降。因此，在$v_1+\bar{m}_1+m_{1v}+m_{1g}$和（$c_{21}+m_{21c}$）+（$c_{22}+m_{22c}$）的对比关系中，（$c_{21}+m_{21c}$）有着下降的趋势，（$c_{22}+m_{22c}$）有着上升的可能；财政分配的规模愈大，时间愈久，（$c_{21}+m_{21c}$）下降的趋势愈益明显，而（$c_{22}+m_{22c}$）上升的可能愈益受到限制。因此，在较短时期中，对生产资料的社会需求总的说来还可能有所增大，从而也就暂时缓和了生产过剩的困难；但从较长时期来看，对生产资料的社会需求终于要下降，生产过剩的困难会更加严重。

以上情况说明，由于国家占有一部分产品并加以分割使用的结果，原来工人阶级的一部分消费需求现在转变为国家各种机构的非生产的消费需求，原来生产劳动者的一部分消费需求现在转变为非生产人员的消费需求。这一转变暂时地或者能缓和资本主义条件下生产和消费的矛盾，但终究要加剧这个矛盾。资本家对工人的“直接剥削的条件和实现这种剥削的条件，不是一回事。……前者只受社会生产力的限制，后者受不同生产部门的比例和社会消费力的限制。但是社会消费力既不是取决于绝对的生产力，也不是取决于绝对的消费力，而是取决于以对抗性的分配关系为基础的消费力，这种分配关系，使社会上大多数人的消费缩小到只能在相当狭小的界限以内变动的最低限度”[①]。“在资本主义固有的无限制扩大生产的趋向和人民群众有限的消费（所以是有限的，是因为他们处于无产阶级地位）之间，存在着明显的矛盾。”[②]资产阶级国家占有和分配使用一部分社会产品，从总的情况来看，正是一方面促使资本主义生产盲目扩大，另一方面愈益限制人民群众的消费，从而使这种矛盾更加尖锐。

从质和量两方面分析资本主义国家财政支出对再生产的影响，把分配的两阶段结合起来说明这种影响，可以得到下列几点结论：（1）由于大量财政支出的作用，资本主义生产的部门结构有所改变，资源的分配使用也受到影响，而这种影响总的说来是不利于社会生产力发展的。（2）由于大量财政支出的作用，资本主义生产各部门间的比例关系受到一定影响，这种影响在短期内可能促使某些部门扩大生产规模，但长期内终于要使部门间的关系更加不能协调。（3）由于大量财政支出的作用，终于要在整个资本主义社会范围内加剧生产和消费的矛盾。

基于上述三点，可以肯定：作为一个长期的趋势，大量的非生产性财政支出将加剧资本主义再生产所固有的矛盾，成为加剧资本主义经济危机的一个重要因素。资产阶级代言人对于“大胆花钱”政策的种种辩护，将不得不在事实面前宣告破产。

---

① 马克思：《资本论》第8卷，《马克思恩格斯全集》第25卷，人民出版社版，第272—273页。

② 列宁：《俄国资本主义的发展》，《列宁全集》第8卷，人民出版社版，第35页。

第五节　财政支出的效果评价问题

资产阶级经济学把如何使有限的资源分配使用于无限的用途上以求取最佳的效果，作为其主要的问题。但是，资产阶级经济学又从许多方面论证，市场的机制，更具体地说，自由竞争的机制，可以实现这一目的。

资产阶级的财政学承认，市场机制对于财政资金的分配使用，并不能达到最佳分配和最大效果的结果。这是因为，在他们看来，只有当商品或劳动进入市场以供销售的条件下，市场机制才能起作用；而政府部门使用财政资金时所提供的劳务，一般情况下并不进入市场，也没有销售价格，难于从价格波动中调整财政资金的分配使用。

既然客观上不存在市场的机制，但又需要这样一种机制，资本主义国家在近几十年来就逐步发展了一种对财政支出的使用效果的评价办法，并认为政府的决策、议会的审核和批准等等都应当以这种评价为重要的依据。

评价总是人们对客观情况的主观估计，不可避免地受当事人主观上的种种限制，其中包括其阶级地位的局限性。但评价也或多或少地反映了客观实际情况。正是从这一角度，我们对资本主义国家财政支出的效果评价应当作一番考察，从中吸取对我们有用的因素。

评价财政支出的效果，首先要对财政资金的使用分开许多项目，在不同项目之间、同一项目的不同方案之间进行比较。项目愈细，分析比较也愈具体。

其次，对每个项目或每个方案，核算其得益和费用。因此，上述评价的具体内容也就是对每一个项目——每个方案实际上也是项目——进行得益和费用的分析。

为比较每一个项目，必须对它的费用和得益求得总金额，否则无法评价。但是，无论费用还是得益都是很复杂的；计算它们，有技术上的困难，也有经济上的复杂问题。

比如，一个水利工程项目的得益可以包括：航运上的好处、灌溉方面的利益、地区经济的繁荣，等等。其费用包括：工程费用、设备费用、配套的工程和设备费用、新城镇的建设费用、水的耗费、对土壤的影响，等等。

无论得益和费用，都可以区分为：该项目直接的得益和费用，与该项目有关的、由此引起的间接的得益和费用。前者较为具体，是该项目本身的。后者较为复杂，也不那么具体，是该项目对整个国民经济所造成的影响，可以称为该项目的社会费用或得益。如果仅仅考虑前者而完全忽略后者，则对该项目的效果就不能作出正确的评价。如果要完整地、毫无遗漏地计算一个项目的社会费用和得益，不仅难于做到，而且也会使评价工作实际上难于进行。所以，实际的做法是：详尽地计算每一个项目的直接费用和得益，适当地计算其社会费用和得益。哪些社会费用和得益应当计算，在各个项目之间应当有一个统一的标准，但这种标准也是可以调整的。

在资本主义国家，无论得益还是费用，都可以区分成两种：一种是所谓实物经济的，另一种是金钱上的。比如，由于一项水利工程的建设，邻近地区的地价腾贵。这既增大了这个项目的金钱上的得益，也由于工程造价上升而加大了该项目的金钱上的费用。这种得益显然与航运收入的增加、农产量的增长性质不同；这种费用显然也与工程费用、设备费用的性质不同。在资本主义国家，上述金钱上的得益和费用，在不同程度上反映在评价中，也相应地起了歪曲的作用。

每一项目的得益和费用，有的是有形的，有的是无形的或在短期内是无形的。比如，一项工程对于环境的影响是改善还是恶化，对于生态平衡是保护还是破坏，在短期内是很难觉察的。尤其在资本主义国家，无论是得益还是费用，都要核算成总金额，无形的得益和费用——尤其是费用——通常是被忽略的。在舆论的压力下，政府不得不在某些方面作出具体规定，比如，规定对某些项目的有形的费用总额之上必须加上一定比例的防止环境污染的费用等等，这在一定程度上增进了工程效果评价的正确性。

资本主义国家对财政资金分配使用的许多项目，都要求作可行性研究。这种研究有技术方面，也有经济方面。判断各个项目在经济上是否可行，孰优孰劣，很重要的一个内容就是正确核算其得益和费用。

在正确核算的基础上，就可以计算费用-得益的比率，比较不同项目的效果，确定其优先采用的次序。

下面举一个简化的例子：

项目（或方案）	得益 B（单位：百万元）	费用 C（单位：百万元）	B–C（单位：百万元）	$\frac{B}{C}$	$\frac{B-C}{C}$	名次
A	400	200	200	2.0	1.0	2
B	195	150	45	1.3	0.3	4
C	120	100	20	1.2	0.2	5
D	125	50	75	2.5	1.5	1
E	450	300	150	1.5	0.5	3
F	125	125	0	1.0	0	6
G	270	300	–30	0.9	–0.1	7

如果对每个项目或一个项目的各个不同方案都核算出得益和费用的总金额，那就不难计算出费用-得益的比率。通常使用的是两种

比率：一是$\frac{B}{C}$比率，其值的最低限应是 1，凡低于 1 的项目是经济上不可行的；另一个是$\frac{B-C}{C}$比率，其值的最低限应是 0，凡是负值的项目在经济上都是不可行的。无论$\frac{B}{C}$比率还是$\frac{B-C}{C}$比率，值越大就越好，并可以按照数值的大小排列出优劣的次序。在上面的例子中，项目“D”最优，“A”次之，“G”最劣。

选择和决策，上列次序可以作为一种依据。以上例来说，如果是七个不同的项目，如何选择就要看财政支出总额是既定不变的还是可变的。财政支出总额既定，比如，规定不得超过 7 亿元，那就是一个限制条件。在这种情况下，就应选定项目 D、A、E 和 B，因为这四个项目的费用之和刚好是 7 亿元，得益之和为 11.7 亿元，得益和费用之差（$\sum B-\sum C$）为 4.7 亿元，而这是在那样的限制条件下最大可能的值，因而这样的选择也是最佳的。

如果财政支出的总额不是不变的，可以扩大，那么，实际的选择面就较广，项目实施的“边际”可以推广。以上例来说，除 D、A、E、B 四个项目外，项目 C 也可以选定，因为采用这个项目也还是可以使$\sum B-\sum C$的值有所增大，项目 F 就是所谓边际项目，即得失相当，项目 G 则是不应选定的。

如果上述的不是七个不同的项目，而基本上是同一项目的七个不同的方案，那么，选择的限制条件就更多了。由于这些方案之间相互可以替代，一般情况下选定了其中一个方案之后，其他的方案就不能再实施了，因为各个方案的得益和费用都有联系，一个方案的得益实际上成为另一个方案的费用（即有限的资源用于此就不能用于彼，从而形成所谓“替代性费用”）。在这样的条件下，方案 D 无疑还是应当优先被选定；至于其他方案如 A 是否也应被选，那就要看其他条件了。

以上只是简单说明了费用–得益比率的计算和使用的概况。其中忽略了许多重要的因素。下面提出一个必须考虑的重要因素，即时间因素。

在实际情况下，任何一个项目的得益或费用，都不可能是一个数值，而实际上是一系列的数值，即形成得益和费用的“流”，其中每一个数值都是在一定时间发生的。不同时间发生的费用或得益不能直接相加，不同时间发生的费用和得益不能直接相减即比较。考虑了时间因素，就必须通过折现的过程，使这些“流”都折算成现值，才能相加或相减，进行比较和评价。

对于一个项目，其得益和费用的“流”相应如下列：

$$B_1，B_2，…，B_n$$

$$C_1，C_2，…，C_n$$

C_1 和 B_1，……，C_n 和 B_n，由于是在同一时间发生的，可以相比。但 C_1 和 B_2，……，C_{n-1} 和 B_n，就不能直接比较。为使不同时间上 B 和 C 能够比较，就必须使用一个折现率（r），加以换算。折现率实际上相当于一个年利率，即任何一个金额相隔一年之后平均增值的百分比率。

下面就比较 B 和 C 的“流”，得出该项目的净得益（B–C）的现时值，即该项目的“现时净值”（NPV）：

$$\begin{aligned} NPV &= \frac{B_1-C_1}{(1+r)}+\frac{B_2-C_2}{(1+r)^2}+\frac{B_3-C_3}{(1+r)^3}+\dots+\frac{B_n-C_n}{(1+r)^n} \\ &= \sum_{i=1}^{n}\left(\frac{B_i-C_i}{(1+r)^i}\right) \end{aligned}$$

对于不同的项目，NPV 是不可比的。但已经可以断定，凡是 NPV 小于零的项目，是得不偿失的，不应实行。

为使不同项目或方案之间可以比较，就应按同样的程序计算出各个项目的费用“流”的“现时总值”（PVC），从而求出每个项目的比值，即$\frac{NPV}{PVC}$。这个比值是相对数，在不同项目或方案之间可以比较。按这个比率的数值高低大小，可以考虑一个优先选择的次序，供决策和审核的参考。

无论是NPV还是PVC，其大小与r有密切关系。抽象地说，r越大，则NPV或PVC越小；r越小，则后两个值越大。实际上，由于各个项目的得益和费用的“流”在长短上有很大差异，发生的先后也不同，高峰的所在时间也不一样，所以，r的值选定得高些还是低些，就会造成不同的结果，从而会影响决策。

一般说来，折现率选得越低，则大项目、见效慢的项目、费用持续较久的项目，相对地就显得优越；折现率选得越高，则较小项目、见效快的项目、费用发生较短较近的项目，相对地显得好些，因而被选择的理由也显得较充分些。所以，折现率的选定，可能会给财政支出效果的评价带来一定的影响，这一点不能不估计到。

资本主义国家对于上述折现率的选择，一般有两种考虑，因而也有两种办法。一是从政府筹资的角度，考虑政府在金融市场筹借资金时必须支付的利率。在财政赤字频繁发生的现时条件下，这种考虑是自然的，因为各个项目的费用的“流”中实际上已经包含有按照这种利率所支付的利息费用，如果选用较该利率低的折现率，显然会夸大NPV和缩小PVC，从而歪曲费用-得益比率的值。

另一种是从政府经济和私人经济的关系这一角度，考虑私人资本的投资赢利率。以私人投资年赢利的平均水平为选定折现率的基础，其理由是政府财政资金分配使用的经济效果应当不低于私人资本的效果，只有这样，才能改善整个国民经济中资源使用的效果。当然，私人资本的平均年赢利率因行业而异，而且有课税因素，也有许多虚假和隐瞒，实际上是很难作为根据的。

资本主义国家也采用财政资金使用的收益率，作为评价的依据。

项目的收益率实际上是 NPV 的另一种表现形式。如前所述，$NPV=\sum_{i=1}^{n}\left(\frac{B_i-C_i}{(1+r)^i}\right)$；设 NPV = 0，求解 r，得出 r 的一个特殊值 R。对于每一个项目或方案，都可以求得一个 R 的值。R 就是这些项目或方案的收益率。

在不同项目或不同方案之间，R 的值可以直接比较。R 值越高，在其他条件相同的情况下，应优先选择。

R 的值已经考虑了时间的因素，与资金回收期有密切关系。例如，某项目的 R 等于 10%，大致上可以说，该项目的投资在十年内可以回收；R = 20%，即五年内可以回收。因此，比较 R 的值，对于合理分配资金和提高资金使用效果，可能是有帮助的。

当然，R 必须是正数。但不是任何正值的 R，都表明那个项目就应当选择。R 和费用-得益分析的其他比率一样，至多只能提供一定的依据，作为决定优先选择的次序的参考。

实际上，财政资金的分配使用是十分复杂的，项目之间的可比性是相对的。资本主义国家所能做的，也只不过是在某些项目之间或某些方案之间作一定的选择。而且，这种选择还受资本主义制度的限制，比如说，不可能充分地考虑社会的费用和得益，即使表面上考虑并且作了一定的估计，也只能是从资本主义社会的观点即资本主义私有制的观点来考虑。这是客观条件限制的结果。

在社会主义制度下，对于财政资金分配使用的效果评价，其重要性表现在它对于经济结构和社会生产力的发展速度有深远的影响，其可能性表现在我们可以从整个国民经济的范围内正确地核算资金使用的效果。这是十分重要的工作。对此，资本主义国家所做的仅仅可以作为参考，照搬显然是错误的，忽视也是不对的。

第四章　资本主义国家的税收和税制

第一节　资本主义税收的性质

资本主义国家基本的财政收入是税捐。但是，税捐却不是资本主义国家所特有的。历史上，在封建制度发展的过程中，税捐就不仅产生了，而且已经占着重要的地位。马克思说过："捐税体现着表现在经济上的国家存在。官吏和僧侣、士兵和舞蹈女演员、教师和警察、希腊式的博物馆和哥特式的尖塔、王室费用和官阶表这一切童话般的存在物于胚胎时期就已安睡在一个共同的种子——**捐税**之中了。"[①] 这句名言当然完全适合于资本主义国家，但它针对的却是封建君主专制统治下财政的现实状况。

历史事实说明，只有私有财产制度已经发展到一定阶段，基本上摆脱了国有制的束缚，使统治阶级的成员或其他私有者已经能够完整地支配一定的财产，从而这些财产才能成为国家课税的对象，课税制度才能形成。

最早的税捐是对土地课征的，而这种课征也就成为土地私有制确立的标志。比如在我国春秋战国时期公元前 594 年（鲁宣公十五年），鲁国"初税亩"；四年之后，鲁国又"作丘甲"。其他国家也

---

① 马克思：《道德化的批评和批评化的道德》，《马克思恩格斯全集》第 4 卷，人民出版社版，第 342 页。

都仿效。这些事实说明国家承认封建主对土地拥有完整的私有财产权，有田人可以买卖和分割田地，但必须向国家纳税和出赋。这是我国封建社会初期的情况。在西欧，英国的土地经营者摆脱了国家对土地的封建权利，牢固地建立起自己对土地的私有权；为了赔偿国家这种“损失”，就“容许”国家课税[①]。这是英国封建社会后期的情况。不论各国历史条件多么不同，课税制度同私有财产制度之间的必然联系是十分明显的。

国家是阶级专政的工具。但在国家所有制存在的条件下，国家就可以直接占有生产劳动者的剩余劳动及其产品，因而对这部分生产劳动者就无须采取税捐的形式。但是，当国家所有制已经不存在了，“以罗马公民法为依据的占有”[②]制度形成时，国家拥有的为所欲为的主权同私有财产权就形成了一个对立；前者对后者似乎有着支配权，但这一支配权“是**私有财产本身的权力**，是私有财产的已经得到实现的本质”[③]。课税就是国家对私有财产行使支配权的一种表现。税捐产生时，国家直接同私有者发生关系；当这个私有者是剥削者时，国家课税就是分割了他已经无偿占有的一部分劳动产品；当这个私有者本身是生产劳动者时，国家通过课税就无偿地占有他的一部分产品。总的说来，国家课税是国家主权对私有财产权的一种侵犯。但这种侵犯的限度是国家无偿占有生产者的剩余劳动的一部分，而不是全部；同时，这种侵犯的目的是巩固私有财产权，实现“私有财产的意志”。

---

① 参阅马克思：《资本论》第1卷第24章第2节，《马克思恩格斯全集》第23卷，人民出版社版，第784—801页。

② 马克思和恩格斯：《德意志意识形态》第1卷，《马克思恩格斯全集》第8卷，人民出版社版，第70页。

③ 马克思：《黑格尔法哲学批判》，《马克思恩格斯全集》第1卷，人民出版社版，第369页。

从税捐的起源可以了解，不论其形式如何，课税总是体现着分配关系中两方面的矛盾：一方面是剥削阶级的国家同生产劳动者的矛盾，另一方面是剥削阶级的国家同剥削者的矛盾。从税捐的起源也可以了解，剥削阶级国家的课税，不论对谁征收，也不论如何征收，总是剩余产品的一种分配形态。由于这种分配是在国家对私有财产的“侵犯”中发生的，所以具有一定的形式上的特征；忽略这些形式上的特征，就不可能全面了解税捐的性质，但也不能仅仅看到这些形式特征，从而否定了税捐这种特定的分配关系的实质。

税捐在形式上有着什么特征？首先，它必须是一种强制的课征，在国家权力同私有财产权的对立中，没有强制，国家就不能占有这部分剩余产品。其次，税捐也必须是一种无偿的征收。国家基本上不拥有生产资料，没有可能偿还这种征收；国家既然拥有为所欲为的权力，也就没有必要来偿还这种征收。最后，税捐的课征必须是数额确定的。国家的强制和无偿的课征，是在实现“私有财产的意志”的条件下来侵犯它的，所以，这种课征必须有限度，只能课征剩余产品的一定份额，课征的数额必须确定下来。比如，对一亩地课征多少斤粮食，每个人丁交纳多少钱，某一种收入要交纳其中几分之几，等等。数额的确定性保证了国家课征不能越出一定限度，私有财产权也不会由于国家滥用权力而受到损失，因此，它缓和了国家同私有者之间的矛盾。数额的确定性也使国家对各个私有者的课征在数额上形成一定的比例，从而也缓和了私有者之间的矛盾。对于剥削者，国家课税在数额上的确定性便于他们通过物价和工资等，把负担转嫁给劳动者而使自己的收入尽可能地不受影响。可见，税捐在形式上的特征，是同这种分配关系的性质、同它发生的客观条件密切有关的。

在私有财产制发展过程中形成的税捐，在资本主义制度下必然会被广泛使用。这不仅由于资本主义制度下私有财产权得到了最高度的发展，只有实行税捐这样的课征形式，才能缓和资产阶级同他们的国家之间的矛盾；更重要的是，在这样的社会里，国家利用税捐的课征形式，就能从广大的生产劳动者手里无偿占取大量的剩余劳动。工人是一无所有的，但他们既然有劳动力并有着出卖这种商品的自由，他们既然领取工资就必然购买生活必需品，国家就可以对劳动力和生活必需品课税。资本家就可以通过工资和必需品价格把税负转嫁到他们身上。自由的小商品生产者既然拥有一定量的生产资料，既然必须出售商品，国家就可以对他们的财产、收入、商品进行课税，由于他们所处的地位，他们的税负很难减轻。因此，税捐就成为资本主义国家的基本收入，在税捐的征收中引起了错综复杂的矛盾，但主要的是资产阶级国家同无产阶级之间的矛盾。

税捐在资本主义国家财政收入中的重要性是十分明显的，从十九世纪末至今，在主要的资本主义国家如英美，税捐通常占到财政收入总额的五分之四以上；只是在战争时期，政府利用借债和通货膨胀来解决一部分财政需要，税捐的比重才暂时有所降低。马克思指出："赋税是政府机器的经济基础，而不是其他任何东西。"[①]没有税捐，资产阶级国家的种种活动，无论是对外侵略、对内镇压、干预经济、社会福利等等，统统都无法实现。资产阶级国家活动有着不断加强的趋势，相应地，税捐的课征也就不断加重。资产阶级是认识到了税捐的重要性的，长期以来把它看作是"与财产、家庭、秩序和宗教相并列的第五位天神"[②]。

---

① 马克思：《哥达纲领批判》，《马克思恩格斯选集》第3卷，人民出版社1976年版，第22页。

② 马克思：《1848年至1850年的法兰西阶级斗争》，《马克思恩格斯全集》第7卷，人民出版社版，第94页。

资产阶级对于如何运用税捐来谋求自己的利益，积累了丰富的经验。当他们在经济上已经壮大但政治上还需夺取统治权的时候，他们就以税捐作为“扼杀君主专制的一条金锁链”[①]。当他们在政治上和经济上还需要同土地贵族进行尖锐斗争时，他们就使用税捐制度来削弱对方和壮大自己。当他们已经成为统治阶级时，他们愈是加强国家机器，就愈是要依赖税捐作为“行政权力整个机构的生活源泉”[②]。在垄断资本主义时期，他们利用税捐作为干预经济的一项重要手段。在广泛运用税捐的同时，资产阶级国家采取了复杂的课征形式来掩盖这种分配关系的阶级实质，掩盖在税捐课征中的主要矛盾——资产阶级国家同无产阶级的矛盾，千方百计地利用税捐来加紧对劳动群众的剥削，以达到个别资本家所不能实现的目的。

从分配关系的总体上来说明税捐的性质，这是本节的目的。从资产阶级国家的本质来考察，从资本主义国家税捐课征中的主要矛盾来考察，资产阶级国家的税捐，不论其课征形式如何，从结果来说，都是剩余价值的分配形态，都是国家对一部分剩余价值的占有。这种占有终究是无偿的占有，是资产阶级的无偿占有。如果说，个别资本家无偿地占有工人的一部分劳动肯定是剩余劳动，它形成剩余价值，那么，资产阶级的国家——集体的资本家——无偿地占有工人阶级的一部分劳动也应当是剩余劳动，税捐课征也就是资本主义社会中剩余价值的一种分配形态。

肯定资本主义税捐是剩余价值的一种分配，对于揭露它的性质是十分必要的。资产阶级国家课税采取了极为复杂的形式，目的在

---

① 马克思:《道德化的批评和批评化的道德》,《马克思恩格斯全集》第 4 卷，人民出版社版，第 343 页。

② 马克思:《路易・波拿巴的雾月十八日》,《马克思恩格斯全集》第 8 卷，人民出版社版，第 221 页。

于缓和矛盾并掩盖剥削的实质。国家在流通领域利用商品货币关系来课征繁重的税捐，就是企图避免同广大人民群众发生直接的冲突。国家在分配领域里不仅对工资课税，也对利润课税而且税率较高。但是，不论税捐的课征是在流通领域还是在分配领域，是对这种收入还是对那种收入，对利润课征轻重如何，只要是资产阶级的国家，这种课征从其总体上说，从其分配关系的性质来看，总是一种对劳动人民主要是工人阶级的剥削，总是一种剩余价值的分配形态。

肯定资本主义税捐是剩余价值的一种分配，也就是指出，从课税的结果来看，资产阶级国家同各个资本家共同来瓜分剩余价值。工人不仅受到各个资本家的剥削，而且受到他们的国家的剥削。从短时间看，从一个局部看，资产阶级国家课征某一种税捐，可能对于某一部分工人似乎不发生什么影响；但从长时间看，就全局看，它对于工人阶级都会发生影响，使他们受损失。从短时间看，资产阶级国家取消某一种税捐的课征，似乎可以给某一部分工人带来好处；但从长时间看，或者会课征另外的税捐，或者会使利润增大，工人阶级不能得到任何好处。马克思早就指出："每出现一种新税，无产阶级的处境就更恶化一些；取消任何一种旧税都不会提高工资，而只会增加利润。"①

肯定资本主义税捐是剩余价值的一种分配，当然也是承认，在其次要方面，资产阶级国家的占有对于各个资本家的占有也有着一定的影响。但决不能从而把课税的来源说成基本上是由资本家已经占取的剩余价值即利润中让渡来的，并从而进一步把它说成只会影响到利润而不会影响到工资。这是把课税中的次要矛盾夸大为主要矛盾，掩盖了真正的主要矛盾即资产阶级同无产阶级的矛盾，因此

① 马克思和恩格斯：《〈新莱茵报。政治经济评论〉第4期上发表的书评》，《马克思恩格斯全集》第7卷，人民出版社版，第336页。

也就歪曲了资本主义税捐的实质。从较长时期来考察，一切资本主义国家的税捐收入是不断增长的，资本家的利润也是不断增大的；从较短时期来考察，加重课税的结果总是人民群众实际收入的相对降低。

资产阶级和无产阶级是资本主义社会的两大敌对的阶级，国民收入首先就是在他们之间进行分配的。显然，资产阶级国家的税捐收入基本上只能是国民收入的一个部分。如果把个体生产者的劳动所得和大土地所有者的地租等暂且不论，资产阶级国家的税捐收入，在国民收入既定的条件下，不出于工人阶级的所得，必然要出于资产阶级的所得。“课税或以课税为基础的各种所得——在它们不是由工资扣除下来的限度内——都只是利润和地租的部分。”[①] 可见，资产阶级和无产阶级的对抗在税负的归宿上同样也是十分激烈的。

把税负加在什么人身上，这是很尖锐的斗争。但在这场斗争中资产阶级和无产阶级不是势均力敌的。资产阶级拥有经济上的优势，在国家强力的支持下，总有可能把税捐负担主要放在无产阶级身上。国家课税所形成的占有，主要是通过压低工人阶级和其他劳动者的所得而实现的。在这个意义上，资本主义税捐的主要来源是工资，而不是利润。

资产阶级思想家从各个方面来否认这个事实。古典学派认为，由于自然的原因，工资只能停留在工人生活资料价值所决定的最低水平上，而这个水平是不可逾越的，所以，工资不可能是税收的来源，对工资的课税只能由利润来负担。现代资产阶级辩护论者则声称，由于工资的迅速提高，工人阶级不仅可以免于负担，而且通过所谓工资–物价的螺旋上升，可以把税捐负担加倍地转给社会大众，

---

① 马克思：《剩余价值学说史》第 1 卷，考茨基编，生活·读书·新知三联书店 1957 年版，第 146 页。

这样就不仅压低了利润，而且使就业和生产下降。前者认为工资由于其客观性质故而不能成为资本主义税捐的来源，而后者则认为工人阶级通过工会已经拥有某种有组织的“垄断力量”足以免于财政剥削。显然，这二者都歪曲了事实。

在资本主义条件下，工资作为劳动力价格的转化形态，受劳动力的市场供求的决定作用，这指的是货币工资而不是实际工资，是名义工资而不是真实工资，是课税以前的工资而不是负担税捐后的工资即工人的实际收入。资本主义税捐的主要来源就出于货币的、名义的、纳税前的工资，这是有目共睹的事实。资产阶级国家对工人工资课征大量所得税，对生活必需品课征各种税捐，就是最明显的例证。工资作为劳动力价值的转化形态，它是由再生产劳动力所必要的生活资料的价值所决定的，直接与它有关的是工人阶级实际的收入。名义工资和工人的实际收入显然是不同的。但是，能否说：作为税捐来源的只是名义工资，而不是实际工资。由此推论：工人的实际收入既不能负担税捐，因此，只有名义工资超过最低实际工资的差额才能成为税捐的来源，税捐只是劳动力价格同价值的差额。显然，这是不符合实际情况的。

许多事实说明，课税直接影响到工人的生活，降低他们的消费水平。所以，成为课税来源的，不仅是工人的名义工资，而且是工人的实际收入。税捐在量上并不等于劳动力价格同价值的差额。

劳动力的价值决定于劳动力再生产的物质条件，但它不是划一的，也不是不可变动的。它不能低于一个最低的水平，但由于许多因素特别是社会的因素，可以高些，也可以低些。由于国家的压力，由于税捐的课征，有可能把劳动力的价值从一个较高的水平压到一个较低的水平。如果我们根据工资的国民差异可以肯定在国家之间劳动力的价值在量上是可以有差异的，那么，我们根据课税影响工人生活水平的事实也应当肯定课税在一定程度上可以压低劳动力的价值。

资本主义税捐是无产阶级贫困化的一个因素，这是客观事实。从这个事实出发，似乎可以作出两个不同的推断。如前所述，课税压低了劳动力的价值，这是一种推断。课税并不影响劳动力的价值，只不过把劳动力的价格压低到价值之下，这又是一种推断。为什么要肯定前者而否定后者呢？这是因为，如果肯定后者，实际上就是断言课税后工人的货币工资将必然会上升，并且基本上将上升到保证实际工资维持不变。这显然是不符合实际的。但是，肯定前者，并不是说课税后劳动力的价格同价值必然作同额的下降，也不是说无论课税前和课税后劳动力的价格同价值都是绝对一致的。现实状况很可能是这样：课税后，实际工资当然下降；劳动力的价值也被压低，但被压低的量不见得恰好就等于税款那么多；所以，课税后劳动力价格可能会低于价值，从而货币工资会趋向于增高一些使实际工资略有回升，但绝不会回升到课税前的水平，而是会稳定在比课税前较低的水平上。因此，课税在压低劳动力价值这个限度内，形成了工人阶级长时期的负担。课税在使劳动力价格低于价值这个限度内，形成了工人阶级较短时期的负担。但是，无论前者还是后者，其来源都是工人阶级的收入。

正由于资本主义国家的税捐是以工人阶级的实际收入为主要来源而且它将压低劳动力的价值，资产阶级就通过国家的课税把工人的必要劳动压低到个别资本家在企业中所不能达到的地步，把剩余价值的总额扩大到个别资本家在企业中所不能达到的规模。当工人在工资上争得某些利益时，资产阶级国家就通过课税把这种利益部分地化为乌有。当工人争得某一项税捐的减轻时，资产阶级国家就会以另一项税捐来代替。当工人阶级抵制了税捐的压榨时，资本家就会用降低工资的办法使工人的生活至少是同样地困苦。马克思早就指出："国家存在的经济体现就是**捐税**。工人存在的经济体现就是**工资**。必须确定捐税和工资之间有什么**关系**。由于**竞争**的结果，平均工资必然下降到最低限度，就是说下降到勉强维持个人和后嗣生存的地步。捐税就是这种最低工资的一部分，因为工人的政治使命正是缴纳捐税。"① "促使最低额达到真正最低的水平的不仅是1. 机器生产普遍发展，分工，工人之间的竞争不断加剧并摆脱了地域限制；而且是2. 赋税的增加和国家预算支出的增加，因为，我们已经说过，取消某种赋税不会使工人得到任何好处，可是在最低工资还没有降低到极限数额以前，实行任何新税都会损害工人的利益。"② "磨粉税和屠宰税直接出自工资，所得税则出自资本家的利润。……但资本家不愿意也不可能同意从自己的利润中抽税而得不到任何补偿。竞争本身就会照顾到这一点。所得税推行几个月之后，工资减少的数额就会等于因废除磨粉税和屠宰税以及随之而来的生活资料的落价而实际增加的数额。"③

资本主义税捐，不论其课征形式如何，都会直接或者间接地压低工人阶级的收入，那么，它对于资产阶级的所得会发生什么影响呢？课税，在它压低劳动力价值这个限度内，不会减少资本家的所得。课税，当它把劳动力的价格（课税后实际的）压低到价值之下时，也不会影响资本家的所得；但随后当货币工资和劳动力实际价格有所回升时，它就会影响到资本家的所得。因此，在现实生活中，课税对于资本家所得的影响是存在的，但是次要的。只有在课税既不能压低劳动力价值又不能压低劳动力价格这样的条件下，它才主

---

① 马克思：《道德化的批评和批评化的道德》，《马克思恩格斯全集》第4卷，人民出版社版，第342页。

② 马克思：《工资》，《马克思恩格斯全集》第6卷，人民出版社版，第645页。

③ 马克思：《〈莱茵观察家〉的共产主义》，《马克思恩格斯全集》第4卷，人民出版社版，第211页。

要地影响到资本家的所得。显然，在资本主义国家，这是同统治阶级的利益相违背的，因而只能是在偶然的情况下才会发生。

究竟应该如何理解税捐对于资本家所得的影响呢？课税是否使利润总量减少？或者使利润在国民收入中所占比重下降？现实资料说明，在资本主义国家不断加强税捐课征的过程中，即使在它们提高对资本主义企业利润课征的公司所得税税率时，利润总量还是有上升的趋势；利润在国民收入中所占的比重虽有升降，但并无长期的下降趋势。课税对于资本所得的影响，首先表现为对利润率的影响，加强了利润率下降的趋势。这当然是一般的情况。在某些特殊情况下，某一项税捐的课征对利润量和利润的比重也可能发生直接的压低的作用。但绝不可能长期如此，因为，如果真是这样，资产阶级就决不会容许自己的国家执行这样的税收政策。

从上述资本主义税捐同工资和利润的关系的分析，得出的结论是：资本主义国家的课税，不论其形式如何，总的说来是以工人阶级的实际收入为主要来源的。前面也曾说过：资本主义税捐，不论其课征形式如何，都基本上是剩余价值的分配形态。这两个结论之间，是否矛盾呢？不。不仅不是互相矛盾，而且正是在二者的统一中，才能深入地揭露资本主义税捐的实质。资产阶级国家正是利用各种形式的税捐，迫使工人阶级的有偿的也是必要的劳动的一部分，转变为无偿的从而也成为剩余的劳动，由国家直接来占有；课税是以强力来压缩必要劳动，相应地扩大剩余劳动。这是个别资本家力所不能及的，而集体的资本家以政治强力可以实行的。正是在这个意义上，资本主义国家的税捐是资产阶级以超经济强制为依据的对工人阶级的一种额外剥削。

资本主义社会并不是只有资产阶级和无产阶级。那里存在着人数众多的小生产者，主要是农民。资产阶级国家课征的税捐，对他们不可能没有严重的影响。小农和其他小私有者，不大可能把税捐的重担转嫁到其他阶级的身上。税捐的加强课征，使小农、小手工业者等日益贫困、破产，而被抛入无产阶级的队伍。他们，特别是农民，既受到封建剥削，又受到资产阶级的剥削。税捐的剥削就是资产阶级剥削的一个重要方面。“很明显，农民所受的剥削和工业无产阶级所受的剥削，只是在形式上有所不同。剥削者是同一个：**资本**。单个的资本家通过**抵押**和**高利贷**来剥削单个的农民；资本家阶级通过**国家赋税**来剥削农民阶级。”①资产阶级国家对小生产者的课税，也是对他们的剩余产品进行分配的一种形式。

如前所述，资本主义税捐对于利润的影响主要表现为利润率的下降，而不是利润额的缩小。这是就整个资产阶级的所得而言的。在资产阶级内部，各个集团的情况不会完全一样，大资本同中小资本之间有着明显的差别。某些资本家的利润因课税而缩小，这也是可能的。尤其是当垄断集团已经形成并控制了政府的时候，他们通过课税不仅主要地加强对工人和农民的剥削，而且也加紧对中小资本的排挤。课税的结果，也加强了垄断资本集团之间的竞争。因此，资本主义税捐在扩大剩余价值总额并由国家直接占有其一部分的同时，也必然要引起在资产阶级内部剩余价值的重新分配。在这重新分配中，政治上和经济上最占优势的资本集团必然将获得最大的利益。

综上所述，对于资本主义国家税收的性质，可以归结为以下几点：（1）税收作为剩余价值的一种分配，是资产阶级国家存在的经济基础。（2）课税是资产阶级对工人阶级和其他劳动群众的额外剥削，加剧资本主义社会中统治阶级和被统治阶级之间的矛盾。（3）课税也会使剥削阶级内部矛盾加深。

---

① 马克思：《1848年至1850年的法兰西阶级斗争》，《马克思恩格斯全集》第7卷，人民出版社版，第98页。

第二节　税制的主要因素和税收的分类

资产阶级国家的课税是一种强制、无偿、数额确定的征收，显然必须以政治强制为凭借。为使广大人民群众纳税，国家必须通过立法程序制定税法。由税法所制约的、由种种具体规定所构成的整套课税办法，就是资本主义国家的税制。

资本主义国家的税制通常是十分复杂的。这是由于几方面的原因：第一，国家的财政需要不断扩张，必须广开财路，不仅加强旧税课征，而且还开征临时税，但“所有的临时税都会固定下来成为永久税”[①]。税制自然就愈来愈复杂了。第二，为了缓和课税的矛盾，资产阶级国家不仅对于商品课税，而且对于收入也要课税；劳动人民的收入当然是课税的主要对象，但为了掩人耳目，对于资产阶级的收入也要课征。第三，为实行一定的经济政策，比如鼓励投资，在税制上必须有减免、退税等优待的规定。第四，课征很重，偷漏也甚，税制上相应地也有防止偷税漏税的各项规定。

资产阶级国家税制虽然复杂，但总是由一些基本因素所构成的。实行课税，必须在下列三个方面作出详细规定：（1）向谁课税？即什么人有纳税的法定义务？（2）对什么东西课税？即交纳的客观依据是什么？（3）如何课征？其中主要的是课征的税额如何规定。上述三方面的基本规定，就是税制的主要因素。事实上，国家课征几种税，税收体系由几种税组成，就是由前两方面的规定所制约的。

---

① 马克思：《〈新莱茵报。政治经济评论〉第4期上发表的书评》，《马克思恩格斯全集》第7卷，人民出版社版，第333页。

首先说明税制第一方面的主要因素。税捐形式的强制性直接就要求国家在法律上明确规定由谁来支付税捐，即法定直接付税人。资本主义的税制是在反对封建税制的过程中逐渐形成的，在形式上取消了税捐上的免税特权，所以不能以阶级的划分作为法定直接付税人的范围。

在资本主义国家，法定直接付税人可以是自然人，也可以是法人。例如，工资所得税的付税人是工资所得者；地产税和房屋税的付税人通常是这些财产的所有者，而这个所有者可以是个人或者企业团体等等；营业税的付税人是有这种营业行为的商店；国内消费税的付税人是国内产制这些商品的工厂企业；进口税的付税人是进口这些商品的进口商；等等。法定直接付税人有交纳税捐的义务，直接同国家财政机关发生关系，在不能履行义务时，将受到法律的制裁。因此，他们对于税制的一切规定是十分关心的，在这些问题上他们同资产阶级国家并不是没有矛盾的。

但是，付税人并非都是负税人。在资本主义国家，只有在一部分税捐的课征中，付税人同负税人才是一致的。比如，对工人和劳动农民课征的所得税，就是如此。但是，不少的税捐却是完全不同的。比如，工商企业是消费税、进口税、营业税等等的付税人，但无论这些企业本身还是这些企业的主人，都不是负税人；不少财产税虽是由财产的所有者来付税，但他们总有办法把负担转给别人。课税的影响，从付税人推移到负税人，其间有着一个复杂的过程，也要通过不同的途径。

资产阶级国家在税制中只规定直接付税人，无须规定也不可能规定谁是负税人。资产阶级的法学家和经济学家往往混淆这两个不同的概念，声称这二者都是受课税影响的人。应当在概念上严格区分这二者，再进一步探索谁是真实的负税人。只有这样，才能揭露资本主义国家税制的阶级性和税捐的实质。

其次说明税制第二方面的主要因素。课税，仅仅规定付税人是不够的，必须进一步规定对什么东西课税。比如，仅仅规定农民有纳税的义务，还不明确国家对他们究竟要课征什么税；是按他们家庭人口、占有土地面积来课税，还是按他们的农业收入来课税，这显然是不同的。规定对什么东西课税，就是规定课税对象；进一步规定课税对象在量上的界限，就是规定这种税的课税基数。比如，所得税的课税对象是所得额，地产税的课税对象是土地财产，国内消费税的课税对象是国内产制的某些消费品，等等。课税对象的规定在税制中占着重要地位，通常以此作为标志来划分税种并规定税名。

课税对象既是笼统的，那么，在实行课征时，对每一种税的对象还须进一步划分并作出具体的界限规定。这就是税目。比如，所得税的课税对象是所得额，但所得额是笼统的；资产阶级国家就可以进一步划分为农业收入、利息、利润、租金收入、工薪等税目规定。国内消费税的课税对象是消费品，但这个对象显然过于宽泛，因此通常就列举各个税目；凡属于这些品目之内的商品就要课税，不属于这些品目的就免于课征。规定税目，一方面是课税技术上所必需的，另一方面，通过对不同税目的区别对待，也便于贯彻执行一定的税收政策。因此，税目的选定有着明显的目的性。比如，消费税的税目主要包括大众生活必需品，营业税的税目中通常包括零售营业额而不包括批发营业额，等等。这些规定都是由于它们更有利于资产阶级。

就像法定直接付税人并不就是负税人一样，课税对象也并非税源。究竟什么是税源呢？税捐作为一种分配形式，同其他一切分配形式一样，都只能以劳动产品作为源泉。税捐是在私有财产制发展过程中形成的，它只能是国民收入再分配的一种形式。既然如此，它的直接来源即税源，就只能是国民收入原始分配中已经形成的各项收入。在资本主义国家中，原始分配的收入主要是工资、个体劳动者收入、利润、地租等等，但其中能成为主要税源的只能是人数最多的劳动者的工资和其他收入。因此，只是在少数几种税捐上，课税对象同税源才是一致的；对于大多数税捐而言，二者并非一致。

就像税制中并不规定谁是负税人一样，税制中也并不规定税源。资产阶级财政学虽然不能否认课税对象同税源不相一致的事实，但把二者的关系简单化了。他们说，对所得或财产课征的税捐，不论是什么样性质的所得和财产，总是以付税人（即所得人或财产所有者）的收入为税源的；只有对商品课征的税捐，才是部分地或全部地以商品购买者的收入为税源。实际上，资本主义生产是一个不断再生产的过程，资产阶级可以采取许多隐蔽的方法把所得或财产税的负担转嫁给别人。

从课税对象到税源，如同从付税人到负税人，其间有着一个复杂的再分配过程，分析这个过程是了解资本主义国家税制所必需的。事实上，不具体分析税捐这种分配如何从课税对象导向税源，也就无法理解课税如何通过付税人来影响负税人。国家对经济的作用点是在课税对象上，但作用的归宿主要是在税源上；在前一过程中国家起主导作用，但在后一过程中则由经济上占着优势的资产阶级在起主导作用。因此，以课税对象为枢纽来分析它同税源的关系，是认识税捐实质的正确途径。

最后说明税制第三方面的主要因素。前两方面的规定只是明确了要课征什么样的税，课征的对象和范围是什么。但还须作出一系列的规定，然后课征才能进行。

在课税对象和税目等已经规定之后，还必须计量课税的基数，然后才能征税。课税基数应以什么样的单位来计量，这就是税制中关于计税单位的规定。当对象是财产或商品时，计税单位有两种可能：一种是按财产或商品的自然单位来计量，如地产按亩，商品按件，等等；另一种是按它们的价格（价值）以货币单位来计量，如地产就按地价来计算其金额，商品按一定价格来计算其价款，等等。当课税对象是所得额时，虽然某些所得如农民的收入也可能以自然单位（粮食斤）来计量，但一般说来，在商品货币关系已经发达后只能以货币单位来计量。

在通常情况下，以商品为课税对象的税捐在制度上采用了上述两种计税单位。对于大量的、价格比较划一的商品，采用自然单位来计税是比较方便的；但是，对于规格复杂、价格高低不一的商品，一般就要采用货币单位。通常也就根据这一点把对商品课征的税捐区分成从量税和从价税两种。从量税的范围较窄，从价税的范围较广。在实行从价课征时，自然就产生了计税价格的问题。计税价格必须明确规定，它的高低对于课税在量上有着密切的关系。

在如何课征这一方面，最重要的制度规定是税率。税率就是对课税对象每一计税单位课征多少税款所作出的规定。税率可以用绝对额来规定，比如，一个商店交纳多少钱的营业执照税，一辆汽车交纳几元的牌照税，进口一立升酒交纳多少钱的进口税，等等。税率也可以用百分比率的形式来规定，比如，粮食进口按到岸价格课征 50% 的进口税，食盐按盐仓批发价课征 10% 的盐税，等等。百分比税率采用较广，对所得额课征的税捐、从价课征的商品税以及大部分财产税都采用这种税率来课征。

税率的高低在一定程度上反映了国家课税的程度、负税人负担的程度，一般说来，税率愈高，国家的税收愈多，负担愈重。但是，税率只是制约着课税对象同税款之间量上的比例关系，它并不直接就能反映出国家同负税人之间的关系或负税人的所得同国家课征的税额之间的比例。

就像付税人并非负税人，课税对象并非税源一样，税率也并不就是负担率。负担率指这种税额在负税人全部所得中所占的比重。对于商品课征的税捐，税率同负担率的区别是明显的：前者通常是按商品价格规定的，只说明税额在商品卖价中的比重；而后者则在税制中并没有规定，只是在了解了负税人的全部所得额、他对课税商品的购买和消费额、课税商品在课税前后价格的差额之后才能加以估计的。对于财产课征的税捐，税率同负担率的不同也是明显的。只有对于所得课税的税捐，二者在质和量上比较接近，因而也易被混淆，但实际上二者也并非完全一致。资本家的所得来源众多，形式各异，对他们所能课税的往往只是一部分所得而不是全部所得，是他们通过复杂的规定和计算手续而被大大缩小的所谓应税所得而不是实际所得，而且，往往同时采取几个税率而最高税率只是适用于一部分所得，因此，表面上规定很高的名义税率，但实际的负担率却低得多；只有对于劳动者所得课征的工资税等，由于他们的全部所得基本上都受课征，税率才同负担率比较接近。

在一种税上，对同一个课税对象，通常规定的不止一个税率，而有好几个税率。多个税率的规定，可以采取不同方式。把课税对象划分成税目，对每个税目也可以进一步再加细分成为小目，对每个目分别规定高低不同的税率从而实行区别对待，这是一种方式。这种方式适合于商品课税，它实际上是把税率在量上的变动同课税对象在质上的差异二者相联系起来了。另一种方式是把税率在量上的变动同课税对象在量上的变动相联系起来。这通常适用于所得和财产的课税；比如，针对所得额由小到大的情况，规定由低到高的一系列税率。多税率的广泛实行，大大地增加了国家课税的灵活性。在资本主义条件下，这也使资产阶级国家更便于利用税捐来实行有关的政策。

上述两种税率制度有着不同的名称。前者虽然包括高低不同的税率，但就每一个税率来说，它是不变的，因此被称为比例税制。后者税率由低到高，所以就被称为累进税制。累进税制主要是在所得课税中使用，而且它要求比较复杂的课征技术，所以资本主义国家实行这种税率制度，都是在比例税制之后。在实行比例税制时，资产阶级宣扬这种税率制度最符合课税公平的原则，一视同仁，毫无偏袒。当实行累进税制时，他们更是多方渲染它将在消灭贫富差别和改造社会中起着巨大的作用。

如前所述，税率和负担率是不能混淆的。商品课税通常采用比例税率制度。但是，如果课征的是大众生活必需品，则劳动群众由于无法减少对这种商品的消费所以只能被迫以自己的微薄收入负担很重的税捐；而富裕的有产者则不同，他们的收入很多，对这种商品的消费量不大甚至较少，所以负担相对说来就轻得多。从负担率来看，这样的课税具有累退性，即收入愈高，税负愈轻。采用累进税制的财产税或所得税，从负担率来看，也并非一定都具有累进性。一般情况下，财产税不论采取什么税率制度，往往反而具有累退性。所得税一般采取累进税率制度，但由于高收入者所能享受的种种优惠待遇和采用的合法或非法的逃税手段，从负担率来看往往并不具有累进性，或者累进性很弱。根据资产阶级经济学家的一些研究，就全部税收的负担来说，在最低收入的阶层中，有一定程度的累进性；在收入较高的阶层中，累进性很快就消失了，累退性逐步占主要地位。

在如何课税这一方面，除了在计税单位、税率等因素上必须作出详尽规定外，在课征方式和方法上也必须作出一系列的规定。

通常，税制中对于课征环节是有规定的。作为课税对象的东西，在现实经济生活中是不断运动的。商品有其产制和流通的过程；所得额有其支付和收受的过程；财产有其买卖、租赁、使用或者继承的过程。为了进一步对课税对象作出明确规定，保证税收的及时和可靠，就必须在课税对象的运动过程中规定课征的环节。究竟选定什么样的环节，对于付税人和负税人也是利益攸关的。比如，资本主义国家对工人课征所得税时，通常实行“从源征收”办法，即以所得发生作为课征的环节，税款在发放工资时就扣交了；但是，对资产阶级所得课税时，则实行“汇总计交”办法，把课征环节后移，所以资本家就在一定时期内可以占用税款。商品课税的课征环节更加复杂，它的选定不仅涉及国家取得收入时间的早晚和付税人要不要垫支税款，而且也关系到课税对价格的影响和产制、批发、零售各个阶段上资本家间的关系。

在课征环节之外，在税款的交纳时间、交纳手续以及不能履行义务时国家法律制裁等项目上也有规定。在资本主义国家，这些规定通常也是繁复的。繁复的规定对于人民群众是一种强制，对于有势力的集团却往往给他们提供可以取巧的机会。

以上说明了资本主义税制的主要因素。作为一个制度，它一方面是同税捐在形式上的特征相联系的。税捐这种课征形式并非资本主义国家所特有的。只要有税捐，就必须有税制，就必须有付税人、课税对象、税率等一系列规定。但是，作为一个制度，它在另一方面又必须服从于这个社会的基本制度，在资本主义条件下必须服从于资产阶级的利益，体现统治阶级的税收政策。在这个意义上，资本主义国家的税制就具有明显的阶级性，根本不同于社会主义国家的税制。

在税制的上述各主要因素的相互关系中，课税对象乃是核心。也只有通过它，才能把其他各个因素相联系起来。进一步说，税捐是一种分配形式，税制的基本问题是税负问题。分析税负，应当从课税对象来着手。明确了税源及其同课税对象的关系，也就肯定了税负的归宿和负税人是谁；再从负税人和付税人的关系、负担率和税率的差异中，就能进一步揭露税制的阶级内容。

资本主义的税制从来就是复杂的。单一税只是资产阶级早期思想家的一种幻想。为了认识整个税制的内容，对税收进行科学的分类是必要的。

以课税权归哪一级政府来行使、收入由哪一级政府来支配作为标准，可以把全部税收分成中央税和地方税两类。对地方税也可以进一步再作分类。这对于理解中央和地方政权在财政上的关系是必要的。也可以课税权行使的方式作为标准，把全部税捐分成经常税和临时税两类：经常税由于每年课征，通常不需每年由立法机关审议，只是当税率和其他制度规定有改变时才需要这样做；临时税则只是在规定年度内才能课征，必须由立法机关审查同意。这样的分类对于理解在课税问题上资产阶级内部的矛盾是有帮助的。也可以收入的形态作为标准，把全部税捐分为货币税和实物税两类。在资本主义国家，前者是主要的，只有在财政危机中政府才不得不课征实物税。这样的分类能够说明商品货币关系发展的程度，也能反映税收同货币流通的关系。上述这些分类都有着特殊的意义，但就研究税捐和税制本身来说，它们不是基本的分类。

根据税制三个方面的主要因素，能不能对各种税捐进行分类呢？按照不同的法定直接付税人，形式上可以把税捐分成几类；但这种分类并不能揭露资本主义税捐的本质。如果能够直接按照负税人来分类，那当然是最好了，但这在资本主义国家是不可能的。比较起来，只有按照不同的课税对象来分类，才具有比较重要的意义，这是由于：（1）如前所述，课税对象是税制的核心。（2）课税对象本身虽然是一种“物”，但通过它能够揭露“人”的关系。(3)课税对象比较具体，这种分类易于被人掌握。根据这种分类，资本主义国家的税捐可以划分成三类：(1)财产的课税，(2)所得的课税，(3)商品和劳务的课税。虽然有某些税性质上既属于这一类又属于那一类，如财产交易税等，也有某些税似乎不易归入上述三类，如某种行为税等，但是，上述三个主要类别基本上囊括了资本主义国家全部的税捐。

长期以来，存在着这样一种分类，即把资本主义国家全部税捐分成直接税和间接税两大类。这一对概念流传很广，但至今还缺乏科学的说明。[①] 通常把对财产和对所得的课税总称为直接税，对商品的课税总称为间接税。但在商品课税中，以一个企业商店的全部商品销售收入（已经实现的流转额）为课征对象的税捐，如营业税，也有被列入直接税的。

资产阶级经济学家把这二者的区别说成仅仅是课征方式的不同；直接税就是由税务机关直接征收、人们直接向税务机关支付交纳的税捐，而间接税就不是这样的；对商品和劳务课征的税捐所以称为间接，是由于税务机关通常不去向商品购买者课征，而是通过进口商、厂商、商店作为中介而间接来课征的。他们虽然表面上把二者的区别说成是课征方式不同，但实际上已经暗示着负担归宿的不同。这样的分类，实际上已经肯定：对商品和劳务课征的一切税捐，是由消费者负担的；而对所得、财产课征的税捐，则谁付税，谁就负担。这也实际上已经肯定：间接税的负担一定转嫁，而直接税的负担一定不转嫁。如前所述，这样的肯定过于武断，并不符合资本主义条件下课税的实际情况。

---

① 1848 年出版的 J.S. 穆勒的《政治经济学原理》一书中，最初使用这一对概念。

直接税和间接税这一对概念的形成，已经有了长久的历史；条件不同，这一对概念在客观上起的作用也迥然不同。在资本主义初期，资产阶级国家由于财政上迫切的需要，利用市场发展的条件，广泛地实行商品课税，在这样的条件下提出这一对概念，意味着：这些新税不同于早就存在的对人课征的人丁税、土地税等，虽由工商业者交纳，但实际上是由消费群众间接地负担的。因此，这就是在肯定新旧两种税在课征方式上有着差别的同时，指出了它们主要都由人民群众来负担的一致性。这显然是正确的。但是，到了垄断资本主义阶段，资产阶级由于财政需要，也迫于阶级斗争的形势，在继续实行商品课税的同时，也对财产和所得实行较多的课征，其中包括资产阶级的大量财产和所得在内。在这样的条件下重新强调这一对概念，客观上就掩盖了商品课税和财产、所得课税的负担主要都落在人民群众身上的一致性，反而肯定了资产阶级一向宣扬的二者负担归宿根本不同的论点。显然，这是不符合实际情况的。总起来说，这一对概念是可以利用的，但有其局限性，也不是资本主义税捐的基本分类。

第三节　资本主义国家税制的发展和税收政策

资本主义国家的税制有其发展变化的过程。这种发展变化不是偶然的，它反映了社会阶级斗争的状况，体现了资产阶级政府的税收政策。

资产阶级是在反对封建税制的过程中逐渐建立起符合自己利益的税制的。封建税制给予贵族大地主以免税或减税的特权，在农村中把广大农民作为财政剥削的主要对象，在城市中把重担放在手工业者、工商业者等身上。为了实行这样的政策，在农村就课征人丁税、土地税、房屋税等，在城市又另外课征工商业税。这些税是对人或对物课征的，在当时条件下，是一种直接税。马克思曾经指出："直接税，作为一种最简单的征税形式，同时也是一种最原始最古老的形式，是以土地私有制为基础的那个社会制度的时代产物。"[①] 这些古老的税捐，课征制度极不合理，具有明显的累退性，对农民、小手工业者以及小有产者都是极为沉重的负担。它们通常都是按课税对象的某些外部标志来规定税额。例如，人丁税按家庭人口，土地税按土地面积，房屋税按烟囱或窗户数目，工商业税按徒工人数、地区、使用动力状况等等来进行课征。这些外部标志同负担能力并不相符，税负就畸重畸轻，更加深了人民群众的贫困。在农村中课征这样的税，加速了农民破产，但也同时在一定程度上影响到农村中商品市场的扩展。农民破产，封建君主必然更加重对城市工商业的课税，有时采取执照税的形式，有时采取资本税的形式，也有时采取营业税的形式；这些课征对资本主义工商业的发展当然是一个障碍。资产阶级要求改变这种税制。

资产阶级在夺取政权时经常以减轻税负作号召，借以动员人民群众。但在取得政权后，由于财政需要迫切，从来也不曾认真地减轻人民负担，而只是着眼于改变工商业税的课征方式以减轻资产阶级的负担和便利资本主义工商业的发展。因此，在城市里对工商业户课征的原始的直接税首先就被取消，代之以对消费品课征的消费税。消费税是对商品课征的，只要课税商品能按提高了的价格销售出去，经营工商业的资本家是没有负担的。购买这些课税商品的消

① 马克思：《议会。——11月26日的表决。——迪斯累里的预算案》，《马克思恩格斯全集》第8卷，人民出版社版，第543页。

费者要负担税款，但负担多少也不是比例于他们的财产额或所得额，而是直接同他们的消费开支的大小有关。在资本主义初期，农村的自给经济还占着重要地位；资本主义工业的产品虽然质量较高，但成本高价格也十分昂贵，购买这些商品的主要还是富裕的贵族和大地主阶级。"消费税只是随着资产阶级统治的确立才得到了充分的发展。产业资本是一种靠直接剥削劳动来维持、再生产和不断扩大自己的持重而节俭的财富。在它手中消费税是对那些只知消费的封建贵族们的轻浮、逸乐和挥霍的财富进行剥削的一种手段。"①在这样的条件下，消费税的课征起了双重的作用，既解决了资产阶级政府的财政需要，又削弱了封建势力。

在对国内商品课征消费税的同时，对国外产制和输运进口的工业品也要课税，那就是进口关税。由于当时进口的工业品主要是价格比较昂贵的消费品，进口税在许多国家里也起了双重的作用，既保护了本国资本主义工商业的利益，也不利于挥霍浪费的封建主阶级。

但是，在资本主义国家中，封建势力还能同资产阶级相抗衡的时候是不长的，资本主义税捐在削弱封建势力中所起的作用不久也就过时了。随着国内和国外商品市场的发展，随着资产阶级国家财政需要的增长，像消费税和关税这样的课征已经不复是打击少数封建贵族的税捐，而是日益成为对广大人民群众实行财政剥削的手段了。正是在这样的条件下，这类税捐就同资产阶级的利益日益发生冲突。"后来，城市实行了间接税制度；可是，久而久之，由于现代分工，由于大工业生产，由于国内贸易直接依赖于对外贸易和世界市场，间接税制度就同社会消费发生了双重的冲突。在国境上，这种制度体现为保护关税政策，它破坏或阻碍同其他国家进行自由交

① 马克思：《哲学的贫困》，《马克思恩格斯全集》第4卷，人民出版社版，第179页。

换。在国内，这种制度就像国库干涉生产一样，破坏各种商品价值的对比关系，损害自由竞争和交换。"①

在国内，商品税的课征扩大到许多生活必需品，扩大到资本主义企业的大部分产品，而且税率不断提高，这一切在当时对资产阶级有着三方面的不利影响。第一，消费税等的课征对象是大宗生产的商品，不能课征到自给的生产品。所以，消费税的税率愈是提高，课征面愈是扩展，资本主义大生产对自给生产的优越性愈是不易表现出来，资本主义工商业占领国内市场的彻底性就会受到一定影响。在这个意义上，消费税等反而成为自给经济的保护制度。第二，这一时期中课征的商品税通常是在商品流通过程中多次课征的。商品易手次数愈多，在流通中停留时间愈长，运送的距离愈远，则商品上课征的税款通常也就愈大，商品价格上涨的程度也就愈大。因此，这种税制不利于自由竞争的开展，不利于大生产充分发挥其优越性和不断扩大其生产规模。在这个意义上，这种税制成为一切小生产包括小商品生产和小工场生产的保护制度。第三，随着大批农民的破产和被卷入无产阶级的队伍，劳动力市场的供应十分充裕，工资被资产阶级压缩到其"物理最低限度"。在这种条件下对工人生活必需品的课税和提高税率，就不能不影响到工人名义工资的提高，从而影响到商品的生产费用。在这个意义上，对商品的课税也会影响到资产阶级的利益。

在对外贸易上，以加强课征进口税为主要内容的保护制度，除了在上述三方面像国内商品课税一样同资本利益发生冲突之外，还有着其他方面的问题。当本国工业已经发展到基本上占领国内市场之后，资产阶级当然也还是要保护这个市场以防止外国商品和资本

① 马克思：《议会。——11月26日的表决。——迪斯累里的预算案》，《马克思恩格斯全集》第8卷，人民出版社版，第543页。

侵入，但主要的问题已经转成如何使自己的商品和资本去占领国外市场以解决商品销售的困难。同时，在有些资本主义国家，为了本国工业的发展，还需要从国外进口大量农产品和工业原料。在这样的条件下，工业发展较早的资本主义国家就最早地实行自由贸易政策，降低或废除商品进口税，企图以此来换取和迫使其他国家也实行同样的税制，从而使本国商品能够占领更多的国外市场。工业发展较晚的资本主义国家虽然不可能全面实行这样的政策，但也力求在对等条件下分别同其他国家互相降低进口税率，使本国资产阶级获得更大的利益。

对于资产阶级来说，商品课税所引起的矛盾不能简单地以改变税制或放弃这些课征形式的办法来解决。这是由于商品课税已经是这些国家财政收入的主要来源了；稍微降低这些税的税率，稍微缩小课征面，不要说停止课征，就会使这些国家的财政需要难于解决。依靠农村中课征的古老的直接税，不仅要激起农民强烈的反抗，而且也不足以满足国家不断增大的资金需要。如果在国内和国际上真正实行自由贸易，就必须取消商品课税，而取消商品课税，就只能代之以对所得和财产的课税。“不难理解，直接课税是自由贸易在财政上的表现。如果说自由贸易还有一些意义，那么它就是意味着取消关税、消费税以及直接妨碍生产和交换的一切捐税。”[①]

但是，实行对所得和财产的课税，在当时并不符合资产阶级的利益。为了削弱土地私有者的利益，这些税不如消费商品税，后者有效而易行。为了进一步剥削劳动人民，在当时条件下这些税也是事倍功半，因为劳动人民收入极低，反对很坚决，勉强实行，并不利于资产阶级的统治；而且，为了欺骗群众，在向劳动收入课征时，

① 马克思：《英国的新预算》，《马克思恩格斯全集》第12卷，人民出版社版，第143页。

还必须向资产阶级的所得和财产也进行课征。在资产阶级看来，“直接税制度应当恢复。可是，直接税不容许进行任何欺骗，每个阶级都精确地知道它负担着多大一份国家开支。因此，在英国，再没有什么比所得税、财产税和房屋税等直接税更不受人欢迎的了。”[①] 法国的资产阶级刚取得政权，就曾经宣布永不课征所得税。英国的资产阶级政府在迫不得已课征所得税时，总是把它当作一项临时措施，准备在财政收支状况一有改善时就停止课征。

资产阶级国家在相当长时期内就在这些矛盾中企图寻找出路。不愿加重商品课税，但又不得不这样做；想要对所得和财产课税，又不能这样做。财政支出愈大，这种矛盾就愈尖锐；财政支出较小，这种矛盾就易于解决。因此，在二十世纪以前，在垄断前资本主义时期，节减财政支出确是资产阶级财政政策的一个内容。当时的资产阶级思想家更是明确地提出：商品课税不利于竞争，所得课税侵犯私有财产，所以课税愈少愈好，财政支出必须限制在最低的必要水平。

但是，节减支出只是一种空想，战争首先就要求不断增加国家开支。由于资产阶级的胜利，资本和劳动之间的斗争不断加剧，用于镇压方面的开支也愈来愈多，财政支出规模不仅不能缩减，反而不断扩大。资产阶级统治者考虑实行什么样的税收政策，才能应付不断增大的开支的需要，又不致激起社会的不满，同时也不致增加自己的负担。

在这一时期中，资产阶级国家曾经加强对大土地私有者、教会等的财产和所得的课税，比如，提高土地税、地租税等的税率，开征土地增值税，取消教会在税捐上的特权，等等。但是，这些措施

① 马克思：《议会。—— 11 月 26 日的表决。——迪斯累里的预算案》，《马克思恩格斯全集》第 8 卷，人民出版社版，第 543 页。

并不能解决资产阶级国家在课税上的困难。第一，这种课征不可能提供很多的财政收入，不能满足政府开支需要。课征愈重，税源愈易枯竭。第二，这些措施如果极度加强，就是对私有财产的侵犯，大地主和教会的财产虽然不是资本，但究竟是一种私有财产；侵犯它们以至于没收它们，是资产阶级政府所不愿意采取的。当然，实行这些措施也一定会遇到大地主、教会等的反对，即使迫于形势而想要采取这些措施，资产阶级政府也总是徘徊踌躇，因为资产阶级统治者很清楚，要极度加强这些措施，就必须得到劳动群众的支持；而要得到这种支持，就必须放松资本对劳动的统治，在财政上必须减轻对劳动人民的压榨。

因此，垄断前时期中资产阶级国家的税收政策就只能是这样：以商品课税为主体，在各种商品之间，在商品课税和所得、财产课税之间，在课税和借债之间，根据社会上阶级斗争的形势，进退迂回，缓和矛盾，应付不断增长的开支需要。对于英国土地贵族和工业资产阶级的联合政府的财政政策，马克思曾经这样说明："他们采取装门面的、毫无价值的治标办法，拐弯抹角地做事，并且逐渐地然而是不断地减轻富人们的捐税负担，而把全部重担转嫁到穷人身上。"① 英国在1853年曾对466种进口商品课税，1860年减少到48种，但是这些税捐的减少只能使工业资本获得最大的好处。谷物进口税取消之后，工资降低达10%。由于粮食价格下跌，租佃农场主支付地租的负担就变重了，于是政府就宣布重新分配税收负担，既维持了租佃农场主的利润，又保护了土地贵族的利益。战争给资产阶级国家提出了增税的要求，临时性的财产税和所得税就开征了，而且把课征面扩展到中小资产阶级甚至工人职员阶层。在课征财产税时，

① 马克思：《英镑、先令、辨士，或阶级的预算和这个预算对谁有利》，《马克思恩格斯全集》第9卷，人民出版社版，第73页。

由于制度规定有很多漏洞，土地贵族和大资产者实际上的负担不重；但是，他们却抓住小资产阶级和工人职员不满的机会，使自己的私利戴上博爱的假面具，把群众要求降低对小额收益的课税变成要求免去对大量收益的课税。减少了所得税和财产税，资产阶级政府就在共同负担的借口下加重对人民日常消费品课征的各种商品税。由于各种商品税的税率不同，价格上涨的程度不同，商品的消费阶层也不同，商品税的加重课征所引起的矛盾也不一样，资产阶级政府就时而提高某些税率，时而降低另一些税率，一个时候加重城市居民的负担，另一个时候又加重农村的负担，企图通过这些“拐弯抹角”的办法来加强剥削和维持其统治。总的说来，商品课税的范围和强度都在增大，人民群众的负担在加重。当这样做可能影响自己的统治时，资产阶级政府就以借债来作缓冲，但债务总是要以税捐收入来偿还的，税捐的剥削总是有着不断加强的趋势。资产阶级政府实行这样进退迂回的税收政策，宣称它将保护每一个人的利益，实际上却只是保护了本阶级的利益。

在上述税制的发展过程中，以所得和财产为课征对象的税捐终于从临时税变成了永久税，其中所得税从二十世纪起更是逐渐取得了重要的地位。所得税的实行，从少数人交纳变成大部分人普遍交纳，这是复杂的阶级斗争的结果。

“所得税是以不同社会阶级的不同收入来源为前提，就是说，以资本主义社会为前提。”[①] 资本主义愈发展，社会上各个阶级的分野愈是鲜明，实行所得税的客观条件也就愈是具备。但是，如前所述，占统治地位的资产阶级并不愿意实行所得税。只是在无产阶级的强大压力下，只是在资产阶级政府对外和对内活动中迫切需要人民群

① 马克思：《哥达纲领批判》，《马克思恩格斯选集》第 3 卷，人民出版社 1976 年版，第 22 页。

众的支持时，才不得不实行所得税。

无产阶级反对消费税，因为它是主要对生活必需品课征的，是一种隐蔽的、残酷的剥削。无产阶级要求实行对高额收入累进课征的所得税，因为它是对利润的一种限制。无产阶级的这种要求虽然不是一个根本的革命要求，但在当时是进步的，因为它有利于社会生产力的发展，也有利于无产阶级觉悟的提高。列宁指出："社会民主党人的要求是要**完全**废除所有的间接税，代之以真正的而不是开玩笑似的累进所得税，这种要求是**完全**可以实行的。这种措施没有触动资本主义的基础，而会立刻大大减轻 9/10 的居民的负担。其次，由于国内市场的增长，由于国家摆脱了为征收间接税而实行的对经济生活的不合理的束缚，这种措施就会大大推动社会生产力的发展。"[①]

实行累进的所得税，如马克思早就指出的，是在资本主义生产关系的范围内一种百分之百的资产阶级措施。[②]但是，对资产阶级来说，追求最大限度利润是本性，课征真正累进的所得税是一个重大的让步。按照阶级斗争的规律，不具备一定的条件，资产阶级是不会作这样的让步的。二十世纪以来，无论累进的所得税还是财产税，都有这样一个发展过程：资产阶级国家财政困难时就实行，财政状况改善了就不实行或减轻累进程度。在阶级矛盾尖锐时，为缓和无产阶级的反抗，就实行累进所得税或高额财产税。等矛盾稍见缓和，也就相应地放松这些课征。但是，这些税终于成为大多数资本主义国家的税制中不可缺少的部分了。

所得税和财产税的实行，是否就表明在资本主义国家税制中无

---

① 列宁：《资本主义与税收》，《列宁全集》第 19 卷，人民出版社版，第 190 页。

② 参阅马克思：《1848 年至 1850 年的法兰西阶级斗争》，《马克思恩格斯全集》第 7 卷，第 47 页。

产阶级已经取得了胜利？或者竟然表明，资本主义国家税制的性质已经被迫作了根本改变？完全不是这样。实行这些税的同时，所有的资产阶级国家都把所得税的课征面极度推广，使劳动人民肩负最重的税负；而对于有着高额所得的大资产阶级，即使名义上的税率很高，负担却并不相应加重。这种情况，在垄断资本主义时期特别明显。假如说，所得税的课征对于工人阶级是严酷的，对于中小资本家也是难于逃避的，那么，对于收入多而且来源复杂的垄断集团来说，隐瞒收入和逃避税负有着众多的合法途径。资产阶级政府愈是把广大工人、农民和其他劳动者的收入并入课征对象内，对于所得税愈是无所顾虑，而且力图在所得税的课征中压低工人和其他劳动者的实际收入，牟取在其他途径上无法获得的好处。马克思在评论十九世纪欧洲国家实行所得税的主张时，曾经指出："所得税在经济上唯一的优点……就是征收这种税国家花费小一些。但无产阶级并不会从这里赚到什么。……这件事对无产阶级没有任何好处，或者只有暂时的好处。……所得税只是对政府有利。"① 这些话对目前资本主义国家的税收政策和税制也是有针对性的。

因此，在垄断资本主义时期，资产阶级国家既课征商品税，也课征所得税和财产税，二者的比重在各国有所不同，但同是国家的基本税种。资产阶级国家的税收政策也就是，加强这两类税捐的课征，必要时作一定调整，使负担主要落在人民大众身上，使资产阶级特别是大垄断集团实际上有利少损。

从二十世纪三十年代以来，垄断资产阶级占统治地位的国家不仅以实行社会政策使收入和财产得以公平分配为名来加强税捐剥削，而且也以实行经济政策为名在税捐课征上贯彻对他们有利的税收政

① 马克思：《〈莱茵观察家〉的共产主义》，《马克思恩格斯全集》第4卷，人民出版社版，第211—212页。

策。课税的首要目的本来就是占有一部分社会产品，但他们却另外提出了“功能财政”的口号，声称：课税绝不是为了取得收入，如果仅仅为了收入，发行纸币就可以了；课税的目的是调节纳钱人手里的钱，实行国家的经济政策。

垄断资产阶级一向以刺激就业为名来实现其干预经济生活、保证垄断利润的目的，他们也把税捐说成是执行这种反危机措施和保证充分就业的经济政策的重要工具。早在第二次世界大战前，希特勒德国就实行过“巴本计划”，使充分利用了生产能力和扩大雇用工人人数的大企业比其他中小企业在税捐上有优待，从而加强了垄断资本的地位。许多资本主义国家，对企业课征所得税时，在折旧的计算和利润的再投资上都有着优待规定，也是为了刺激投资。在刺激投资和刺激就业的借口下，资产阶级国家宣称必须减轻对高收入者的累进课征，理由是这种课征会伤害他们投资的积极性。

垄断资产阶级也把税捐说成是抵制通货膨胀的手段。在战时和战后，主要的资本主义国家受到战争的破坏，物资不足。由于支出浩繁，物价上涨，这些国家就以缩减市场购买力和抵制通货膨胀为名，既加强了消费税和其他商品税的课征，也加重了低收入阶层的所得税。他们说，低收入者几乎将全部收入用于消费，而高收入者则本来就把一部分收入储蓄起来，所以，对低收入者加重课征就直接缩减了购买力，而对高收入者加重课征就只能影响储蓄。

在实行经济政策的名义下，垄断资产阶级要求政府在课税上享有充分的自由，可以在经济波动的过程中灵活地扩大课征面和提高税率，也可以缩小课征面和降低税率，使政府能够执行一种所谓弹性的税制。他们说，只有这样，政府才能应付瞬息万变的经济状况，使税收成为有效执行经济政策的工具。显然，这样做的真实目的是把课税权进一步集中在政府手里，使其服务于最有势力的垄断集团。

综上所述，资产阶级国家在课税上宣扬的所谓社会政策和经济政策，其主要的目的是：一方面，为现状也就是已经实行的税收政策和税制辩护；另一方面，他们把垄断资本集团在不同客观条件下所要求的利益作为这些政策特别是所谓经济政策的主要内容，从而使税捐的课征更有利于他们。一百多年前，迪斯累里就宣称他的预算案可以“结束各个阶级之间的利害之争”，“使所有的人都得到满足，而不使任何人受到侵犯”。这种谬论年复一年地被资产阶级政客们所重复，一直到今天。

第四节　资本主义国家税制的结构

资本主义国家的税制，经过几个世纪的发展变化，目前已经形成一个庞杂的体系。税种繁多，制度各异。以课税对象来划分，大致上可以归纳成财产课税、所得课税以及对流通中商品劳务课税三大类。

但是，除上述三类税收之外，是否还可以有其他类型的税收？各类税收之间以及每一类税收中各个税种之间，有什么关系？有什么异同之点？这些都属于税制的结构问题。探讨这些问题，有助于进一步理解资本主义国家税收对经济的影响。

在资本主义条件下，政府课税，总是利用货币的形式，占有一部分国民收入。换言之，课税是政府强制地在货币资金的总流量中支配其一部分，从而占有一部分国民收入。

货币资金的运动与商品的运动有密切关系，但方向相反。在资本主义条件下，设想国民经济由两个部门——企业部门和个人家庭部门——所组成，则企业部门不断地向个人家庭部门提供商品以供后者消费使用，而个人家庭部门又不断地向企业部门提供劳动力和其他所谓“生产要素”以供后者在生产中使用。商品流量形成一个循环，周而复始，永远也不能停止。在这样一个简单模型中，不难看到，与上述商品流量相对应，有着货币资金的流量。个人家庭部门向企业部门提供货币资金以支付后者所供应的供消费用的商品，而企业部门向个人家庭部门提供货币资金以支付工资和其他“生产要素”的代价。货币资金的流量也形成一个循环，周而复始，也是永远不能停止。

政府课税，如果从个人家庭部门向企业部门的资金流量中征收，则必然对企业销售商品和提供劳务有影响。如果从企业部门向个人家庭部门的资金流量中征收，则必然对个人家庭部门的各种收入即分配份额有影响。

但是，这两部分的货币资金流量都要通过一定的市场。从个人家庭部门向企业部门的资金流量必然要通过商品（和劳务）的市场，在市场上与商品（和劳务）相交换；具体地说，要通过各种各样的消费商品市场和资本商品市场。从企业部门向个人家庭部门的资金流量也要通过市场，其中最主要的是劳动力的市场，也包括其他“生产要素”的市场，与劳动力以及所谓“生产要素”等商品相交换。政府课税，把课征环节规定在这部分资金流量进入有关市场之前，还是之后，显然有不同的影响。

为具体说明上述各点，有必要把资本主义条件下国民经济中货币资金的总流量作较为详细的说明，以下页图来表示。

个人家庭部门取得各项收入，分成消费支出和家庭储蓄两个份额。消费支出流入消费商品市场。家庭储蓄进入银行等金融机构，通过资本市场，形成投资支出，流入资本商品市场。消费支出和投资支出通过各自的商品市场而形成企业部门的各项销售进款。在企业部门的销售进款中，先要支付所购置的原材料、零部件等的价款，但这种支付又会形成企业部门的销售进款；然后要提取折旧，其余部分以工资的形式付给被雇用人员，以利息和租金的形式付给各有关人员，余下的部分就是利润。企业的利润中有一部分以股息的形式付给股票持有者，未分配的利润留在企业厂商内部。企业厂商的折旧资金和未分配利润是企业的储蓄，存入银行等金融机构，通过资本市场，也会形成投资支出。至于工资、利息、租金、股息等分配的收入份额，合起来就是个人家庭部门的各项收入。这样，货币资金的运动就会周而复始，国民生产和收入的形成和分配过程就会持续进行。

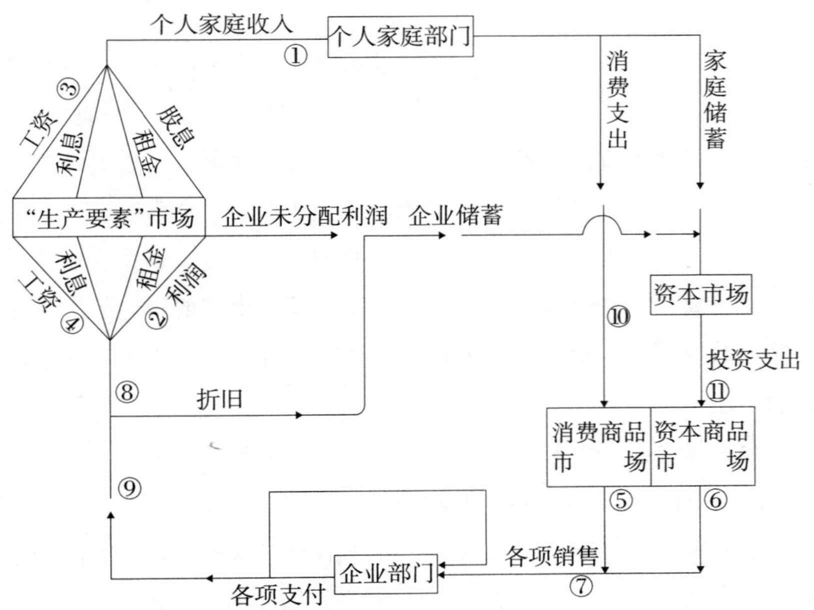

政府课税，就是从上述货币资金的总流量中征收走一定份额的资金。但课税的对象、课征的环节、课征的办法可以不同，政府有一定的选择自由。制度和办法不同，影响也不同。

以美国税制为例，个人所得税的课征对象是个人家庭的各项收入，其位置在图上①。公司所得税的课征对象是公司企业的利润，其位置是图上②。社会保险税的课征对象是工资，半数由资方交纳，半数由劳方交纳，其位置在图上③和④。美国的商品和劳务的课税，虽然课征办法不一，其位置都在于消费商品市场和资本商品市场同企业厂商之间，如图上⑤、⑥或⑦。

在上图中，从个人家庭部门到企业部门可以连成一条直线，作为纵轴。在这纵轴右侧的是从个人家庭部门向企业部门的资金流量，在左侧的是从企业部门向个人家庭部门的资金流量。在上图中，从“生产要素”市场到消费商品和资本商品市场也可以连成一条直线，作为横轴。在这横轴之上资金流量基本上属于个人家庭部门所有，在这横轴之下的资金流量基本上属于企业部门所有。

以上述纵轴和横轴为基准，可以把资金总流量分成四个部分，位置在四个象限之中。从上左侧开始，按时针方向，分别划成从第一到第四象限。政府在这四个象限中课征的税收，其法定付税人、课税对象以至于课征环节都是不同的，因而其影响和作用也有差异。

从法定付税人来说，第一和第二象限课征的税收，都以个人或家庭为法定付税人，第三和第四象限课征的税收，都以企业为法定付税人。

从课税对象来说，第一象限中所课征的税收，都以所得额为课税对象。可以合起来对个人或家庭的收入总额课税，如图上①的位置，也可以分别对工资、股息、利息、租金等各种所得分项征收。这种税通常称为直接税。

第二象限中所课征的税收，不是以个人家庭所收取即占有的所得额为课税对象，而是以个人和家庭的所得的使用额为课税对象。使用则课税，不使用就不课税；因此，不可能对全部所得课税，只能对其中一部分课税。所得的使用，不外乎两个基本用途：消费和投资。第二象限中的税收，也不外乎对消费支出的课税以及对投资支出的课税。

第三象限中所课征的税收，都是以企业销售进款为课税对象。可以是普遍课征的营业税，如图上⑦位置，也可以分别对消费商品和资本商品课征，如图上⑤和⑥位置。这一象限中的税收，可以多次课征，比如，从产制、批发到零售都要征税。这些税的征收额，通常要加入到商品和劳务的销售价格中，因而也就被称为间接税。

第四象限中所课征的税收，虽也是企业交纳，但课税对象与第三象限的税收是不同的。第三象限中课税的对象是企业的总产值，或是一个企业的总产值，或是一种商品的总产值。第四象限中课税的对象是已经有了一定扣除的总产值，即在不同程度上接近于净产值的量。这一象限中课征的各种税，可以概括为对增值额的课税，或各种类型的增值税。

按资金流量的状况，可以把税收分成上述四个部分，但各个部分的课税在性质上并不完全相同，各部分税收之间也不能截然划分，实际上有一些税正处在“边缘地带”。对此，必须作具体分析。

货币资金从企业部门向个人家庭部门的流动过程中，税收的课征点越是接近于个人家庭部门，即在第一象限中，则所得课税的特征就越是明显。比如，美国的个人所得税就是对个人家庭的各项收入综合课征的，其他国家也有对工资收入、股息收入、利息收入等分项课征的。但是，这些税的课征点可以向后推移，即接近于第四象限，而所得课税的特征基本上还能保持。比如，美国的社会保险税的一半由工人交纳，一半由雇主交纳，在实际征收时，全部由雇主在支付工资时一起交纳，但还是可以看得出这个税可以全部视作是对工资收入的一种课税。又比如，美国对公司征收所得税，但对个人的股息收入也计入个人家庭收入一起课征个人所得税。这两种税的课征对象不同，法定付税人也不同，但性质上都是所得课税。如果把课征点再向后移，第四象限图上⑧或⑨的位置，即对企业扣除或不扣除折旧的各项支付总额来课税，即基本上对企业所支付的工资、利息、租金以及利润的总额课税，那么，这种税就是西欧以及其他地区的国家所实行的增值税。增值税从其课征对象是各项收入的总额来看，可以看作是所得的课税；但从其课征对象是作了某些扣除后的企业销售收入来看，也不是不可以看作是对流通中商品劳务的课税。从这里也可以看到，所得课税和商品劳务课税两类税收间并没有绝对的界线。

货币资金在从个人家庭部门向企业部门流动的过程中，税收的课征点越是接近于企业部门，在第三象限中，对流通中商品劳务课税的特征就越是明显。但是，如果把课征点向后推移到第二象限中，在资金进入消费商品市场之前，比如图上⑩位置，就是对个人家庭消费支出课征的消费支出税。如果把课征点向后推移，规定在第二象限中 ⑪ 位置，则就成为投资支出税。世界各国目前没有实行消费支出税的，但从五十年代起有人多次建议，也有少数国家曾经试行。对消费支出课税的原则，在所得税制度中实际上已经部分采用。至于投资支出税，由于资本主义国家目前正苦于投资不足，不可能实行，但实际上一种相反的课征办法即负的课税或投资贴补，在很多国家中都已施行。无论是探索试行中的消费支出税还是已经实行的负的投资支出税，从其对收入的使用额课征（或贴补）这一角度来看，接近于所得课税；但从资金的流量来看，又同对流通中商品课税相接近。比如，对消费支出课税与对消费商品课税从而使消费商品的售价上涨，有类似的作用；对投资支出贴补与对资本商品补贴从而使这些商品可以低价出售，有类似的作用。

但是，不同象限中征收的税对资本主义经济的作用是不同的。比如，第三象限中的税收使物价上涨，影响很直接；第一象限中的税收，对物价也绝不是没有影响，但影响的过程是不同的。又比如，第一象限中的税收，对国民收入分配的影响是直接的，而第三和第四象限中的税收，对国民收入分配的影响就比较间接，影响的过程是很复杂的。

财产的课税的课征对象是一定的财产额，是以往年度产品的积累，不是本年度的货币资金的流量，因此在前面那个图上就不能反映出来。但财产或者属于个人家庭部门，或者属于企业部门。因此，对个人家庭财产的课税，其影响与对个人家庭收入课征的个人所得税基本上相似；对企业财产的课征，其影响与公司企业的所得税基本上相似。

以上联系了货币资金的总流量来说明资本主义国家税制的结构问题，这有助于理解这些国家的税制布局和对经济的作用和影响。在商品货币经济存在的条件下，货币资金的总流量在格局上有一定的共同点。在这方面，资本主义国家税制的结构对我国税制有一定的参考价值。

第五章　资本主义国家对所得和财产的课税

第一节说明资本主义国家现行税制的大致情况。其后各节，说明所得和财产课税制度的概况，并探讨有关的一些问题。

第一节　资本主义国家现行税制

今以美国为例，说明了资本主义国家现行税制的概况。美国是世界上课税较多的国家，据统计有八十多种，其中主要有：个人所得税、公司所得税、国内消费税、销售税、遗产税和赠予税、财产税、社会保险税，等等。社会保险税或称社会保险交纳，以税的形式征收，由教育卫生社会福利部掌握，专款用于社会救济和福利事业等方面。

税收收入是美国财政收入的主要来源，占 90% 以上，税收收入在国民生产总值中的比重，从 1902 年的 6.2% 上升到七十年代的 30% 上下，增长最快的是战后时期。税收绝对额和其在国民生产总值中所占比重不断迅速增长，理由与财政支出的增长是相同的。

美国是一个联邦国家，财政分三级管理，税收也分别由三级政府课征。联邦政府征收的税及近年来的增长情况，如下表：[①]

① 由于四舍五入，总数与明细数可能有出入。

（单位：亿美元）

收入金额 \ 财政年度	1970	1975	1979	1980*	1981*
预算收入总额	1937	2810	4659	5238	6000
其中：					
个人所得税	904	1224	2178	2387	2744
公司所得税	328	406	657	723	716
社会保险税	453	864	1416	1622	1874
国内消费税	157	166	187	263	402
遗产税、赠予税	36	46	54	58	59
关税	24	37	74	76	84
其他	34	67	92	109	121

* 1980 和 1981 年度为预计数字，其他年度为实收数字。

资料来源：1980 年美国总统提交国会的经济报告，统计附录。

美国各州和地方政府课征的税收及其在近年来的增长情况，如下表：[①]

（单位：亿美元）

收入金额 \ 财政年度*	1969/70	1974/75	1975/76	1976/77
财政收入总额	1308	2282	2562	2858
其中：				
财产税	341	515	570	625
销售营业税等	303	498	545	606
个人所得税	108	215	246	292
公司净收入税	37	66	73	92
联邦政府补助	219	470	556	626
其他	300	517	572	617

* 各州和地方政府的财政年度并不一致。今统一以上年七月初至下年六月底为一个财政年度计算。

资料来源：同上表。

① 由于四舍五入，总数与明细数可能有出入。

美国的税收的构成，在战后有很大变化。以美国三级政府的合计数字而论，对所得的课税，包括个人所得税和公司所得税和净收入税，也包括对工资征收的社会保险税，1940 年只占税收总额的 30%，1972 年占 66%，目前约占 70% 以上。对流通中商品和劳务的课税，包括国内消费税、销售营业税以及关税，1940 年在税收总额中所占比重约为 31%，但目前低于 20%。对财产的课税，1940 年的比重超过 30%，但目前降至 16% 上下。就美国三级政府的整个税制而言，所得课税已成为最主要的课征形式。

美国联邦、州和地方三级政府，都行使征税权。联邦的主要税法由国会制定和修改，由联邦财政部颁布细则规定，税务署解释执行。但在联邦政府课征的税收之外，各州和地方也可以征收各自的税，规定各自的税种和征收办法。

三级政府的税收收入增长速度不一，比重也有很大变化，尤以战后最为明显。联邦、州、地方三级政府的税收收入的比率，1940 年为 38.8 : 30.0 : 31.2，即基本上平分秋色，但 1972 年为 62.7 : 21.9 : 15.4，即联邦政府占主导地位，掌握全国税收收入的三分之二。

美国联邦税收增长得特别快，主要是所得课税加重的结果。美国在第一次世界大战前是不征所得税的，1913 年修改法律后才开始征收，二十年代起就取代商品劳务的课税而在联邦税收中占第一位。三十年代的危机使所得税的财政收入大为降低，但由于实行所谓社会福利政策而开征了社会保险税，使个人所得税、社会保险税、公司所得税三者成为联邦政府最主要的三种税。目前合起来占到联邦税收的 90%。

美国各州的税收，在第一次世界大战前以财产税为主，但经过几十年来的变化，目前以销售税和国内消费税等对商品劳务的课税为主，但也征收相当数额的所得税（包括社会保险税在内）。

美国的地方税基本上以财产税为主，一贯占到总额的80%以上；所得课税和商品劳务课税只占次要地位。

第二节　资本主义国家中所得课税制度的特点

资本主义国家对所得的课税，最早实行于十八世纪中叶的英国，其他国家大都在十九世纪逐步实行，美国是在第一次世界大战时期才实行。所得课税制度开始时往往作为战时临时措施，但一经实行，就成为这些国家税制中的永久性措施，目前在许多国家中是最重要的一种税收。

所得课税制度的第一个特点是，它的课征对象是一定的所得额，是国民收入分配过程中已经形成的份额。

在资本主义社会中，在政府未曾课税之前，国民收入已经大致上分配成下列份额：（1）工资收入；（2）农民和其他小生产者的劳动收入；（3）地主和房主的租金收入；（4）利息收入；（5）股息收入；（6）公司企业保留的利润；等等。这些份额同一定的阶级阶层有直接的关系。比如，工人职员的收入是工资收入，资本家的收入既包括股息、利息等，也包括公司企业未分配的利润。但是，各个阶级阶层的收入也往往并不限于一个所得份额。比如，工人的收入中，工资当然是最主要的，但也还包括少量的股息、利息等收入；资本家阶级的收入中，股息当然占很重要的位置，但也有大量收入表现为公司的未分配利润、资本增值额等等。

情况虽然很复杂，但上述那些份额中仍然表现出重要的质的差别，那就是劳动所得同不劳而获的剥削所得的差别，在所得课税制度中，在规定课征对象方面，是肯定这种差别从而对劳动所得和剥削所得分别课征，还是否定这种差别或模糊这种差别从而不实行分别课征，这是资本主义国家在所得课税制度方面必须解决的一个问题。

现代资产阶级国家实行的主要是下列几种办法。一种是实行所谓"统一原则"，即以同一税法来课征各种收入份额，不加区分，英国就是实行这种办法的。按照历史传统规定，英国区分五种收入，称为五个表："甲"表上列有土地、房屋等所有权上的收入；"乙"表亦列有占用土地所取得的收入，但不包括农业收入，也不包括占用住房和商业用建筑物所取得的收入。上述两表上的收入额实际上已经很不重要了。"丙"表上主要列有本国证券和外国政府在英国发行的债券的利息；"丁"表上列有利润（包括工商业和农业经营）、从国外取得的收入、放款取得的利息等；"戊"表包括工薪、年金等收入。显然，后面两表上所列各项收入是所得税的主要对象。应税收入虽然分成五种，但以统一税率课征。所以实际上对劳动收入和非劳动收入的课税基本上是不加区别的。

另一种办法是实行所谓"分别原则"，即对各种收入份额分别课征，或以不同的税来课征，或虽然以同一种税来课征但实行不同的课征办法。世界上大部分资本主义国家都实行"分别原则"，但并没有因此而明确区分劳动收入和非劳动收入。

以美国为例，所得课税制度包括三种税：个人所得税、公司所得税、社会保险税。公司所得税的课征对象是公司的利润，由于公司股票的持有人目前并不限于资本家，所以公司所得税并非完全是对资本家阶级的收入课征的。社会保险税的课征对象是企业的工资支付额，基本上是工人职员的收入。但是，个人所得税的课征对象是个人从各种来源获得的收入总额；所谓个人，职工当然占多数，但也包括有产者；个人收入总额中既有劳动收入，也有非劳动收入。所以，总起来说，美国在所得课税上虽然实行“分别原则”，但并没有明确国民收入分配中的阶级差别。

事实上，劳动所得同剥削所得的差别是客观存在的，而且反映出资本主义社会中阶级的基本矛盾。在所得课税的发展历史中可以看到，在对立的阶级之间，对上述两种所得的态度正好对立，但要求实行差别对待却是共同的。所不同的是：无产阶级肯定两种所得在质上的根本差别，从而要求在课税上限制剥削所得；资产阶级则掩盖两种所得的本质差别，从而设法减轻本阶级的负担，相对地加重劳动者的负担。

因此，资本主义国家的所得课税制度虽以国民收入分配的各个份额为课征对象，但混淆和掩盖了各个份额的阶级差别。

所得课税制度的第二个特点是，它的课征对象并非实在的收入，而是经过复杂程序计算出来的应税收入。

在资本主义制度下，资产阶级人数少，但在国民收入中占有很大份额；无产阶级和其他劳动者人数很多，但他们在国民收入中占有的份额是不成比例的。按人数平均计算，不仅无产者和资本家之间的收入差别是很大的，即使在资产阶级内部，大垄断资产者的收入也远远超过中小资本家。但是，所得课税的制度是在阶级斗争发展的过程中逐步实行的，因此，如果资产阶级政府混淆了各种所得在质上的差别，但还是区分它们量的差异，“那么就要采取累进税，由此更进一步，就要陷入某一种社会主义，它具有极尖锐的性质”[①]。这虽然并不会动摇资本主义的基础，无疑也是资产阶级特别是大垄

① 马克思：《君士坦丁堡的乱子。——德国的招魂术。——预算》，《马克思恩格斯全集》第9卷，人民出版社版，第83页。

断资产阶级所憎恶的。

资产阶级国家究竟怎样来掩盖各种所得在量上的差异呢？由于这种差异最鲜明地表现在各个纳税人的收入总额上，资产阶级政府就在税制规定上力图避免作这样的对比。由于资产阶级的所得来源复杂，而劳动者的所得来源单纯，按不同来源使所得额分散开来，就是资产阶级国家普遍采取的手法。比如，对于垄断资本主义企业来说，已经分配的利润（成为股息红利）同未分配的利润在占有关系上实际并无分别，但资产阶级国家不仅分别计算，而且有些国家还是分别课征所得税的。对于金融巨头来说，公债券上的利息、证券投机的利润和在企业中直接投资的所得本来都是剩余价值的占有形态，它们之间既有联系又能转化，但是，资产阶级政府不仅分别计算它们，而且对其中有些所得额还给予种种优待。垄断资产阶级不仅从国内有所得，而且从国外也有收入，但在所得税的课征上，二者又通常是分别计算和区别对待的。经过这些分散的手续之后，大资产者的所得额大大缩减了。此外，他们还可以在自己的家族和家庭内部把所得额再行分散。其结果当然是更加掩盖了所得在量上的差异。

对于工人阶级来说，所得额的确定是简单明了的。但对于资产阶级来说，所得额的确定却是十分复杂的。资产阶级国家正是利用这一点，有意歪曲所得额的计算方法，企图缩小资产阶级所得的数额。资本主义企业在年度内的所得额等于它们年度经营总收入和经营开支的差额，而营业总收入应当包括企业销售商品和提供劳务的进款以及资产价值的净增加额（例如股票价格、房地产价格的上涨等）。资产者有了所得额，其中一部分用于消费，表现为各种开支；另一部分用于投资，又表现为资产的增加额。由于资产阶级所得的形成来源和表现形态是不同的，但又有联系，所以在确定所得额时，很容易上下其手，掩盖真实情况。比如，资本家的经营开支同个人消费开支中有些项目看来是接近的，旅行和交际的费用就是一个明显例子；如果把消费开支列为经营开支，就会使所得金额缩小，但对资本家的实际所得是丝毫无损的。资产的增值很难精确计算，但在资本主义社会中虚拟资本极度扩大和证券投机之风极盛的条件下，它却愈益成为资产阶级所得的一个重要来源；资产阶级国家或者根本不计算资产增值额，或者即使计算却大大缩减其数额，这样就无论从来源上或表现形态上看都使所得额表面上降低了。

无论是通过分散所得还是计算所得上的歪曲，其结果总是缩小了资产阶级所得同劳动者所得在量上的差异，这是一切资本主义国家所得课税制度的第二个特点。但是，这些办法只能缩小差异，还不可能消灭它。差异既然还是存在，在目前阶级斗争的形势下，政府也只能实行累进课征，对高所得额课以较高的税率。

因此，资本主义国家所得课税制度的第三个特点是实行累进课征。国家实际上是被迫这样做的。这就意味着，国家企图通过累进课征来缓和矛盾，同时，它又必须尽可能地不过分加重资产阶级交纳的税额。那么，究竟用什么办法来达到这个目的?

在许多资本主义国家里，从实在的收入额计算应税收入额，有一个复杂过程。如何计算，各国有不同的规定。通常包含两类主要项目：一类是可以扣除的各种支出，如付税人超过一定限额的医药费、税款、利息支出、意外损失、上期亏损弥补、慈善性捐款等等；另一类是各种减免优待，如子女和受赡养人的减免等等。减去这些项目，当然使应税所得额低于原来的所得额，使一部分所得不仅不受高税率的课征，而且根本就免于课征。

从表面上看，可以减去的各项支出和减免优待并非高收入阶层所独享，因此也不是只有利于资产阶级。减免优待似乎对无产者更有利一些。的确，有些扣除项目是长期以来工人阶级斗争的结果，是资产阶级政府迫不得已才规定下来的。但是，就这些项目的全部状况来看，得到好处和减轻负担的主要不是工人阶级，而是资产阶级，特别是大垄断资产阶级。像扣除慈善性捐款和弥补上期亏损等规定，对于勉强糊口的劳动人民来说是不相干的，但对于大资本家来说却给他们提供了大量的合法逃税的可能性。当工人阶级争得某些减免待遇而使税捐重担稍有减轻时，资产阶级政府一定要千方百计给予资产阶级以更大的优待。总起来说，由原来的所得额来确定应税所得额，低收入者能减除的项目不多，而高收入者却能减除很大的金额。这样，就使资产阶级特别是大垄断资产阶级的负担实际上大大减轻了。

在应税所得额已经确定之后，目前资产阶级国家都以累进税率来计算税额并进行课征。累进税率有全额累进和超额累进两种形式。两种形式都是由低到高规定一系列税率，每一个税率都同一定的应税所得额相联系着，但税率同应税所得额的联系在两种形式上却是不同的：在全额累进制度下，达到一定数额的全部应税所得额都以这一定税率来课税；但在超额累进制度下，全部应税所得额被分成几部分，各个部分分别以不同税率来计算税额，只有超过一定数额的应税所得额这个部分才是以这一定的较高税率来计算税额，把各个部分的税额相加起来，才得出全部税额。以数例来说明，见下表。假定下列税率是全额累进税率，那么，有着 15000 元应税所得额的付税人就必须交 7500 元（15000 元 ×50%）的所得税款。假定下列税率是超额累进税率，那么，应税所得额为 15000 元的付

应税所得额（元）	税率（%）
0—2000	20
2001—4000	25
4001—9000	35
9001—15000	50
⋮	⋮

款人就这样交纳：

2000 元（相当于 0—2000 元这一部分）× 20% = 400 元
2000 元（相当于 2001—4000 元这一部分）× 25% = 500 元
5000 元（相当于 4001—9000 元这一部分）× 35% = 1750 元
6000 元（相当于 9001—15000 元这一部分）× 50% = 3000 元

他总共交纳 5650 元的所得税。15000 元的应税所得额，在实行全额累进制度时应负担税额 7500 元，二者相比是 50%，和税率表上规定的税率是一致的。但在实行超额累进制度时，应负担税额为 5650 元，二者相比是 5650∶15000 = 37.6%，显然低于税率表上规定的 50% 的税率。

在实行超额累进税率制度时，必须区别名义税率和实际税率，"边际税率"和平均税率。如上例，对于 15000 元的应税所得额，从税率表上看其名义税率是 50%；但是，实际税率却不止一个，包括 50% 税率以前的全部税率（即 20%、25%、35%、50%），50% 只是其中的一个，而且未必是最主要的。名义税率和实际税率相混淆，就使所得愈高的人看起来负担很重，但实际负担却并非那么重。"边际税率"就是所得额增长时最后适用的那个税率，也即在税率表上按应税所得额多少最后查到的那个税率；如上例，15000 元应税所得额的边际税率是 50%，但 9001 元的边际税率也是 50%，在前者这个边际税率实际上适用于 6000 元的所得额，而在后者实际上只适用于1元。因此，"边际税率"可能有很大的虚假性，它同平均税率（即全部税额同全部应税所得额的比率）可以有很大差异。如前例，15000元的边际税率是50%，但平均税率是37.6%；如果是9001元的应税所得额，则边际税率也是50%，而平均税率只是29.4%，二者的差异就更大了。

由于在实行超额累进税率制度下名义税率和实际税率是不同的，"边际税率"和平均税率有着很大差异，就使资产阶级的负担状况被歪曲了。国家规定的只是"边际税率"，而不是平均税率；累进课征的表现就在于名义税率的提高，而不在于实际税率究竟有多少和有多高。因此，实行这样的制度，就在人民群众中造成一种错觉：似乎累进课征已经到顶，资产阶级特别是大资产阶级的负担也已经到顶了；今后不可能更加重对他们的课征，而是必须适当地放松和减轻他们的负担。

通过从所得额到应税所得额的各项扣除规定，通过超额累进税率制度下税率的规定，也通过其他途径，资产阶级国家在不得不实行累进课征的同时，力图突出高所得者负担最重的现象，实际上却千方百计地减轻他们的负担。

一、举例——美国的个人所得税

美国的所得课税制度主要由个人所得税和公司所得税两种税组成，而以个人所得税为主。美国三级政府都课征个人所得税，而以联邦政府所征的个人所得税最为重要。今以美国的个人所得税尤其是联邦所得税为例，说明资本主义国家对个人所得课征制度的概况。

个人所得税的课征对象是个人的所得额。从道理上说，个人所得额应占到国民收入的绝大部分，但在实际上这种税的课征对象同国民收入以至于国民生产总值有很大的差额。今以1972年为例，说明国民生产总值与个人所得税的课征基数即应税收入之间的关系：

（单位：亿美元）

项目	金额
1. 国民生产总值（GNP）	11580
2. 减：资本损耗的摊销	1030
3. 工商业间接税	1100
4. 公司所得税	410
5. 公司未分配利润	300
6. 社会保险税	730
7. 加：政府对个人的转移性支付款项	990
8. 政府支付的利息	150
9. 其他项目（按净额计算）	300
10. 个人所得	9450
11. 减：转移性支付款项	1030
12. 其他劳动收入	420
13. 未经交易行为而取得的收入	370
14. 其他不予计列的收入项目	290
15. 加：受雇人员交纳的社会保险税	350
16. 资本财产出售的净利得	170
17. 其他项目	120
18. 个人所得“经过调整后的毛所得”	7980
19. 减：未申报的“经过调整后的毛所得”	510
20. 纳税申报表上的“经过调整后的毛所得”	7470
21. 减：不应纳税的申报表上的“经过调整后的毛所得”	290
22. 应纳税的申报表上的“经过调整后的毛所得”	7180
23. 减：应纳税的申报表上的扣除额	1430
24. 应纳税的申报表上的减免额	1280
25. 应税收入（所得）额	4460

资料来源：麦斯格莱夫：《财政学》第二版，第238页。

从上述数字可以看出，美国个人所得税的课征基数即应税所得额约相当于GNP的30%强，相当于国民收入的40%。从国民生产总值来确定个人所得税的应税所得额，经过下列过程:（1）从 GNP 得出国民净收入;（2）从国民净收入得出个人所得;（3）从个人所得得出“经过调整后的毛所得”;（4）从“经过调整后的毛所得”得出应税所得额。四个阶段中每个阶段上都有应加和应减的项目，而这些项目的大小都同资本主义国家各个阶级阶层的负担和利益直接有关。

现在把确定个人所得税的应税所得额整个过程中涉及的问题简单说明如下，只是把最后一个过程即从“经过调整后的毛所得”来确定应税所得额这一阶段说明得略为详细一点。

从 GNP 到个人所得，主要的减除项目是资本折旧、间接税、公司所得税、公司未分配利润、社会保险税，主要的增加项目是政府对个人的转移性支付款项、利息，等等。这一阶段中涉及的问题有下列:

（1）减除资本折旧项目，在道理上是说得通的，因为这不代表纯收入。问题在于：资本折旧的大小是否得当？如果过大，会不会人为地缩小应税所得额？如果这样，哪个阶级得益？

（2）间接税作为减除项目也是说得通的，因为这种税是在销售进款上征收因而是在各项所得形成之前就征收了。但是，间接税作为政府的财政收入，还是来源于国民收入。因此，如果作为减除项目，就应当把通过政府财政支出而形成的各种派生的个人收入全都列入。根据上表，有些派生性的收入是列入了，但有些并未列入。例如，政府对个人的补助看来已列入第 7 项，但政府对公司企业的贴补则未列入；联邦政府支付的利息已列入第 8 项，但州和地方政府支付的利息则未列入，第 14 项不予计列的主要是这种利息。这种计算办法有什么经济后果？对哪个阶级阶层有利？这些都是应当研究的。

（3）公司所得税作为减除项目，是美国税制的特点，因为美国实行个人所得税和公司所得税两种课征形式，相应地，公司未分配利润也不列入个人所得。但是，公司的利润应交纳公司所得税，纳税后的利润分配成股息和公司未分配利润两个份额；前者列入个人所得，但后者不列入个人所得。这样的差别待遇在经济上会有什么后果？对各阶级阶层的利益有什么影响？也值得探讨。

以上说明从 GNP 到个人所得这一过程中主要的增减项目所涉及的经济问题。以下说明从个人所得到个人所得税的课征基数即应税所得额这一过程的主要减除项目，以及其中涉及的经济问题。

（1）第 11 项“转移性支付款项”是个人接受的失业救济金等，第 12 项“其他劳动收入”包括附加工资和年金等。从个人所得中减除这两项，是人民群众长期斗争的结果，也是资产阶级政府缓和阶级矛盾的措施。但应当注意第 15 项，把受雇人员所交纳的社会保险税又列入个人所得，这就意味着工人职员虽已交纳社会保险税，但在这项税额上还要交纳个人所得税。

（2）第 13 项“未经交易行为而取得的收入”，主要是房主自用房屋或农场主自用产品等收入。由于计算困难而从个人所得中减除。但经过这样的减除之后，对于拥有豪华住宅或大量自用财产的阶层是有利的。

（3）资本利得就其性质上说并非国民收入，但使资本所有者的财产金额增加，在资本主义国家随时可以转化为一项货币金额，从而使资本所有者在国民收入中可以扩大其占有的份额。在这个意义上，它形成个人收入的一部分，应当作为个人所得税的课征对象。上表第 16 项似乎也已经把它作为一个增加项目列入了。但应当注意的是：列入的仅仅是出售后的资本净利得。如果所有者不出售就没有这个项目。而且如下面要说明的，资本利得可以有许多形式，其中有些是不会成为个人所得税的课征对象的。更重要的是，资本利得的大部分是属于资产者，因而在这方面的任何缩小或隐瞒都是对他们有利的。

（4）第 19 项“未申报的毛所得”，占到“经过调整后毛所得”的 6.4%。这只是说明，有一部分收入依照美国的税法无须申报因而也就无须纳税，另有一部分收入虽然依法应当申报但由于种种原因并未申报，税务部门也无从查究，因而就无从课征了。当然，实际上逃避所得税的也绝不仅限于此数。

（5）第 21 项“不应纳税的毛所得”，主要是不予计列的个人所得，以及在起征点以下的毛所得额。“不予计列”的项目主要有：购买州、地方政府公债所取得的利息收入（列入第 14 项），失业救济金收入（列入第 11 项），抚恤金收入，救济收入，礼金收入。目前，个人（夫妇）年收入在 3400 美元以下者，也不在课征之列。但在第 21 项下减除的所得额为数不大，据 1972 年数字计算，只相当于个人所得税申报表上毛所得总额的 3.9%。

（6）第 23 项“扣除”，占申报表上毛所得总额的 19.1%。扣除项目包括：医药费支出（超过毛收入 3% 的部分），幼儿教育支出（税务机关认可的部分），对慈善机构的捐款，利息支出（主要是住房抵押借款上的利息支出），各项税金（但不包括联邦个人所得税），工会会员等杂项支出，意外事故或偷窃损失，非公司的个人或合伙经营者从事经营活动直接有关的费用和成本，其他项目。

（7）第 24 项“减免”，占申报表上毛所得总额的 17.1%。“减免”项目主要包括对纳税者本人及其配偶等家庭成员每人每年给予一定金额的减免所得额，目前是 1000 美元。

有关“不予计列”“起征点”“扣除”“减免”等规定，大部分是三十年代以来实行社会福利政策的结果，也有一些是政府为刺激消费而实行的税收措施。这些规定对于劳动者和其他低收入阶层有一定的经济利益，但主要由于物价上涨和名义工资的上升，他们得到的实际利益为数有限而且越来越缩小。

美国的个人所得税的课征对象，应是个人从各个来源取得的应税收入额，但实际上对不同来源的收入在课征上还是有所区别的。基本的课征办法是：按照上述很复杂的过程所确定的应税收入额，采用超额累进税率课征。比如，按1979年度规定，已婚夫妇联合申报应税收入额全年在3400美元以下者免征，超过3400美元以上部分最低税率为14%，最高税率为70%。但属于工资、薪金和其他劳务报酬的收入，最高税率不超过50%。对持有股票和其他财产一年以上再出售时所得的利得额（即增值额），按资本利得的税率28%课税。对外国人在美国从事工商业活动而得到的直接收入，也适用于14%—70%的超额累进税率；但对外国人在美国取得的其他收入，则对总额按30%比例税率课征所得税。对美国纳税人从其所控制的外国公司取得的股息收入，可以按公司所得税的税率（目前最高为46%）课征。

美国个人所得税主要采用按年申报清交制，同时根据保证税收收入的要求，部分地采用预扣制。凡是固定职业的工人职员的收入上应纳税款，由雇主在发放工资时预扣代交，年终由纳税人申报结算，多退少补。资本利得上应交税款，在财产出售取得收入时课税，年度不再申报。外国人在美国按总额单一比例税率交纳的税款，在取得收入时预扣，年终不再申报。纳税人其余各项应税收入，均采用按季自报交纳，年度申报清交。

美国的个人所得税虽然实行累进课征，但仍然是一种两头小、中间大的课征制度，即低收入阶层纳税的数额不多，高收入阶层纳税也不多，而中间收入的阶层所纳的税相当多。以1972年的数字来看，当时应税收入额全年在10000美元以下的纳税人所纳税款占总额的16.4%，应税收入额在50000美元以上的纳税人所纳税款占17.9%，而应税收入额在10000—50000美元的纳税人所纳税款则占全额的65.8%。从纳税人人数来看，年应税收入额在10000美元以下的纳税人约占全部纳税人数的51.8%，年应税收入额在50000美元以上的纳税人只占0.9%。鉴于税额和纳税人数的比率，美国的个人所得税是一种“群众税”。

二、举例——美国的公司所得税

美国除课征个人所得税外，同时课征公司所得税。这种税，联邦和州两级政府都征收，但以联邦政府为主。

从财政收入来看，美国公司所得税远远低于个人所得税，据1978年资料，联邦和州两级政府征收公司所得税共计693亿美元，占当年三级政府税收总额4677亿美元（不包括社会保险税1240亿美元在内）的14.8%，但同年个人所得税收入2129亿美元，占三级政府税收总额的45%。

但公司所得税的纳税人要比个人所得税少得多。据1978年资料，美国个人所得税的纳税人约为7000万人，但公司所得税的纳税户约为200万户。以每一纳税人（户）所交税款比较，则公司所得税就大大高于个人所得税了。而且，公司所得税的纳税人是公司。在美国，大部分的企业都是以公司的形式来经营的。公司的所有者即股东只对其投下的股本负责，对整个公司的债务不负个人责任。公司是一个独立的单位，是一个法人；对公司课税，当然对其股东有影响；但公司本身拥有大量财产，有债权债务，保留大量的未分配利润，有可能独立地进行投资和扩大经营规模。所以，公司所得税有重大的经济作用，美国政府把它当作一个重要的政策工具。

美国公司所得税的课征对象，是美国公司（即在美国注册成立的公司）在国内外（即世界范围）所取得的收入，以及外国公司来源于美国的收入。它的课税基数是，美国公司的毛收入减去为取得收入而发生的各项可以扣除的费用后的净所得额。

作为课征对象的美国公司的毛收入，主要包括：经营收入、资本利得、股息、利息、租金、特许权使用费收入、劳务收入，等等。从公司的毛收入中，可以扣除各种经营费用，如销售费用、管理费用等；也可以扣除公司已付的税款，主要是州、地方政府的税款和向外国政府交纳的税款；也可以扣除经营中发生的损失，如灾害、呆账等；也还可以扣除固定资产的折旧；在有些行业，还可以扣除自然资源的折耗等。经过种种扣除之后，就形成公司的净所得，即应税所得额。

对于公司的应税所得额，按超额累进税率计征。现行的联邦政府的公司所得税，实行五级超额累进税率，最低税率为17%，适用于全年应税所得额25000美元及以下的部分，最高税率为46%，适用于全年应税所得额10万美元以上的部分。从美国联邦公司所得税的纳税户来看，在约200万户中，资产在10万美元以下者有180万户，资产在2.5亿美元以上者只有1800多户。所以，对大公司课征的税率实际上并非累进税率，而是46%的比例税率；与个人所得税的最高税率相比，要低得多。

在美国公司所得税的课征对象中虽然包括资本利得，但实际上是以单独的较低税率课征的，目前规定税率为28%。所谓资本利得是指出售或交换财产如房地产、股票、特许权等所实现的收益。由于这些收益的实现往往不是一年而是多年才发生一次，其中也还包含有物价上涨所带来的“好处”。为了鼓励资本的加速周转和增加新的投资，美国对资本利得从低课税，目前以28%的固定比例税率课征。这对于利润额很大的公司来说，是一种很大的照顾，因为本来这部分所得是应当按 46% 的最高税率来课税的。

公司纳税后的利润，一部分以股息的形式分配给股东，另一部分则以未分配利润的形式留在公司。这两部分在课税待遇上是不同的：前一部分还要交纳个人所得税，后一部分则不再交纳。如果公司把很大部分利润留在企业内部再作投资，其结果将使公司股票价格上涨。对于大量持有该公司股票的大资本家来说，得到了资本增值的好处，这种增值了的股票随时可以出售。在持有期间，所有者无须在资本增值额上纳税；当出售时，原来的股票持有人应当交纳对资本利得课征的所得税，但税率比公司所得税的最高税率要低得多。

美国公司所得税按年一次征收，由纳税户在其选定的纳税年度终了后两个半月内申报并纳税。美国公司所得税的交纳，对于亏损有专门的规定。年度之间盈亏可以抵补，即本年的亏损可以向前转回三年，向后结转七年。例如，一家公司前三年有利润也交纳了所得税，第四年发生亏损，可以从前三年的利润中抵补。在这种情况下，纳税人可以申请退回前三年已纳的应退税款。如果前三年的盈利还不足抵补，可以记上账，在后七年逐年抵补。实际上是十年内盈亏都可以抵补。

第三节　所得课税中的几个政策问题

所得课税在许多资本主义国家的财政收入中已占到首位，因而也就成为这些国家执行其财政政策的重要工具。这些国家的财政政策措施可以分成两种：一种是宏观的，即通过财政收支的规模也就是财政赤字的大小来调节整个社会的需求。宏观的财政政策在所得课税方面就表现为对所得税税率的全面调整。比如，为刺激需求，政府可以降低个人所得税和公司所得税的基本税率，从而使个人和企业纳税后的收入增大，进而在一定程度上刺激社会上消费和投资支出增加，即消费和投资方面的需求增加。或者，保持原来的税率，但实行退税或减税的措施，其结果也是一样的。

另一种财政政策措施则有所不同，一般称为微观的。这就是说，通过有关的财政措施，不仅要影响整个社会的需求规模，而且影响某一个部门甚至某一类企业的生产经营活动。所得税作为一种“群众税”，课征面很宽广，就成为微观的财政政策的重要工具。

下面举几个例子，说明所得课税中有关的政策问题：

（1）折旧：企业的固定资本通常都要提取折旧。折旧作为一项费用，要计入成本；作为一项基金，由企业积储起来，等原来的固定资产废弃后进行重置。由于它计入成本，所以折旧的数额、时间和方法，对于企业的收入额有很大的影响。

折旧究竟是按固定资产的“原始价值”即“购置价值”，还是按“重置价值”或其他标准来提取？这看来像是一个理论探讨的问题，实际上却是一个资本主义企业能否少交一些税款的现实问题。近几十年来，资本主义国家普遍发生通货膨胀，物价上涨，机器设备等的价格上涨更是明显。同样的固定资产，其“重置价值”通常要高于“原始价值”（二者实际上都指价格）。按前者来提取折旧，如果其他条件都是一样，就比按后者提取的金额会大一些。这也就是说，按前者提取折旧后计算出来的收入额比按后者会较小一些，从而交纳的税款也就少得多。

从前，固定资本的“重置价值”同“原始价值”的差别并不很大，前者甚至低于后者，所以资本主义国家一般采取按“原始价值”提取折旧的办法。但近几十年来物价持续上涨，情况有了很大改变，所以资产阶级就要求改按“重置价值”来提取折旧。经济学家也相应地宣称：只有按这种办法提取折旧，整个社会的资本额才能保证不会减少，企业才能保证有足够的资金来维护资本设备；如果按“原始价值”来提取折旧，不仅前述两项无法保证，而且由于利润和收入有了虚假，就会过度投资，加剧经济的周期性波动。事实上，资产阶级的投资，资本的积累，固定资本的动态，都不是主要地决定于折旧的多少；至于经济的波动，更不是受折旧所制约的。因此，资产阶级主张按“重置价值”提取折旧，是另有真实原因的。

抽象地说，在机器设备价格上涨的条件下按“重置价值”折旧，看来也不是没有道理的；不这样做，似乎确会使利润发生虚假。实际上，当机器设备价格上涨的同时，利用它们作为生产工具而生产的商品的价格也会上涨，所以，企业在出售产品时合起来获得两种收入：一是经营利润，一是这些资本物的溢价收入（即增值额）。如果按“原始价值”折旧，那就是把这两种收入都列入课税对象之中；如果按“重置价值”折旧，就把后一种收入在数字上化为乌有，完全不课税了。这就是他们要这样做的真实原因所在。据美国经济学家估计，把折旧的基数从“原始价值”换成“重置价值”，对于资本有机构成高的企业如电话公司等，如果其他条件不变，可以减少税款达 25%。

正因为实际利益所在，资产阶级就竭力争取这种改革的实行。他们也估计到，“重置价值”是难于确定的，执行起来会有困难。所以，他们就建议按照一定的物价指数来随时调整固定资本的账面价值，再按照这个标准来提取折旧。这就是“重置价值的调整额”。有些国家已经在所得税制度上部分地采取这种办法。

即使是按固定资本的“原始价值”折旧，在折旧的时间和方法上也有很大差别。究竟采用多长的期限和什么样的方法，看来也像是一个理论问题，但实际上也是同资产阶级的利益密切相关的。

如果某个机器设备实际上可以使用二十年，但按十年期限提取折旧，则在这十年内利润都缩小，十年后利润都扩大了。显然这对于财政收入和企业的负担都有一定影响。期限愈是短，在这期间企业交纳的税额愈是可以减少，它就愈是可以占用更多的国家资金作为自己的资本。这种占用等于一种特殊的贷款，无须支付利息；如果以后企业发生亏损，也就无须归还。因此，资产阶级特别是拥有很多固定资本的大垄断资产阶级，必然要制造出很多借口，力求缩短这种期限。

即使期限已经确定了，在这期限之内也还有折旧的方法问题。通常有两种方法：一是直线法，即在这期限内每年提取等额的折旧；一是递减余额法，即在这期限内每年提取的折旧在数额上是递减的。这两种方法，虽然期限相同，总额也都等于“原始价值”，但企业的负担并不一样。就像前面所说的道理一样，资产阶级是愿意实行后一种方法的。

综合上述在折旧期限和方法两个方面的要求，资本主义国家就实行了“加速折旧”的规定。“加速折旧”有很多形式。英国从1945年起就有“启用期减除额”的制度，即在固定资产启用的这一年度中，除了通常的折旧之外，可以再提取相当于这项资产“原始价值”一定百分比的折旧额；正常的和启用期特殊的折旧额合起来仍然是“原始价值”的100%。“启用期减除额”的百分比在各个部门和不同的固定资产上有不同的规定：1958年，一般部门的机器设备是30%，矿业部门是40%，厂房是15%。以后年度略有降低。瑞典曾经实行过一种更为“自由化”的制度，即在100%折旧的条件下，企业可以自由地安排每年的折旧额。这实际上等于实行100%的“启用期减除额”的办法，即在固定资产启用的那个年度中，把其全部价款从利润中除去；这实际上等于由政府无息贷款给企业来进行投资。

固定资本折旧的税务处理，对于企业投资有密切的关系。在预期中的投资赢利率和市场利率不变的条件下，所得税税率越高，则投资越少；相应地，折旧率越高，每年的折旧额越大，也就是说，折旧越是加速，则所得课税对投资的不利影响就越小，在这个意义上，投资就得到鼓励。如果在不同行业之间、不同类型的纳税企业之间，规定不同的折旧公式和办法，就可以影响不同行业和企业之间投资的净赢利水平，从而影响投资的方向。

（2）投资抵免：六十年代以来，很多资本主义国家都实行这种措施；在当前经济停滞的时候，就更加广泛实行了。按美国目前的税法规定，无论个人或公司，凡投资于使用年限超过三年的有形财产，就可以按其投资额的10%在当年应交所得税款中抵免。如果当年应交税款不足以抵免，那就可以比照亏损，向前转回三年，向后结转七年，也就是说，用十年内的应交所得税款给予抵免。有些国家的投资抵免率比美国更高。

在一般情况下投资抵免与折旧是分别规定的。投资在享受了抵免税款的优待之后，还是可以按投资全部金额提取折旧。因此，这显然是对投资者的一种贴补。这种措施对于新的投资能起到刺激作用，在这一点上比加速折旧更为有效。而且，投资抵免也可以按行业或按具体的投资对象来规定，比如，对新建房屋给予抵免待遇，因而可以定向地起到刺激投资的作用。

（3）资源折耗的扣除：美国政府规定，石油、天然气、矿产、木材等企业，除了同其他部门一样提取折旧外，还可以提取资源折耗的摊销额。这种摊销，在采油和天然气的公司企业，曾高达其销售收入的27.5%，目前有所降低，但仍为22%。这对于石油工业的资本家是一种巨大的贴补。

（4）资本利得的课税：在资本主义国家，大部分营利事业采取股份公司的组织形式。资产阶级的所有权表现为他们持有公司股票和债券，再以股东和债权人的身份来占有公司的财产。股票和债券有市场，市场上有买卖价格，可以便利地进行买卖。当这些证券的价格变动时，持有人的资本就增值或贬值。由于只有资产阶级才大量持有股票和债券，资本增值是不是计作收入，要不要课税，这个问题显然是他们十分关心的。

资本增值或者贬值，原因是多种多样的。由于企业的资本利润率提高了或者预期将提高，这个企业发行的证券的市价也就上涨。而利润率提高的原因是多种多样的，其中包括企业资产由于市场价格上涨而升值。有时，企业的利润率虽然未见得有什么变动，但由于证券市场上投机的结果，证券市价也可能上涨。企业利润率不变，投机因素不存在，但由于市场利率降低了，而股票的股息一般比较稳定，债券的付息是已经确定了的，从而这些收入（股息或债券利息）折成资本的金额就增大了，这也可能引起这些证券的市价的上涨。上述几方面的原因结合在一起，引起了资本增（升）值或贬值。由于资本主义国家一贯实行通货膨胀政策，资本增（升）值就成为一个普遍现象。

资本增值要不要计作一项收入？资产阶级政府和经济学家在这个问题上的说法是很多的。通常，他们虽然不得不承认由于利润率上升而引起的资本增值是一项收入，但又否认由于利率作用和投机作用以及通货膨胀所引起的资本增值是一项收入。在他们承认是收入的限度内，也总是坚持必须“实现”即这些证券必须卖出而形成所谓资本利得，才能计入所得额。事实上，资本增值虽由不同的原因所引起，但总是表示持有这些证券的资本家在剩余价值总额中有权分得一个更大的份额；这个更大的份额可能是由于加强剥削从而扩大剩余价值而来的，也可能是在剩余价值的再分配中形成的，当然也可能是通过流通领域进一步占取那些证券的小额持有人的收入而得来的。不论如何得来，这些资本家既然有权占有更大份额的国民收入，在这意义上就应当计入应税所得并进行课征。

资本主义国家对资本利得采用的课税办法虽然不一样，但都是给予优待的。英国迄今基本上不把资本增值算作应税收入，当然也就谈不到课税了。美国政府对一部分资本增值在名义上是课税的，但执行所谓“实现”原则，而且采用比例税率，课税较轻，他们举出两个理由：1. 怕影响投资的增加；2. 怕形成“锁住”状态（即证券持有人发现自己有了增值收入，但考虑到出售后要交重税，就不敢出售：这样就使投资“锁住”了，影响资本市场的活跃）。事实上，这两者并非主要原因。主要的原因是：一方面，这种课税对大资本家的收入有影响；另一方面，对资本增值不课税或少课税，这样，由于这种收入同经营收入是易于混淆的，就为大资产阶级的逃税开启了一个方便之门。我们举一些例子来说明。

比如，公司企业取得大量利润，但在其主要股东即垄断资本集团的授意下留下大量未分配利润，这部分未分配利润可以免税或者按较低的税率纳税。但是，企业的资产实际上是增值了，相应地这个企业的股票的市价也要上涨，在投机的作用下可能上涨得更快更猛。垄断集团持有这个企业的大量股票，自然就是主要的受益人。他不卖这些股票，根本就不纳税；卖了，差价的收入在有些国家也可以不纳税，在有些国家也只纳较低的税。这样，他们就取得了很大好处。

组织假公司也是一个例子。组织了一个公司，从事数量很少、市场价值很高、生产周期很长的产品的生产。然后，不等产品完成，却把这个公司的股票卖了。这样，这些原主人就获得了资本增值收入，可以不纳税或少纳税。

高级职员的“补偿计划”也是一个例子。大公司企业的高级职员，如经理、董事等，他们自己就是资本家，或是大资本集团的代理人，通常在企业里支取高额薪金。由于薪金数额是公开的，难于逃避所得税，所以，通常在高薪之外，另有“补偿计划”。这实际上是给予他们低价购买本公司股票的权利。这样，他们就能获得资本增值的利益，而不必负担高额的所得税。

（5）费用：在确定应税所得额时，要扣除各种费用。所得额形成之后，总是要用于消费的或投资的开支。各种扣除的费用和各项开支，在资本主义国家的所得课税制度中是极易混淆的，这正给资产阶级提供了逃税的机会。在大企业中对于技术人员和高级管理人员支付的薪金是高的，还不断地增加福利措施。这些当然增大了费用。但是，这样做，容易找到为他们忠顺服务的人才，也容易收买人心，而且花费的代价并不很高，因为一部分费用实际上是由国家财政资金来弥补的。

至于名义上扩大费用，对于资产阶级更是有利而无损的。营业费用和广告费用通常是一个“无底洞”，资本家可以合法地把携带全家旅行、海外避暑避寒、花天酒地、贿赂收买等开支都列在其中。这种手法通常是巧妙的。有这样一个例子：美国一个律师全年收入40000美元，依法应交联邦所得税14520美元。但是他组织了一个单人公司，自己是唯一的股东，也是唯一的职员。依法申请登记，得到政府批准。他给自己规定薪金32000美元，退休基金8000美元，退休基金作为一项费用，可以不纳税。依照应税收入32000美元交纳税款约10000美元，少交了4000余美元。此外，他还可以把自己的医药费、保险费列作公司的费用，也可以免税。这个例子实际上还远不足以说明少数资产者在费用问题上所使用的手法。

（6）分散收入：资本主义国家税法都规定，按纳税人的收入总额来累进课征。因此，分散收入，即使并没有隐瞒，也能“合法”地减少纳税的数额，在这方面资产阶级常用的手法是：企业留用大量未分配利润，分家，成立信托基金，把利润转移到国外，等等。其中通过企业留用未分配利润的方式来分散利润，前面已经作了简单说明。

分家是垄断巨头们经常采用的方式，他们通常把拥有的资本分散在家族成员之间，算作这些成员个人的财产。相应地，这些资本上的所得也就分别课征。在累进制度下，这就“合法”地减少了负担。

成立信托基金是垄断巨头们常用的手法。美国的洛克菲勒基金、福特基金等都属于这一类。这些家族划出大量的财产，成立一个基金组织，由委员会来管理这些财产，在法律上具有法人地位。这些基金表面上是独立的，同垄断企业没有联系，但实际上这些资本的投放和收入的利用都是受垄断巨头所控制的。由于这些基金表面上不是营利性而是“慈善性”的事业，它们的收入就可以不纳税。垄断资产阶级还从自己直接控制的资本的利润中每年提出一个份额交给这种基金组织，而这部分利润也就可以享受免税的权利。这些信托基金有时被用来购置大量房地产，廉价出租给垄断企业。这样互相勾结就使大量的财产和大量的所得都逃避了课税。

垄断资本的活动范围通常越过一个国家的疆界，通过直接投资或资本输出的其他形式，他们就能够从国外取得收入。同时，本国的垄断企业也必然要吸收大量的外国资本。在国外取得的收入，如果不汇回本国，基本上就不受本国的课税。外国资本在本国的投资，通常在纳税上又受本国的优待。因此，国外收入的课税问题很复杂，也是资产阶级逃税的一个重要途径。有些国家在税法上虽然规定本国公民在国外投资的收入是要课税的，但往往借口这些收入在发生国已经征了税，如果现在再征就造成重复课税，从而就给予它们抵免待遇。有些国家借口对这类收入课税将不利于对外贸易和对外支付平衡，就给予它们种种优待。

第四节 财产的课税

财产的课税是一种古老的制度。如果说，所得的课税是在资本主义经济关系发展之后，在课税技术比较完善的条件下，才有实行的可能；那么，当私有财产制度确立之后，财产的课税就已经有了实行的可能。如前所述，许多国家很早实行的土地税，就是一种财产课税的形式。

财产课税同所得课税的对象虽然不同，但它们都有比较明显的“对人课税”的性质。所得总是一定人的所得，所得课税总以人为法定付税人。财产总是有其主人；对财产课税虽不一定就以他为付税人，但总同这个所有者有密切联系。正因为如此，这两种课税的负担归宿和影响，有相近的地方。但是，它们的课征对象究竟是不同的。所得额是一个时期中劳动的净成果。财产额是在某一时间点上对财富的占有量。二者相比，所得额是不容易计算的，但财产额是容易确定的。也正因为这个缘故，财产课税总是较早地就实行了。

在资产阶级同封建势力进行斗争的时期，资产阶级曾经迫使封建君主，通过他们自己掌握的政府，对土地财产进行课税。课征对象主要是地块、房屋等不动产。当时，封建贵族已经逐渐丧失了他们不纳税的特权，由于这些不动产都有登记也难于隐瞒，财产上的重税就成为他们没落的一个原因。财产课税也是小农经济迅速破产的一个重要因素。但当资产阶级在经济上已经占了绝对的统治地位之后，财产课税的对象就发生了很大的变化，而这种变化对于税制也就发生了相应的影响。

在资本主义条件下，生产和流通领域里积累起来的庞大惊人的财富，绝大部分归资本家所占有和支配，成为剥削的手段——资本。因此，在资本主义条件下，对财产的课税虽然不同于对资本的课税，但如果对前者不作出一些带有鲜明阶级倾向性的限制，财产课税客观上会接近于资本课税。正因为如此，资本主义国家中的无产阶级政党不仅要提出课征累进所得税的口号，而且也要提出课征高额财产税的口号。所以，在无产阶级夺取政权后，应当以累进税、高额财产税等向当时还存在着的资产阶级所有权进攻，而“这些措施在经济上似乎是不够充分和没有力量的，但是在运动进程中它们会越出本身，而且作为变革全部生产方式的手段是必不可少的”[①]。也正因如此，在资产阶级还掌握政权时，就不可能广泛使用财产课税的形式，即使课征这种税捐，也必然采取各种办法使它不会很大地影响资本的权利。

但是，在资本主义条件下，财产课税的对象也发生了另外一种变化。由于真实资本和虚拟资本的双重存在，资本家所占有的财产并不直接是各种物质财富，而是一些证券。财产课税是一种“对人课税”，在涉及资本的限度内，“人”主要是指资产阶级个人而不是资本主义企业。因此，在资本主义条件下，当财产课税的对象已经主要是资本的同时，它不复是像以前那样主要是那些易于查察的不动产，而是那些易于转移、隐瞒、分散的动产了。这个变化是很重要的，因为正由于它，资产阶级可以容忍财产课税，在阶级斗争形势所要求的条件下，甚至可以容忍对财产的累进课税制度，名义上

① 马克思和恩格斯:《共产党宣言》,《马克思恩格斯选集》第1卷，人民出版社版，第272页。

负担很重，但实际上却负担很轻。也正由于这个缘故，垄断资产阶级在一定程度上可以利用财产课税来剥削仅仅占有小块土地、自有住房和小额财产的人民群众，来排挤中小资本家，却保护了自己的大量财产的利益。

财产课税既然是对人课税，因而也有对个人的全部财产课税和对某一种财产课税的区别。前者可以称为一般财产税，后者可以称为特种财产税。财产课税的对象是财产额，因而也有对财产的占有额课税和对转移中的财产额课税的区别。前者可以按年课征，也可以一次课征；后者只是当财产转移时，比如买卖、继承等，才能课税，仅仅占有并不能构成课税的条件。上述这些都是财产课税的不同形式。对这些不同的形式，资产阶级同他们的政府不能没有一定的选择。

对人课征的以个人占有的全部财产的净值为课征对象的税捐，通常称为“个人财产净额税”或“财产净值税”。这种税的付税人是自然人，而不包括公司企业等法人。这种税的课征对象是付税人全家的资产同负债相抵后的余额，而资产中当然包括付税人所持有的各种证券。税率通常是累进的，有免税额的规定。通常是每年征收一次，但可以分期交纳。这种课征形式在北欧几个资本主义国家中实行过，但在主要的资本主义国家中始终只是停留在议论的阶段，并没有真正实行。

美国目前实行的财产课税制度主要包括两个部分：一是地方政府课征的财产税，一是联邦和州政府课征的遗产税（包括赠予税）。简单说明如下：

美国的财产税是地方政府的主要收入来源。1978 年收入 653 亿美元，占地方政府财政收入总额的 80%。历史上，它的课征对象曾经是土地和畜群，按不同税率征收。十九世纪，曾经实行过对财产总额课征的单一比例税。到了二十世纪，财产税的课征对象主要是房地产，在某些地方还包括经营用的设备和库存商品，对于资产阶级持有的大量动产，基本上不予课征。所以，名称虽然是财产税，实际上主要是一种房地产税。

据1972年的资料，在美国全国的财产税收入中，约有一半得自对居民住宅的课征，四分之一得自对企业（包括农场）不动产的课征，得自对企业设备和库存的课征的收入约为十分之一。既然主要是对房地产的课征，课征对象应是房地产的价值。所以，课征财产税，重要的是财产估价。据美国的资料，低估情况很严重。1972年财产价值作为财产税课征基数的约为8000亿美元，但这些财产的市价约为25000亿美元，即估价约为市价的三分之一。

财产税的税率因地而异，名义税率高的可达财产估值的10%，低的不到3%。由于财产估值偏低，所以实际课征率远远低于名义税率，据估计，在美国全国平均的实际课征率低于2%，而平均的名义税率约为5%。

以房地产为主要对象的财产税，其付税人就绝不限于资产阶级。劳动者和个体农民因自有房地产也要交纳这种税，而且由于是自用的，负担就无法转移。当然，资产阶级也占有一定数量的房地产，但他们的实际负担是不重的。这是由于两方面的原因：第一，在资本主义国家中，劳动人民节衣缩食，勉强购置了住房和小块园地，不仅消耗了全部的储蓄，而且还负了债；国家课征的财产税，即使数额不大，必然在他们的全部收入中占着很大比重。资产阶级的房地产在他们全部财产中只占着一个不大的份额，他们所交纳的财产税，即使数额大些，在他们的收入中所占比重也是很小的。在这个意义上，这种财产税就有明显的累退性。第二，房地产的估价名义上由地方选举的人员担任，他们通常是按资产阶级的利益办事的。资本主义国家的地方政府公开承认而且也要求低估大额房地产的价值，据说只有这样做才能把外地的资本吸引到本地，从而促进本地经济的繁荣。资本主义国家的调查资料证明，小额财产的估价比较准确，而大额财产的估价只达其市价的10%—20%者居大多数。在大小额财产之间实际上有不同的估价办法，再加上这种课税对付税人的收入状况、家庭人口、负债与否都不考虑，所以负担必然是畸重畸轻的。

美国联邦和州两级政府征收的遗产税，1978年只收入77亿美元，只相当于全国税收收入（不包括社会保险税在内）的1.6%。

联邦政府对每一死亡者的全部财产课征一种产业税，对他生前赠予他人的财产在一定条件下也课征一种赠予税，赠予税实际上是产业税的补充。同时，多数州政府对本地每一继承财产的人也课征继承税。这三种税合起来就是遗产税。

目前，联邦政府的产业税和赠予税合并课征，实行超额累进税率，从18%到70%。最高税率适用于应税遗产额超过500万美元的部分。但也必须看到，名义税率和实际课征率之间是有很大差异的。据美国财政部的资料，1969年的联邦产业税申报的财产额约为274亿美元，但由于减除各项费用（丧葬和产业管理费用）、死者的债务、慈善性捐款、受赡养者保留的财产、各项减免等，所以，作为产业税课征基数的不过110亿美元，即相当于原申报数额的40%。如果再考虑到大笔产业以证券投资等方式分散出去，实际上无从课征，那么，实际课征率必然远低于税法上规定的最高税率。

美国联邦政府还规定，凡向州政府交纳了继承税，就可以在产业税中抵免。所以，名义上是两种税，实际上只是一种课征。为防止事前转移财产，美国联邦政府在产业税课征的同时还实行赠予税。但应税的赠予财产规定有限额，在限额内可以不征；规定有日期，在该日期之前赠予的可以不征。而且对信托基金和慈善团体的赠予，又可以享受减免的优待。这许多办法，都使遗产税的课征对于减轻财产分配不平等这一立法上的名义宗旨，只能起一些象征性的作用。

第五节　所得课税和财产课税的负担问题

税捐的负担是一个复杂的概念。片面理解这个概念，必然要歪曲事实真相。因此，首先要说明税捐负担的含义。

马克思曾经指出："在估计捐税负担时，应该考虑的主要不是它的名义上的数额，而是捐税的征收方法和使用方法。印度的征税方法极为可恶，譬如就土地税来说，在现行的方法下，大概糟蹋的产品要比收获的为多。至于说到征收来的捐税的使用情况，那么只要指出以下两点就够了：它没有拿出一丝一毫来以公益设施的形式还用于人民……再就是……统治阶级在任何地方也不像在印度那样大发其财。"[①] 由上述可见，估计税负，应从下列三个方面来考虑：第一，要联系财政支出；第二，要估计课税对整个经济的影响；第三，要分析国家税捐收入同税源的关系。忽略任何一个方面，都是不应当的。

所谓税负，是指社会上各个阶级、阶层和各部分人对于国家课税的负担。既然是一项负担，也是国家无偿地进行课征的结果。的确，从形式上看，资产阶级国家课税是对私有财产的侵犯，即使对资产阶级也是一种无偿的征收。但是，如果联系了财政支出来看，从财政收支这全部分配过程的内容实质来看，课税这种分配关系只

---

① 马克思:《印度的捐税》,《马克思恩格斯全集》第 12 卷，人民出版社版，第 551—552 页。

有对劳动人民才是真正无偿的，对于剥削者来说却是有偿的。

以阶级观点来分析资本主义国家的税负问题，不仅要充分估计各个阶级所受到的课税的影响，而且必须联系财政支出的分配使用状况。只有这样，才能够如实地发现在税负问题上的资产阶级同无产阶级的矛盾、资产阶级内部的矛盾，等等，而不是掩盖或者缩小它们。当然，这绝不是说：不应该分析资产阶级国家通过课税而占有一部分收入对于各个阶级的收入有什么影响。而是说：在分析这种影响时，必须考虑各个阶级的地位，必须考虑各个阶级在财政支出中是蒙受了损害还是获得了利益；对于资产阶级各个集团来说，还必须考虑他们各自获得了多大的利益。

估计税负，必须分析一个阶级、阶层以至于个人的全部收入中税款究竟占有多大的份额。如前所述，由于法定付税人不一定是负税人，课税对象通常并非就是税源，估计税款在收入中占据多大份额，必先通过对经济情况的分析来揭明课税对象同税源的关系，从而才能断定这种税的税源是哪几种收入，或者说，这种收入是哪些税的税源。对于商品课税来说，这样分析的必要性是明显的。即使对于所得课税，这也是必要的。进行这样的分析，当然要充分估计到课税对象上的差别，是商品，还是所得额或财产额。同是所得额，利润和工资作为课税对象，税源是不同的。因此，估计税负，必须分析税款和税源的关系，不仅要从量上，而且要从阶级关系上来进行这种分析。

即使揭明了某一种税的税源，为了正确地估计税负，还必须全面估计课税对于经济的影响，特别是课税对于税源的影响。如前所述，税源只不过是在课税以前国民收入分配过程中已经形成的各项收入额。分配只是生产和消费的一个中介环节、再生产过程的一个阶段，课税改变了这个阶段上国民收入的分配状况，就不能不影响到整个再生产过程从而也影响到下一阶段的分配状况。举例说，公司所得税在一定程度上以公司利润为其税源，当这些组织交纳了税款时，难道能设想它们竟然不去利用自己拥有的一切手段，而听任自己利润下降吗？相反地，它们必然要千方百计地保证自己的利润实际上不致减少。当它们这样做的时候，表面上看，它们总是从自己利润中交纳了税款，也有了负担；但如果比较纳税前后它们实际得到的利润，把不可比的因素除去，可能发现实际利润额减少得很少，或者还有所增大。这就是说，负担已经转移了，税源实际上已经改变了，整个国民收入的分配状况也已经改变了。

事实上，课税对经济的影响是复杂的，也需要一定时间才能充分表现出来。估计税负，应当考虑时间因素。再以上例来说，公司交纳了所得税，短期内可能不得不少得一些利润，但长期中垄断资本在生产和流通领域中的活动，将会使自己的利润尽可能地少受到影响。

上述三个方面，是估计税负时应加以考虑的。指出这三方面，实际上也不过是指出：不能用简单的量的分析来代替阶级分析，来代替对资本主义再生产过程的全面分析。下面就试图说明资本主义条件下所得课税和财产课税的负担问题。

所得课税以各种所得额为课征对象。国家对各种所得额课税，当然直接就影响了它们，这是谁也不否认的。但是，影响是否就停止在这点上了？资产阶级经济学家说：如果课征的是利润，影响就中止了；如果课征的是工资，只要工人阶级不要求提高工资，课税的影响也不会发展下去。因此，在他们看来，至少对利润课税来说，课征对象是不会发生其他变化的，税款在其中所占比例就是负担的比例。

这里包含着资产阶级经济学中长时期来宣扬的一个理论观点，

即对利润的课税是不会转嫁的。马克思早就反驳过这种说法。他指出："那种认为所得税似乎不触及工人的说法，显然是无稽之谈：在我们目前的这种企业主和雇佣工人的社会制度下，资产阶级在碰到加税的时候，总是用降低工资或提高价格的办法来求得补偿的。"[①] 考虑到资产阶级国家从来也不是对一切部门的资本的全部所得都课税的，在降低工资和提高价格之外，资本的转移也可以算作是一种补充的办法。

特别要说一下利润课税同价格的关系。资产阶级经济学家说：商品价格是由"边际"生产品的成本来决定的，而这个成本中是不包含利润的，所以，利润不是价格的构成因素，国家对利润的课税是不能影响价格的提高的。事实不是这样。市场价格是围绕着生产价格上下波动的，而生产价格中是包含着平均利润的。对利润课税，就使这个部门的资本得不到平均利润，资本就会转移，供求关系的作用将使市场价格提高。纳税前的利润额就扩大，表面上看仍然从利润中支付税款，但负担实际上减轻了，转移了。

如果市场价格原来就不是竞争价格，而是垄断价格，垄断资本家原来就得到垄断超额利润。对这样的利润课税，是否会造成价格的提高呢？资产阶级经济学家说：原来的价格对于垄断资本家已经是最有利的，课税虽然减少了他的利润，但也不会促使他提高价格。这种说法是虚伪的。垄断并不消灭竞争。价格通常是在少数几个垄断企业之间协商订立。任一个垄断企业并不是不想再提高价格，只是由于顾虑到对手的竞争和占领自己的市场，才不这样做。国家对利润课税，对这些垄断企业都有影响。它们之间就不难对此取得协议来提高价格。它们这样做，甚至不必经过资本的转移。

---

① 马克思：《英镑、先令、辨士，或阶级的预算和这个预算对谁有利》，《马克思恩格斯全集》第 9 卷，人民出版社版，第 73—74 页。

当然，提高价格来减轻和转移利润课税的负担，是需要一定条件的。市场供求状况对此会有一定影响。当资本家经营的商品是人民群众生活必需品，或者是政府购置的对象时，他提高价格就更容易些。同时，不同行业、不同的资本，情况也会不同。垄断资本和中小资本家相比，前者的竞争能力较强，提高价格的主动权是在他们手里的。在不同行业中，有机构成较高、周转较慢的资本，由于资本转移较为困难，也由于必须较大幅度地提高价格才能把税负转移出去，就处在较为不利的地位。因此，对利润课税，总是使价格有提高的趋势，但提高的程度在各个部门和各种商品间是不会一致的。

商品价格提高之后，利润课税的负担在不同程度上就被转移了。负担究竟转移给谁？如果这种商品是生产资料而且被其他资本主义企业所购买并用于生产，或者虽不是生产资料但被其他企业所购买并将转售出去，则这种商品价格的提高将辗转引起其他商品价格的提高，或者引起这个商品从出厂到零售的一系列价格的提高。当这种商品是生活资料而由消费者来购买的时候，则价格提高就使税负部分地落在消费者身上了。总起来说，对利润课税的负担，经过错综复杂的价格变动，总是会部分地落在工人阶级身上，由实际工资来补偿，因为劳动者总是消费者的主体。

除了提高价格的办法外，资本家也可以用降低工资的办法来补偿利润的课税。资本家既想要压低名义工资，也要降低实际工资。通常是采取后者。延长劳动日，提高劳动强度，使剩余价值绝对和相对地增加；即使名义工资没有变化，实际工资也降低了。当然，资本家要这样做，可能要增加一些设备，可能要增加固定资本的投资，可能要提高一些成本。但是，只要剩余价值的扩大比成本的提高快得多，资本家会乐于这样做的；即使名义工资略为有所提高，他仍然可以把实际工资压低。压低工资，当然会遭到工人阶级的反对。但在资产阶级的经济压力下，政府的政治强制又加强了资产阶级的地位，工人阶级是很难保卫住自己的利益的。

无论是提高价格还是降低工资，资产阶级总有可能把利润课税的负担转嫁出去。因此，把作为课征对象的利润额同税额的比率作为负担大小的指标，显然是不正确的。必须考虑纳税前后利润、工资、其他劳动者所得的变动状况，才有可能指出利润课税的负担的所在。

作为所得课税的对象，不仅有利润，而且也有工资。对工资的课税会发生什么样的影响？前面已经说过，对工资的课税虽然有可能使名义工资提高，但实际工资绝不可能同比例地提高。这也就是说，工资课税的负担总是要落在工人阶级身上的。

资本主义国家中作为所得课税的对象的，除了工资和利润之外，还有农民和其他小生产者的收入。他们作为商品生产者，也是从出售商品的进款中除去费用而取得自己的收入。但是，他们的地位不同于资本家。他们自己劳动，不雇用工人，以降低工资的办法来转移自己的负担是不可能的。他们的生产效率低于资本主义的大农场和大工厂，他们的商品的个别价值通常高于社会价值，提高价格的主动权不操于他们之手。他们也不能像垄断资产阶级一样，在纳税时享受种种合法逃税的优待。马克思指出："对那些拥有小块土地的农民来说，一方面，虽然他是小资本家，资本的平均利润却不会表现为经营的界限；另一方面，虽然他是土地所有者，地租的必要性也不会表现为经营的界限。作为小资本家，对他来说，只有在扣除实际的成本之后付给自己的工资才是绝对的界限。只要产品的价格足以补偿他的这个工资，他就会耕种他的土地；并且直到工资下降到身体的最低限度，他往往也这样做。"[①] 可见，资产阶级国家对这些

---

① 马克思：《资本论》第3卷，《马克思恩格斯全集》第25卷，人民出版社版，第908页。

小生产者的所得课税，必然会压低他们的实际收入，降低他们的生活水平和生产力，从而把他们更快地推向无产者的队伍。

以上说明资产阶级国家对各种所得课税的影响。事实说明，在资本主义条件下，对利润的课税，其影响绝不中止在利润，通过各种途径和复杂的过程，其影响终于要达到工资上；相反地，对工资的课税，对其他劳动者所得的课税，其影响虽不仅限于这些课税对象，但主要地将降低这些劳动所得，基本上不会影响利润。

分析了课税的影响，揭明了所得课税的真实税源之后，我们才能从税款和税源间量的关系上来估计所得课税的负担。但在进行这样的量的分析时，除了必须联系财政支出的情况外，还应注意下列几点：

第一，不能简单地把一个阶级或个人所交纳（即使也是由他所负担）的税款额在其所得额（即使是真实的税源）中所占比重作为税负的主要的甚至是唯一的指标。应当由此出发，进一步估计这个阶级或个人在所得课税的影响下所得实际减少的数额以及这个减少额在实际所得额中所占的比重，并以这个比重作为税负的主要指标。当然，在估计所得的实际减少额时，要把在课税影响之外的其他因素除去。用所得的实际减少额代替税款额来估计税负，一方面是由于这可以正确地表明真实的税源，另一方面也由于这样的事实：就整个资本主义社会来说，各个阶级的所得的实际减少额总起来要高于税款额，这不仅是由于课税过程中的耗费，而且也是由于这种课税对经济的不利影响。

第二，要估计各个阶级的总负担。比较所得课税前后或者加税前后国民收入在各个阶级、阶层间分配的比例。通过这种比较，进一步估计税负在各个阶级、阶层间分配的状况。在资本主义条件下，工人阶级和其他劳动者是所得课税的主要负担者，所得课税是他们贫困化的一个重要因素。

第三，也要估计各个阶级、阶层的平均负担。由于各个阶级、阶层的人数是不同的，除了比较总负担之外，也有必要按人平均来比较。这样比较，能够显示出在不同的阶级、阶层之间负担的轻重悬殊；通过年度比较，也可说明资产阶级的负担和工人阶级的负担逐年变动的状况。当然，进行这种比较，对各个阶级、阶层的税负比率要作具体分析。马克思早就指出："试问按公道来说，能不能指望一个每天赚1角2分钱的人缴税1分钱和每天赚12元钱的人缴税1元钱同样容易？按比例来说，他们两人都交出了自己收入中的同样的一份，但是这一捐税对他们的生活需要的影响，程度却完全不同。"①

在说明了所得课税的负担问题之后，再简单说明财产课税的负担问题。

在第四节中曾经指出，资本主义国家实行的财产课税主要有三种：（1）每年课征的以个人占有的全部资产净值为对象的财产税，如北欧国家曾经实行过的"财产净值税"。（2）每年课征的以某一项财产额为对象的财产税，如主要资本主义国家的地方政府课征的房地产税。（3）遗产税。对这三种财产税的负担问题，分别加以说明。

"财产净值税"的课征对象中，包括资本家的全部资产净值，也包括劳动者财产的总值。前者基本上就等于资本额。因此，"财产净值税"实际上是资本税和劳动者交纳的财产税二者的混合，二者的负担状况是根本不同的。

资本税同利润税有很多相似之处。资本取得平均利润，按资本

① 马克思：《印度的捐税》，《马克思恩格斯全集》第12卷，人民出版社版，第549页。

额一定比率来交纳税款同从利润中按一定比率来交纳税款，除了基数和税率不同之外，实质上并没有什么差别。对于能够获得超额利润的大资本家来说，资本税的负担更轻一些；对于未必能够取得平均利润的中小资本家来说，资本税的负担反而较重一些。但是，对于整个资产阶级来说，无论利润税还是资本税，并不是全部负担都落在了他们身上，相当大的一部分负担是转移给劳动者的。

劳动者交纳的财产税同工资税或小生产者的所得税有相似之处。工人按照他生活用财产总值的一定比率交纳的财产税，也是从工资中支付的，除非实际工资有所提高，否则他无法转移这项负担。这同工资税是完全一样的。所不同的是：当他失业、退休、不再有收入时，仍然必须交纳这种财产税。农民和其他小生产者交纳的财产税，由于他们的地位，也是不能像大资本家那样通过提高价格而部分地转移出去的，因而也是他们贫困化的一个重要因素。

对于房地产税的负担的分析，也必须从这些财产的占有状况着手。应当区别自用房地产和出租的房地产，而对后者又应进一步区别房地产资本家的财产和小所有者的财产。对自用房地产课税，负担通常落在所有者身上。对于出租房地产课税，负担情况就不同了。房地产所有者虽然交纳税款，但同时有着租金收入。如果在课税或加税前后，租金提高了，则负担就在不同程度上转移到租用和使用者身上了。这同提高价格的办法是一样的。负担究竟能转移多少，一方面要看对房地产的市场供求状况，另一方面也要看所有者的地位。在这里，小所有者同房地产资本家就不同。小所有者在竞争中处于劣势，不容易提高租金，转移负担也较困难。房地产资本家占有和出租大量房地产，在不同程度上享有垄断地位，所以较易提高租金。当他们暂时不能这样做的时候，一方面就可以把资本转移出去从而使房地产的市场状况发生变化，另一方面在房屋建筑中加紧对工人的剥削而降低造价。在较长时期中，他们总是有可能把负担至少部分地转移出去。由于在一定时期内房地产所有者有着负担，他们从这项财产上取得的收入实际上有所降低，这个降低额就会反映在这些财产的市场价格上。随着这个降低额的大小和市场利率的高低，房地产的市场价格就会发生变化。这个过程通常被称为税的“资本化”或“折成资本”。

遗产税不是按期课征的，具有不定期的一次课征的性质。因此，财产继承者在交纳了这项税捐之后，不容易通过价格等途径把负担转移出去。也正因这样，资产阶级特别是垄断资产阶级必然要采取那些“合法”的和不合法的手段来逃避交纳，使遗产税实际上不发生重大影响。当然，遗产税的负担也不是绝对不能转移的。巨额财产的所有者，当他预计到这种课税时，一方面采取隐瞒和分散财产的种种方式来逃避它，另一方面在投资上会要求比通常更高的利润。事先加强剥削和资本积累，使遗产不致因课税而减少，使自己的后继者能够保持同额的资本。这在资产阶级中是很普遍的。在一定意义上，遗产税的负担也是可以被转移的。

第六章　资本主义国家对流通中商品的课税

对流通中商品和劳务的课税，在资本主义国家的税制中占有重要地位。根据商品流通的不同情况，通常区分商品和劳务在国内的流通和输出入国境，相应地也区分国内商品和劳务的课税和进出口关税。在资本主义国家，二者都有很长久的历史，目前也仍然是重要的课税形式。

在第四章探讨税制的结构问题时提到过，商品课税和所得课税无论在付税人和课税对象方面都是明显地不同的；但也曾同时指出，这种区别不是绝对的。根据资本主义条件下货币资金的总流量，曾经提出，这些国家现已实行对增值额的课税制度，也曾经试图实行对消费支出的课税制度，而这两种税都不是简单地可以归入商品课税或所得课税的。增值额课税制度是从国内商品劳务课税制度发展出来的，列入本章，有助于了解这种税制的特点。消费支出课税制度比较接近于所得课税，似应列入前一章，但由于支出课税在另一方面又同商品劳务课税有一定的联系，所以，为叙述和对比的方便，也作为本章的一节。

第一节　国内商品和劳务的课税

商品课税的课征对象是商品的流转额，即商品的销售收入。流通领域中商品和商品的运动都是十分复杂的。就商品本身说，可以是生产资料，也可以是生活资料；生活资料中，可以是衣着、食品等消费物品，也可以是某些劳务。商品的流通需要一个过程，从产制者到消费者，商品要经过几个阶段，几次转手；通常说，要经过产制、批发、零售三个流通环节。进一步看，即使同种商品也可能经过不同的阶段，有的流通环节多些，有的少些。在流通过程中，不同商品之间也可能发生分合的变化：本来在同一工厂中产制的商品，进入流通后可能就分开了，有的可以作为生产资料，有的作为生活资料；相反地，不同企业中产制的商品也可能在某一个流通环节上结合起来了。面对着这样复杂的情况，资本主义国家如何制定其对商品课税的制度呢？

一般说来，有几种选择的可能。第一，商品的范围可以选得窄些，只包括几种消费品；可以较广些，包括全部消费品；可以更广些，既包括全部消费品，也包括资本品，即对全部商品课征。第二，可以选择在什么流通环节上课税：是零售，是批发，还是产制；还是各个环节上都课税。第三，课征对象是商品的全部的销售收入即营业总额或周转额，还是从中扣除某些项目，比如，只把最后销售收入作为课征对象。

各个国家作了不同的选择。比如，有些欧洲国家就实行过对全部销售收入课征的周转税，而就是在这一基础上，修改实行了现在的增值税。而美国则主要在消费品的范围选择了几个流通环节课征。选择不同的商品课税形式，不仅与财政收入和税务管理有关，而且也与对经济的影响和各阶级阶层的税负有关。进一步说，选择什么样的商品课税形式，还同整个税制尤其是所得课税制度有关。

为说明各种形式之间的区别，比较下列两类形式：第一，以一个工商业户为单位，对它在一定时期中（比如一个月）出售商品的流转额进行课征。这种课征虽然以商品流转额为对象，但它不区别究竟是什么商品，所以不是一种对“物”税；它以一个工商业户为法定付税人，而这个工商业户在资本主义国家可能是有“法人”地位的（如股份有限公司），也可能只有自然人地位（如独资经营户），总之，这是一种对“人”税。或者把这种税的课征对象说成是一种营业行为，从而把它说成是一种“行为税”。但重要的是，这种课征仍然是以商品流转额为对象的。第二，可以分别各类不同商品，在它们产制、批发、零售等环节上选择一个或几个环节实行课税。这种课征当然以商品流转额为对象，但不是一个工商业户的全部流转额，而是一类商品的一定流转额。有的商品要征，有的商品可以不征。税率、课征环节、课征办法等等，都可以因商品而有不同规定。显然，这就不是一种对“人”税，而是一种对“物”税。这种课征方式较前者更为普遍，是资本主义国家商品课税的主要方式。实际上，进出口税也是属于这一种的。资本主义国家对少数商品实行国家专卖，实际上就是把这种课征方式同国家对这些商品的产制、批发或零售的垄断相结合的形式。国家专卖的商品通常是高价的，因高价而形成的财政收入中既有商品课税的因素，也有国家垄断的利润。

第一种课征方式可以营业税为代表。一般地说，工商业户有了营业行为，就应当根据它的营业额，按照规定交纳营业税。在商品流通的整个过程中，从产制完成到零售，只要有商品的买卖，就有一定的营业行为，按例国家就能够课征营业税。但是，资产阶级国家如果真是这样做的话，就要碰到下列几个困难：

（1）资本主义经济制度的特点之一，就是商品流通中的巨大浪费。恩格斯曾经指出：资本主义商业的特点就是有无数的投机商和多余的中间人插足于生产者和消费者之间，这些成千上万的中间人，即投机商、代理人、出口商、经纪人、转运商、批发商和零售商都没有参加商品的生产，但全都想在上面取得利润。[①] 如果按上述办法来课征营业税，必然要课征很多次，每次课征都要提高课征后的商品价格，都要增加以后购进这个商品的中间商的进货成本和他的资本垫支额。多次课征的影响累积到商品的最后价格（卖给消费者时的零售价格）上，必然要作很大程度的提高，才能使这无数的中间人的利润水平不受影响。如果最后价格不能提高这么多，他们的利润就会被迫缩小。如果价格虽然提高了，但市场缩小了，则他们的利润仍然要受到影响。

（2）资本主义条件下商品流通是复杂的。同一种商品，有的经过较多的流转环节，有的就少些；如果按上述办法课征营业税，有的商品上税款就多些，有的就少些；但在同一个市场，同种商品基本上只有一个市场价格。有些企业规模较大，有很多分厂和车间，各自生产不同的产品，在企业内部彼此使用这些产品，不发生营业行为；但另一些企业，由于规模较少，当它们需要这些产品时，必须从其他企业购买，从而其间必然要发生营业行为；如果课征前面说的那种营业税，规模较大的企业就会得到额外的好处。两个企业，都是产制商品，或者都是批发商品，即使营业额相同，但由于经营的商品不一样，它们的资本的周转速度就不会一样；如果对它们用同样的税率和办法来课征营业税，它们将地位悬殊。上述一切都说明这样一个事实：由于商品流通的复杂性，如果实行课征面如此广泛的营业税，就不可能适应这种复杂情况，必然引起资产阶级内部的层层矛盾。如果要缓和这些矛盾，就只能把税率降低，使课税的影响缩小，同时还必须针对各种复杂情况，作出许多具体规定。

（3）资产阶级政府之所以始终重视商品课税，一方面由于它课

---

① 参阅恩格斯：《在爱北斐特的演说》，《马克思恩格斯全集》第 2 卷，人民出版社版，第 606—607 页。

征费用较低，另一方面，更重要的是由于这种课征的付税人数很有限，而负担却可以及于广大群众，换言之，它是一种比较隐蔽的、阻力较小的课征方式。但是，如果实行前面说的那种营业税，不论大小工商业户都必须交纳，它就将失去资产阶级所重视的商品课税的优点，也就不是对他们最有利的课征形式了。

由于上述几方面的困难，这种一般课征的营业税实际上是行不通的。很多国家一方面不把课征的重点放在它上面，另一方面又对这种方式作一定的调整。许多资本主义国家改变了营业税的一般课征的性质，即在商品流通过程中不是商品每转手一次，就课征一次营业税，而是选定几个特殊的环节来进行课征。通常，工业品从工厂产制完成后要再经过工厂出售、批发、零售等环节，农产品也要经过农场主或农民在市场上出售、批发、零售等环节，才能到达消费者手中。因此，以工业品而论，可以在产制后出售这个环节上课征，称为产制营业税；可以在批发环节上课征，称为批发营业税；也可以在零售环节上课征，称为零售营业税。无论是哪一种营业税，都已经丧失了一般课征的性质；与后者相区别，它们都是特种营业税。

各国政府在上述环节中选定一个或几个来课征一次或几次营业税。美国实行的营业税是在零售环节上课征的；英国的购买税，性质上接近于批发营业税；加拿大实行的是产制营业税。就商品的流通过程说，从多次课征的一般营业税向一次或少数几次课征的特种营业税发展，对经济发展是有利的。实行这种形式，即使课征不止一次，资产阶级也可以确定在商品的最后价格中税款的比重是多少，这就使他们可以保证得到不低于一般水平的利润，使国家占有的份额不超过一定限度，使资产阶级内部的矛盾易于得到缓和。当然，实行这种形式，绝不意味着资产阶级国家的占有必然有所减少，同样也不能说明劳动人民作为消费者的负担有所减轻。

实行特种形式的营业税，资产阶级国家还有一个确定课征环节的问题。究竟是采取产制或批发环节的营业税，还是零售环节的营业税？一般地说，同一个商品，税率相同，课征环节愈在前，则对价格的影响就愈大，资本的垫支额就愈大。所以，资本家一般地宁愿选择零售营业税。政府则倾向于实行产制或批发营业税，主要原因是课征手续较为方便，费用较低。

美国实行的是零售营业税。实行这种形式的主要理由是：（1）如前所述，在价格和资本垫支两方面，对资产阶级的影响最小。（2）由于生产资料中有很大部分不通过零售环节，课征这种营业税，即使不作其他减免规定，也使资本家受课税的影响较小，更有利于投资。（3）减少了厂商直接售货给零售商同批发商之间的矛盾。

美国的零售营业税或称销售税，是由各州政府课征的。全国除四个州外，其余各州都征收，1978 年收入 345 亿美元，占全国各州税收收入的 30%。地方政府也有课征的。这种营业税是美国地方税制中不能缺少的一个内容。各州的课征制度不一，但基本上是一种零售营业税。他们把零售规定为目的在于使用或消费的销售。购进商品，不改变商品形状而把商品再行售出，则前一次的购进就不属于零售，从而销售者也不纳税。少量生产资料仍旧通过零售环节，因此，大部分州对于原料、燃料、器械、农具等等，在不同程度上都作出了免税的规定。对于提供劳务，普通人享用的一般要课征，少数人享用的一般不课征。征免的规定是按照资产阶级的利益而作出的。美国各州在课征零售营业税时，法律上清楚地规定，税负加在应税商品的购买者身上，而不加在零售商身上。但零售商是纳税义务人，他有纳税的义务，但同时也有权在售价之外加上这笔税款。一般情况下，零售商可以标两个价格，其差额恰好等于税额。零售营业税的税率，各州的规定不同。据1978年11月的资料，征收这种税的四十六个州中，税率2%的只有一个州，税率3%—4%的有三十二个州，税率超过4%的有十三个州。

以一个工商业户的全部商品流转额为对象的课征，课征面愈广，财政收入愈多，但同时也愈不能适应各类和各个资本的不同情况，在资产阶级内部引起的矛盾也愈多。为了解决或缓和这些矛盾，必须作出种种特殊规定，使税制十分复杂；同时也必须适当降低税率，影响财政收入。这就说明，资产阶级国家绝不能仅仅使用商品课税的第一类形式，必然要同时实行第二类形式，即分别各类商品并对它们的一定的流转额进行课征。资本主义国家中，使用第一类形式较多的，相对地就较少使用第二类形式。但一般情况下，这两类对商品课征的形式是同时实行的。

在第二类课征形式中，就国内来说，最主要的是所谓国内消费税。同营业税相比，国内消费税的课征面要窄些：政府选择几类商品，规定在它们的一定流转环节上征税。由于选择的通常是大宗商品，而且规定的税率一般较高，所以，这种税的课征面虽然不宽，但提供的财政收入可能是不小的。

以美国为例，联邦政府征收国内消费税，也征收性质相同但对进口商品课征的关税；各州则仅仅课征国内消费税。在1978年度中，两级政府共征收国内消费税515亿美元，占全部税收收入（不包括社会保险税在内）的11%。联邦政府课征的国内消费税，目前包括下列部分：（1）在零售环节课征的，对汽油、燃料油、柴油等按每加仑征收3—7美元不等；（2）在产制环节课征的，对载重汽车及其零件、汽车轮胎、汽油、润滑油、枪支、煤炭等从量或按产制销售价格比例课征；（3）杂项课征，主要对赌博、保险、航空运输等课征；（4）烟酒税，区分烈性酒、啤酒、果酒、纸烟、雪茄，以不同的较高税率征收。美国联邦政府课征的国内消费税税率，经常调整。调整税率，一方面是财政收入的需要，另一方面也是经济政策的要求，例如，对污染严重的产制业，可以提高税率；由于石油价格上涨，税率也会作调整。

资本主义国家一方面实行范围较宽的营业税类型的课征形式，另一方面又实行范围较窄但课征较重的国内消费税类型的课征形式，从而取得大量财政收入，并实行了一定的经济政策。这两类课征虽然形式不同，但课征对象都是商品流转额，因而性质相近。下面简单地对商品课税的负担问题作一点说明。

如果说，对资本家课征的所得税和财产税的负担也有可能被他们以提高价格的办法来转移出去，那么，这种可能性对于商品课税来说更是大得多了。在资本主义国家，不论采取什么课征形式，商品课税主要是由资本家经手交纳的。他们交纳税款，总是力争要提高课税商品的价格，而且完全有可能这样做。当然，他们一定也企图同时压低工资或降低其他成本项目，但提高价格总是他们转移税负的主要途径。只要价格提高了，资本家就可以把负担转给商品购买者。估计在资本主义国家中商品课税的负担究竟主要落在什么阶级身上，也应当从这一点来考虑。

第一，从课征对象和税率来看，商品课税的主要负担是落在日常生活用品的购买者身上的，即落在劳动群众身上的。

无论消费税还是营业税，课征对象都是偏重于生活资料。不错，在生活资料中，对食物课征的税率通常不高，对一些奢侈品通常也课税，这似乎有利于低收入阶层而不利于高收入阶层。但实际情况是：在所有的资本主义国家中，无一例外地把烟、酒、石油等三类商品作为主要的课征对象。因此，具体分析这三类商品的购买者的情况，是有助于说明负担的真实情况的。

长时期来，烟酒两种税在资本主义国家的商品课税制度中就一直占着很重要的位置。税率的提高虽然引起烟酒价格的提高，但它们的销售量还在增加，人民群众对它们的消费量也在增加。这说明：它们虽然不是像食品和衣着那样的生活必需品，但在这些国家中事实上是人民群众日常消费的商品。这类商品的消费量当然是因人而异的，但同收入的多寡却关系不大。这类商品在资本主义国家是大量生产的，商标品牌虽然不同，但价格是相差不大的。因此，高收入者同低收入者相比，在这两项消费品上的花费虽有多寡，但绝对额则相差不很大。即使官方文件也不得不承认，烟酒两项上的税款主要是由低收入阶层负担的。

对石油类商品课征的税款似乎有所不同。这种税同对汽车课征的税一样，似乎主要是由高收入阶层所负担的。资产阶级的收入水平较高，他们使用汽车和消费汽油，作为购买者当然要支付这些税款。但必须注意其他一些情况：资本主义国家中工人阶级由于生活需要也必须使用汽车和消费汽油，所以也要支付这些税款。大量汽车归企业所有，消耗的汽油计入企业的经营费用，所以税款实际上是通过企业的产品价格而得到补偿的。大量的汽油是由公用事业消费的，而税款是在公用交通工具的票价中补偿的。资本家自用汽车、汽油等费用也有可能计入他所经营的企业的费用账户，税款实际上是从企业利润上少交的所得税来补偿的。鉴于以上各点，虽不能立即断定石油类商品上的税款大部分由劳动群众所负担，但显然绝不是像资产阶级所宣扬的那样：这种税是由高收入者负担，既符合公平原则，又符合“受益”原则的。

对重点商品的税负所作的分析可以说明，劳动群众是它们的主要负税人。同样的道理也可以说明：对糖、茶、火柴等日用品课征的，对电信、客运、货运等劳务课征的，对娱乐和服务事业课征的各种商品税，主要也是由劳动群众负担的。只有少数对奢侈品课征的税，负担状况才有所不同，但这绝不能改变商品课税的负担的基本状况。实际上，资产阶级政府所以选择这些奢侈品税目，正因为它实际上影响不大，表面上可以起一定的掩护作用。

第二，从每人平均负担的商品税在其所得额中所占比例来看，资本主义国家各个阶级之间的负担是极不合理的，它有明显的累退性。

以一种商品税为例：根据美国的具体情况，每天消费一包纸烟的人目前在全年中必须向联邦政府交纳 30—60 美元左右的税款，而不论其收入多寡。对于收入以亿万计的豪门巨富来说，这个负担是微乎其微的；但对于一个全年收入只有几千美元或者失业的工人来说，仅仅纸烟一项就要负担那么多，这负担就不能算小了。绝对额虽然一样，但负担显然悬殊。

列宁曾经就资本主义社会的两大对立的阶级来考察他们对商品课税的负担状况，从而也指出这种负担的累退性。他指出：工人人数远远超过资本家，但整个工人阶级的收入总额还不及整个资本家阶级。所以，工人阶级负担的商品税款远远超过资本家阶级：对于工人阶级，税款占收入的比例达 7%；而对于资本家阶级，这项比例只是 0.36%。[①]

第三，不仅在资产阶级和劳动群众之间，而且也在资产阶级内部，商品课税的负担是极不合理的，负担畸重畸轻，这加剧了资本的集中，巩固了垄断资本的地位。

资本主义国家的商品课税一般只及于生活资料，生产资料中除少数外一般是免于课征的。课征生活资料，而且以大宗消费品为主，当然是由于这样做更便于把负担放在劳动群众身上。但是，把生产

① 参阅列宁：《资本主义与税收》，《列宁全集》第 19 卷，人民出版社版，第 189—190 页。

资料不列入课征范围，却有着更多目的。课征生产资料，则购买它们的资本家必须支付这项税款，虽然他们仍然可以把这个税款计入成本，提高自己的产品价格而把负担再转移出去。但问题在于：课征生产资料必然会引起一系列商品价格的提高，而且由于垫支资本额已经增大的缘故，价格提高的幅度将大于原来课征的税款。资本有机构成愈高，则它的商品受的影响就愈大，其价格必须提高的幅度也就愈大。商品价格提高，虽然能把税负转移了，但由于市场有所缩小，利润也会受到影响。因此，对生产资料不课税，对生活资料课税，有利于大资产阶级。正由于这样，资产阶级政府往往借口避免重复课税和不要影响投资规模，对于生产资料给予减免优待。

在资本主义国家，同类的商品总是由不同资本主义企业来产制或经营的。这些企业中，既有规模较大和客观条件较好的，也有相反的。当政府对这类商品课税时，即使税率和课征办法完全一样，由于价格提高和市场规模缩小，企业间的竞争加剧，生产力水平较高的大企业总是能把较弱的对手排挤出去而占领更大的阵地，实际上就加速了资本的集中。

事实上，在垄断资本集团和中小资本家之间，课税的办法不可能是一样的。比如，美国的消费税制度中规定“货运”这一税目。中小企业的商品必须交给运输公司代运，从而在运价中就要支付这项税款，但垄断大企业自己有运输力量，根本就不必交纳这项税款。又比如，在产制营业税的课征中，大规模的、设有许多辅助车间的企业比起那些必须从其他企业购买大部分材料、配件、半成品等的中小企业来，显然要有利得多。

在税率制度上，也有同样的情况。马克思在一百多年前曾经这样评述法国波拿巴政府的酒税：“它的征收方式是可憎的，分配方法是贵族式的，因为对最普通的酒和对最高贵的酒征税的税率都是一样；从而，随着消费者财富的减低，税额便按几何级数逐步增加；这是倒转的累进税。"[①] 目前资本主义国家的商品课税制度中，也部分地保持着这种税率制度，不少商品是从量计征的，不计算商品价值。因此，价值较低的商品税额反而相对较高，从而课税后价格上涨的程度必然较高。这样不仅使消费这些商品的低收入阶层的负担加大，而且也不利于生产这些商品的中小资本家。垄断集团通常掌握大量原料来源和最新技术，生产规模较大，产品的质量和等级也较高，因此在课税后反而能加强自己的竞争能力。

第二节　增值税制度

在第一节概述商品课税的制度时，曾经提到过，可以选定商品流转过程中产制、批发、零售某一环节课税，也可以规定所有的环节都课税。也曾提到，课征的对象可以规定为商品的全部周转额，也可以规定从这一周转额中扣除某些份额从而按接近于净产值的某个数值来课征。也曾提到，课征的商品可以限于消费品，也可以规定为包括消费商品和资本商品统统在内的全部商品。

但是，如果商品课税制度规定在一切流转环节上对所形成的一定的增值额（基本上相当于净产值）课征，那么，这种课征形式就成为对增值额的课税，通常就称为增值税。

如果把生产看作是一个继续不断的过程，那么，这个过程的最终产品体现在其售价上的全部价值，就是从其最基本的原料开始，整个过程的各个环节上增值额的总和。因此，如果从最初产制到最后零售各个环节上的增值额按统一的税率课征，其税额之和等于在

① 马克思：《1848 年至 1850 年的法兰西阶级斗争》，《马克思恩格斯全集》第 7 卷，人民出版社版，第 95 页。

零售环节按其周转额（即销售收入额）按同一税率课征的税额。在这个意义上，增值税就是把零售营业税分散到零售之前从产制到批发各个环节去征收。因此，增值税应是商品课税的一种形式。

但是，在各个环节上增值税的课征基数都是付税户的增值额，也基本上等于纳税企业在一定时期内所支付的工资、利息、租金等以及企业的利润等各项收入的总和。在这个意义上，增值税的课征对象又是各项所得额，因而应当看作是所得课税的一种特殊形式。

这就再一次表明，商品课税和所得课税之间并没有不可跨越的鸿沟。把一种叫作间接税，把另一种叫作直接税，并把二者看作是性质完全不同的两类税收，都是不符合实际情况的。对增值额的课税基本上是对净产值的课税。它接近于商品课税，因为后者的课征对象是总产值。它也接近于所得课税，因为后者的课征对象是各项收入的总额（等于净产值）。

课征增值税的想法存在较早。德国本来是实行对全部周转额课征的商品税制，1918 年工业资本家西门子就建议改征以增值额而不是以周转额为基数的税收。法国最早实行增值税，开始时限于产制环节，1954 年推展到批发环节，1968 年扩展到零售环节，这样就形成了比较完整的增值税制度，代替了其他的商品课税制度。1962 年，欧洲经济共同体的财政委员会向共同市场所有国家建议实行增值税。到七十年代，欧洲共同体国家都已实行。第三世界也有很多国家已经实行。主要的资本主义国家中，只有美国虽也作过一些调查研究，但迄今还未见实行。

增值税的课征基数是增值额。对任何一个企业来说，增值额就是它的产品销售收入与其在同期内为购入其他企业的产品如原材料、零件、部件等所支付的总金额之间的差额，基本上也就是该纳税户所支付的工资、利息、租金等再加上自身的利润。为计算增值额，纳税户可以采用加法，即把工资、利息、租金、利润等项相加；但也可以采用另外的方法，即所谓税款抵免法。纳税企业对其销售收入乘上增值税税率，得出应交税款总额；从应交税额中减去同期内购入其他企业的产品上已付的增值税额，得出应交税款净额。举例说，如果增值税税率统一规定为10%，一个企业的产品销售收入为300000元，购入产品上所支付的全部款项为80000元，则应交税款总额为30000元，但由于在购入产品时已付税款8000元，抵免后应交增值税款净额22000元。

商品在国内流通的过程，一般包括基本原材料的购进、加工制造、批发、零售等环节。整个过程涉及原材料供应者（S）、加工制造商（M）、批发商（W）、零售商（R）以及最后的消费者（C）。各个环节上都课征增值税，按各自的增值额征收，由各个法定付税人按抵免法交纳税款。下面举一个例子。

假设增值税标准税率为10%。金额以元为单位。把不含税的货价、含税的售价、应交增值税总额和净额以及法定付税人列表如下：

	售价	货价	增值税总额	应交增值税净额（即政府税收收入）	法定付税人
（一）S向M销售	440	400	40	40	S
（二）M增值额		300			
（三）M向W销售	770	700	70	30	M
（四）W增值额		200			
（五）W向R销售	990	900	90	20	W
（六）R增值额		100		10	
（七）R向C销售	1100	1000	100	100	R

在上例中，销售给消费者的总售价即消费者所支付的总金额为1100元，其中货价即从原材料加工开始的全部增值额为1000元，增

值税为100元，正相当于货价的10%（即标准税率）。100元的增值税分别由原材料供应者（S）、加工制造商（M）、批发商（W）和零售商（R）交纳，交纳的税额与各自的增值额成一定比例，也就是相当于标准税率10%。

在资本主义国家的增值税制度中，通常规定一个标准税率，但对某些行业或某些产品也可以规定高于或低于标准的几个税率。如果实行多种税率，则上述S、M、W和R等付税人所适用的税率可能不同，因而在实施税款抵免办法时会造成一些复杂情况，但课征制度基本上不变。

增值税制度中可以实施免税的规定，即某个环节上可以不交增值税。如上例，假设零售环节免征，则零售环节上的增值额100元不纳税，但零售商（R）所支付给批发商（W）的总金额990元中已经包含有增值税额90元，而这90元的税款也就无法抵免。所以，R销售给消费在（C）的总售价就变成1090元，其中90元是税款，增值额仍是1000元，平均的税率就低于标准税率，但S、M和W都是按标准税率交税的，只是R享受了免税的待遇。

增值税制度中也可以实施退税的规定，即规定在某个环节上交纳增值税的税率为零。再以上面的例子作说明：批发商（W）不是向零售商销售，而是向出口商（E）销售，出口环节上应纳增值税税率为0。情况如下表：

	售价	货价	增值税总额	应交增值税净额（即政府财政收入）	法定付税人
⋮					
（五）W向E销售	990	900	90		
（六）E增值额		100	（税率＝0）	20	W
（七）E出口	1000	1000	0	−90	E

出口商（E）应交的增值额总额，按规定税率计算出的税额为零。但出口商已经支付了增值税款 90 元，应当抵免，即政府应退给出口商税款 90 元。出口商可以按 1000 元的售价出口，这个售价等于不包含税款的货价，即在产制和流通整个过程的各个环节上所交纳的增值税都已退回了。从出口退税的要求来看，增值税与流通中其他的课征形式相比较，退税最为彻底，从原材料加工到出口整个过程中所纳的税款全部都退得干干净净。这对于提高出口商品的竞争力，是一个有利的条件。

如前所述，增值税的课征基数是企业销售收入与其购入其他企业的产品所付金额之间的差额。我们举出企业购入的原材料、零件、部件等中间性的产品，但实际上企业购入的不限于这些。企业在同期购置固定资产，也可能建筑厂房等等。企业在本期内虽然没有固定资产的购置，但通常使用了以前所购置的固定资产，因而应当摊销折旧费用。在计算本期的增值额时，应当怎样处理这些问题？除了减去上述中间性产品的购置价款外，还应否减去折旧？除了抵免中间性产品上已经支付的税款外，还应否抵免固定资产购置上已经支付的税款？总之，必须对增值额进一步作出具体的规定，才能课征增值税。

增值税的课征基数是增值额。但增值额如何确定，范围如何，实际上并非划一无二的。由于增值额的定义广窄不同，增值税也可分为几种类型，性质也有所差异。

第一种是 GNP 型的增值税。

GNP 是指一个年度中全部生产出来并销售出去的最后商品和劳务的总值。设想对 GNP 课征一种普遍的营业税，假定税率是 10%，这实际上就是对经营各种商品和劳务的从产制到零售每一个环节、每一个单位按其增值额（定义为销售收入减去所购中间性产品的价款）课征 10% 的增值税。这种 GNP 型的增值税的课征基数是工资、利息、租金、利润等收入份额之和再加上折旧。这种类型的增值税的课征面最广，对固定资产上已付的税款不作任何的扣除。

第二种是收入型的增值税。

GNP 中减去折旧，等于国民净产品（NNP）。设想对 NNP 课征的一种营业税，假定税率是 10%，这实际上就是对从产制到零售每一环节、每一单位都按其净增值额课征 10% 的增值税，所谓净增值额定义为销售收入减去购入中间性产品的价款再减去本期折旧。这种类型的增值税的课征基数是工资、利息、租金、利润等收入份额之和，不包括固定资产的折旧，所以称为收入型的增值税，其税额应与普遍比例课征的所得税相同。实行这种类型的增值税，纳税户可以把折旧作为扣除项目。

第三种是消费型的增值税。

设想从纳税企业的销售收入中减去它在本期内购入的中间性产品（原料、材料、零件、部件等）的全部价款，再减去它在本期内在厂房设备上的基本建设投资支出，这样计算出来的金额可以是正数，也可以是负数。如果是正数，就按照规定税率纳税；如果是负数，就按照同一税率退税。

按照这样定义的增值额来课税，从整个国民经济来说，其课征基数是什么？由于 GNP ＝毛投资＋消费＝净投资＋折旧＋消费＝NNP ＋折旧，可见，这种类型增值税的课征基数比 GNP 型增值税的课征基数要小，差数是毛投资（净投资＋折旧）；比收入型增值税的课税基数也小，差数是净投资额。从这里也可以看到，这种类型的增值税的课征基数是 GNP 或国民收入（即 NNP）中的消费部分，所以叫作消费型的增值税。

消费型的增值税与消费品零售营业税相比，虽然法定付税人不同，课征对象似乎也不一样，但就整体说来，课征基数都是国民收入中的消费部分；如果税率都是10%，则税额应是一样的。进一步看，消费型的增值税与后面说明的消费支出税相比，虽然看上去课征对象完全不同，法定付税人完全不同，但实际上课税基数就其总体来看是一致的；如果消费支出税也是按10%的税率比例课征，则税款收入是同10%的消费型增值税的收入相一致的。

上述三种类型的增值税中，GNP型在资本有机构成高低不同的企业之间有利于资本构成较低的，在资本密集型和劳动密集型的生产之间有利于后者。从刺激投资的要求来看，为工业发达国家所不取，但第三世界有些国家是采取这种类型的增值税的。

比较普通的是收入型和消费型的增值税。从鼓励投资的要求来看，消费型增值税所起作用更大，因为实际上把全部生产资料（原材料、在制品、半成品、机器设备等等）统统都不予课税了。但既然课征面较窄，在同样税率下财政收入就较收入型的为低，也就是说，为取得同样数额的财政收入，消费型的增值税税率就必定要高些。

无论是收入型还是消费型的增值税，与普遍课征的营业税相比较，有下列优点：

第一，因为是对增值额课税，所以虽然多次课征但不会发生重复课税的问题，在全能性（包括从产制到批发甚至零售的多数环节）企业与非全能性企业之间在税负上没有不平衡的问题。这就能防止仅仅为了减轻税负而把企业规模搞得过大，把产制到商业分配各个环节都纳入一个企业内部。所以，有利于企业间专业分工和合作，对生产力的提高可能起积极作用。

第二，税款虽然包含在价格中，但从产制到零售的各个环节上都是可以分开的；尤其是在实行税款抵免的计算方法时，更是必须如此。如前所说明的，这对于资本主义国家为鼓励出口而实行出口退税，有很大方便。欧洲共同体各国实行增值税制度，便于各国商品不带税款出口，在共同体内部有利于处理各国税率高低不同的矛盾，对共同体之外的国家则便于扩大市场。

第三，由于实行增值税税款抵免的办法，购销先后相联的企业彼此间在纳税上相互牵制，前一企业交纳的税款在后一企业应纳的税款中抵免，这就为税务机关对纳税企业的审查提供了条件。

第四，与营业税相比，增值税可以在不同商品之间使用高低不同的税率，甚至对部分商品给予免征或税率为零的优待。这便于在政策上起鼓励和限制的作用。

但是，增值税的实行在税务管理上提出了一系列问题。纳税户数很多，对价格和税款要分别登记，对抵免的已纳税款要审核，对折旧和投资如果给予扣除待遇时还必须作出相应的规定，等等。如果没有较为完整的纳税登记制度和财务会计制度，实行增值税是有一定困难的。

第三节　关税和国际税务关系

关税是商品课税的一种形式，其特点是对进出国境的商品课征。根据商品在国境上运动的不同性质，关税可以区分为进口税、出口税和过境税。其中，进口税目前是主要的。

在十六至十八世纪，欧洲的资本主义国家都课征较多的出口税。像英国，在一个时期中出口税收入超过进口税收入。这是由于当时这些国家输出的主要是工业品，运往附属国或殖民地出售，换回工业原料和农产品；在这些海外市场上，本国出口的工业品或处于垄断地位，或在竞争中处于明显优势，课征出口税不会影响出口商品的销路，反而能增加本国财政收入。相反地，较少征收进口税，使进口的原料产品在价格上较为低廉，有利于本国资本家取得大量利润。

十九世纪以来，情况有了变化。垄断资本家开始遇到商品销售的困难，输出和海外市场上的竞争更为激烈。出口税的课征会影响出口商品的竞争能力，不可能大量课征。对那些遭受激烈竞争的出口商品则不仅不征出口税，而且还要给予贴补（即负数的税额）或免征其他税款。对于一般的出口商，即使课征出口税，税率也很低，目的也不在于取得财政收入，而是为了统计和管理的目的。只有那些深受帝国主义压迫的第三世界国家，为了取得财政收入，也为了对抗经济上的剥削，才对自己输出的原料产品课征较多的出口税。但这也仅限于石油或其他比较稀缺的商品。

过境税是对过境商品课征的。这些商品并不输入本国，只在本国口岸暂时停留，再转口运往其他国家。资本主义国家可以利用本国港口的有利条件，课征过境税以充实财政收入，使其他国家的人民来负担这项税收。十九世纪以前，它们曾经这样做。但当帝国主义国家在对外贸易上展开了激烈的竞争以来，继续课征过境税将使转口贸易从本国转移到其他国家的港口。为了使本国的资产阶级在航运、银行、保险、商业、仓库等方面取得更多的利润，一般都不再课过境税。1921 年，三十四个国家在巴塞罗那订立协定，同意商品自由过境，不再课税。

资本主义国家不仅不征商品过境税，而且采取其他措施来吸引转口贸易。比如，划出一定的地区并设立特殊的仓库，进口商可以租用这些仓库来存放商品，先不纳进口税。如果进口商把这些商品在国内市场上销售，则在提取商品时再交纳进口税。如果进口商把这些商品再行输出国外，则根本就不纳税。商品不仅可以存放在这些仓库中，而且可以在仓库中进行分装或简单加工改制后再行输出，也能享受免税待遇。这一系列办法，目的都在于增加本国的外汇收入，并加强本国在贸易斗争中的地位。

关税以进口税为主，但进口税在整个税制中的地位，各国并不一样。比如，美国的进口税收入在税收收入总额中所占比重，在战后时期一般不到1%。但欧洲有些国家的比重要高得多，这主要是由于欧洲一些国家的输入在国民经济中占较大比重。

但是，即使在进口税收入在税收收入总额中所占比重较高的国家，也绝不是仅仅从财政收入的角度来制定进口税制的。相反地，对某些国家来说，对某些商品来说，这甚至不是主要的因素。资产阶级从来就是把进口税看作是在对外经济关系上进行斗争的工具。他们把进口税按不同商品分成两部分：一部分是所谓财政性关税或收入税，另一部分是所谓保护性关税。当然，这两部分实际上是不能截然分开的，通常所谓的财政性关税也起着“保护”的作用。

为使进口税能起上述保护的作用，就不仅要像其他形式的商品税一样在不同商品之间实行区别对待，而且要在不同的商品输出国之间实行区别对待。这就使资本主义国家的进口税制变得十分复杂。

在不同种类的进口商品之间实行区别对待，主要是利用税率、计税价格和课征手续。一般说来，工业原料要轻，制成品要重；本国不能生产的商品要轻，本国能够生产的商品要重。但是，对于那些本国人民必需的消费品及其原料，即使是本国不能生产的，对它们的进口通常也还是很重地课征。为了达到上述目的，这些国家对进口商品进行十分复杂的分类，制定复杂的税率表。由于进口税有从量和从价课征两种形式，税率也相应地有按绝对金额规定和按计税价格一定比率规定两种形式，在实行后者的条件下，即使税率不变，这些国家也可以在计税价格上来限制某些商品的进口。通常情况下，计税价格由进口商申报，以货物到岸价格为准，经过海关核定。但实际上海关可以在各种借口下提高计税价格从而限制这些商品的进口。资产阶级国家也可以在进口商报关、纳税的程序和手续上，或者给予一定便利，或者有意留难，实行区别对待；也可以在进口限额、外汇管理等方面来这样做。应该指出，帝国主义国家在广泛利用进口税制度来保护自己利益的同时，却迫使弱小国家放弃这种权利。在帝国主义的压力下，旧中国政府长时期内实行“值百抽五”的税率，不仅不能区别各类进口商品，甚至在进口和出口商品之间也只能使用同一税率。这就是一个例证。

资产阶级国家在进口税制度上对不同的商品输出国实行区别对待，这当然同对方如何对待自己商品输入对方是密切有关的。这主要表现在对同一种进口商品规定高低不同的几个税率，因商品输出国不同而分别采用它们。一个独立自主的国家可以通过自己的立法手续来规定进口税率，高低不受任何限制。这就称为法定税率，或自主税率。如果法定税率只有一个，则这类商品进口，不论从什么国家来的，都应按照这个税率来纳税，也就没有什么区别对待了。显然，一个税率是不够的。通常，资产阶级国家会规定两个税率：一个称最高税率，另一个称最低税率。凡是同本国经过协商、在贸易上订有互惠协定的国家，从它们输入的商品就适用最低税率；其他的国家仍适用最高税率。经过协商而订定的税率就称为协定税率。通常也就把这个最低税率叫作协定税率，相应地就把最高税率叫作法定税率。关于税率的协定，可以是多边的，即有许多国家参加，也可以是双边的，即只有两个国家参加。因此，对于一个国家来说，它可以有好几个协定税率，高低不同，分别适用于不同的国家。在这些协定税率之中，就可以区别出优惠税率。所谓优惠税率，就是指两国之间或一个集团国家之间所实行的低于对其他国家的税率。

因此，资本主义国家的进口税率制度就变得更加复杂了。

以上简单说明资本主义国家的关税制度以及这些制度规定中所体现的政策目的。事实说明，关税制度是本国资产阶级在对外经济关系上实行扩张和进行斗争的一个工具，它对于这些国家内部和对外的各种矛盾有着一定影响。下面将简单说明资本主义国家的关税政策和制度方面的发展情况。

在垄断前的时期中，资本主义国家在对外贸易问题上展开了保护主义派和自由贸易派之间的斗争，这种斗争也必然反映在这些国家的关税政策上。如果把马克思所指出的主张“绝对的贸易限制制度”的保护关税派的第二派[①]——他们要保护的是大土地所有者和小生产者的利益——排除开，如果考虑的不是一个国家的资产阶级的特殊情况而是一般情况，就不难发现：这个时期中资产阶级国家的关税政策大致上经历了“保护—自由—保护”这样的变化。应注意的是：无论保护还是自由的关税政策，都不是绝对的、纯粹的，资产阶级先后实行的保护政策也是有区别的。

“在资产阶级开始以一个阶级自居的那些国家里（例如在德国），资产阶级便竭力争取保护关税。”[②]这种政策最主要地表现在限制外国工业品进口。这种政策的目的是使本国的现代化大生产发展起来挤掉宗法式的小生产，扩大资产阶级的统治，特别是大工业资本家的统治。但是，当这样的政策收到了一定效果之后，在国内就要实现自由贸易和自由竞争，在对外经济关系上也会要求实行自由贸易的政策。“保护关税制度不过是为了在某个国家建立大工业的手段，

① 参阅恩格斯：《讨论自由贸易问题的布鲁塞尔会议》，《马克思恩格斯全集》第 4 卷，人民出版社版，第 292 页。

② 马克思：《关于自由贸易的演说》，《马克思恩格斯全集》第 4 卷，人民出版社版，第 459 页。

也就是使这个国家依赖于世界市场，但自从对世界市场有了依赖性以来，对自由贸易也就有了或多或少的依赖性。”[①] 这时候在关税上的自由政策就表现在降低工业原料的进口税率，也适当降低外国工业品的进口税率，并以此来同其他国家协定较低的税率，迫使弱小国家对它实行优惠税率等等。在自由贸易政策下，资本主义国家的工业迅速发展，它们在世界市场上争夺市场的竞争必然要加剧。于是，产生了“普遍实行保护关税的新狂热。这种保护关税和旧的保护关税制度的区别特别表现在：它保护得最多的恰好是可供出口的物品”[②]。实行这样的保护制度，虽然也限制一般的外国工业品的大量输入，但主要是限制本国已经能够大量生产的那些工业品进口，并以降低出口税的办法来加强它们的出口。

在这个时期中，资产阶级在前一阶段为建立自己大工业而实行的保护制度同他们在后一阶段为扩大商品输出而采取的保护制度，不仅内容不同，而且影响也不同。作为保护制度，它们都可能加重本国劳动人民的负担。但是，前者可以说“不仅是正当的，而且是绝对必要的”，因为它可能在短时期内把本国上升的工业立刻置于和任何竞争者平等的地位从而促使本国民族经济迅速地发展。后者却完全不同了。“国外市场上的竞争也由于保护关税（英国以外的一切大工业国都用这个办法来保护自己）的实行而受到限制。但是，这种保护关税本身，只不过是最后的、全面的、决定世界市场霸权的工业战争的准备。”[③] 这个阶段上的保护制度只能加剧资本家之间的竞争，加深市场实现的困难。

---

① 马克思:《关于自由贸易的演说》,《马克思恩格斯全集》第 4 卷，人民出版社版，第 458 页。

② 马克思:《资本论》第 3 卷,《马克思恩格斯全集》第 25 卷，人民出版社版，第 137—138 页恩格斯注。

③ 同上书，第 544 页恩格斯注。

在垄断资本主义时期，帝国主义国家普遍地以关税政策为工具，首先用来对殖民地和附属国进行经济侵略，后来也以此来建立和巩固各自的势力范围，近来也用来在广大的第三世界中间地带争夺市场。

如前所述，垄断资产阶级要求政府提高对外国竞争商品课征的进口税，或者规定苛刻的进口限额和繁复的手续，把竞争者拒于国门之外。这样做的结果，国内商品价格提高，人民负担加重，但垄断利润却能保持。在国外市场上，他们却采取另外一套战术：他们要求政府不征自己商品的出口税，退还在这些商品上已经课征的税款，而且要求国家从财政上给予贴补，加强自己商品在国外市场上的竞争力量，压倒对手，加强销售，加强输出，最大限度地取得利润。他们在国内市场上从垄断高价中取得的利润，使他们在国外市场有可能实行廉价倾销。而这种可能性由于国家的财政贴补而大大加强了。当垄断资本集团在两个市场上都能取得巨大利益的时候，本国劳动人民的负担就更为沉重。

帝国主义国家也把关税制度作为对殖民地、附属国进行经济侵略的手段。垄断资本要占领国外市场，当然首先要占领殖民地、附属国的市场。这里就发生了两个问题：这些国家和人民要反对，其他帝国主义国家要争夺。帝国主义国家和弱小国家间往往协定关税税率并签订所谓最惠国条款。协定税率，就是彼此间都以低税率来课征进口商品。所谓最惠国条款，就是使用的税率不能高于对其他国家的同类商品所使用的。如果两个主权国家经济和政治上都独立自主，待遇又是相互的，这也是国际交往的一种方式。但由于签约国之间地位并不平等，签订这类条款，帝国主义国家的大量工业品可以保证进入这些国家的市场，以压倒的优势来摧毁这些国家的民族工业和破坏它们的经济；同时，帝国主义国家的垄断资产阶级又可以从这些国家以廉价取得大量的工业原料和农产品。由于这些关税协定的签订，帝国主义国家对这些国家在经济上加强控制，即使后者在政治上还是独立国家，在经济上的主权也已经受到侵犯。

在关税政策上，帝国主义国家不仅要侵略弱小国家和民族，而且要设法排挤竞争对手，独占市场，独占高额利润。关税同盟就是帝国主义者为此目的而采取的一种方式。历史上有过不同性质的关税同盟，但在垄断资本主义时期，这种同盟的内部总是以一个帝国主义国家为中心，由统治阶级或集团的利益占支配地位，同其他类似的同盟进行斗争。英国从 1919 年起在关税政策上实行所谓帝国优惠制度，规定从英国殖民地输入本国的商品，在进口税率上一般可以减少六分之一，少数商品上减少三分之一，相应地，殖民地从英国输入商品，在进口税率上也有减免优待。由于这种制度，英国的垄断集团就可以廉价得到印度、埃及的棉花，澳洲的羊毛，加拿大的小麦等等，同时也可以把大量工业品输进殖民地和“自治领”，在这广大市场上排挤其他帝国主义国家的同类商品。但是，帝国主义者之间的竞争是激烈的，英国商品在国内和殖民地市场上仍然受到德、美、法等国廉价商品的压力。1932 年的《渥太华协定》又进一步加强了这个关税同盟。英国原来对进口商品一部分是有免税规定的，从 1932 年起，除极少数商品外，一律征税，税率规定为从价 10%—$33\frac{1}{3}$%，一般是 20%；但已经享受“帝国优惠”待遇的进口商品，则除少数外，规定可以免税进口。这样，同盟内外的界线更加鲜明。英国的商品比起其他国家的商品，在广大的、有好几亿人口的市场上，就处于一个显著有利的地位。通过这个关税同盟，英国不仅在对外贸易上，而且也在货币金融方面，加强了对广大殖民地的统治。

关税同盟的形成加强了帝国主义国家之间的斗争。资本主义国家之间的关税斗争有很长久的历史。最初表现为两国相互间采取歧视性的进口税率和手续，或者在同一个海外市场上降价争销。但当关税同盟形成之后，它就表现为各个帝国主义国家都以自己控制的排他性同盟相对抗。在英国建立了帝国优惠制度之后，美国同拉丁美洲国家之间，美国同菲律宾之间，法国同它的非洲殖民地之间，以及比、荷、西、葡同它们各自的殖民地之间，实际上都有形式不同的关税同盟。由于各个关税同盟之间商品的流通受到很多阻碍，帝国主义国家之间争夺市场的斗争就更加激烈。

资本主义各国之间的发展是不平衡的。在一定条件下，一个帝国主义国家可以依仗它在经济、政治、军事上的优势来迫使其他帝国主义国家所控制的关税同盟失去实效或者降低排他性，但同时却在自己的关税政策上加强限制。这实际上是帝国主义各国间重新划分势力范围的一个表现。第二次世界大战后的美国就是这样做的。1945 年美国给予英国 37.5 亿美元的借款，索取的代价之一就是英国必须实际上放弃帝国优惠制。1947 年，在美国的压力下，英国不得不在日内瓦关税和贸易总协定上签字，答应缩小普通税率同帝国特惠税率间的差额。但在同时期内，美国政府却调整进口税率，对于农产品、机器工业制品等不仅提高税率，规定限额，而且要求进口商履行进口许可证制度，实际上禁止这些商品进口。

但是，资本主义国家也可能结成经济联盟来互相支持，调和彼此间的矛盾，争取较大的经济利益。欧洲经济共同体各国间税务协调的过程可以作为例证。

西欧各国为加速经济发展，提高在世界上与其他国家集团抗衡的力量，从“煤钢联盟”到“共同市场”，建立“经济共同体”以至于实现更密切的政治经济联盟。在这“一体化”的过程中，必须逐步解决税务协调的问题。

西欧各国的税制，情况很不相同。各项税收（包括社会保险税）在GNP中所占比重，据1973年统计，高的达到50%，如北欧国家，低的不过三分之一，如意大利。政府使用的课税形式也很不相同。比如，英国课征的所得税和社会保险税占主要地位，但也课征一些商品税。法国的所得课税历史上就占较小比重，对消费商品课征的税收则占较大比重。

国际间的税务协调是一个复杂艰难的过程。从欧洲的经验来看，它分成两个部分：一是商品课税制度的协调，二是所得课税制度的协调。首先进行的是商品课税制度的协调。在商品课税制度中，先着手协调的是营业税类型的课征制度，对少数商品课征的国内消费税制度则暂时不动。这样安排，是由于税务协调的目的是缓和国际矛盾，在共同体内部便于商品流通和经济交往。

为加强国际经济合作，首先要解决的是相互降低关税以至于取消关税。但如果仅仅做到这一点而听任各国的商品课税制度有很大的差异，国际的税务壁垒实际上无法取消，商品进出国境还是必须课征“差额”税，才能缓和矛盾。否则，由于各国商品课税制度不一，税率高低不同，在其他条件相等的情况下，低税率国家的商品比高税率国家的商品就有更高的竞争力量。可见，税务协调问题如果不能适当解决，“关税战”就可能在另一种形式下再次发生。

欧洲共同体首先着手的是以增值税的课征形式来代替各种不同的营业税课征形式。从1962年起到现在，共同体各国都已实行增值税。但是，增值税的课征范围和课征基数，迄今还没有统一起来。增值税无论在制度和结构上，还是在高低上，各国间都还有相当大的差异。如果这些规定长期不能协调起来，则整个过程也难于完成。

此外，西欧各国目前对少数消费品，如烟、酒、汽油等课征较高税率的国内消费税。由于这种税的课征面较窄，国际上税率高低不同和课征制度的差异，暂时保留也还不至于对经济一体化有很大妨碍。但从长远看，制度差异和税率悬殊总是不利于国际经济关系的。由于这些课税的税率较高，协调税率难免影响各国的财政收入，所以工作还难于进行。

在商品课税制度上有国际协调的问题，但在所得课税制度上也有同样的问题。从经济一体化的现实过程来看，所得课税的国际协调问题目前还不很迫切。但是，无论在一个经济联盟内部各国之间，还是在经济联盟内外各国之间，所得课税制度上都已经发生了某些矛盾。

所得重复课税就是其中之一。由于各国实行的课税原则不一，有些国家按收入来源课征，即凡在本国发生的收入均予课征，有些国家按纳税人全部收入课征，即本国公民或居民在全世界范围内的收入都要课税，国际间经常发生重复课税的问题。一般情况下，通过国际税务协定和互惠性税务条款，可以设法缓和这种矛盾。

各国对于应税收入如何计算有不同的规定，扣除和减免也有不同规定，税率高低更是相差很多。这一切差异如果听任继续存在下去，显然不利于资本的自由流动，同时又可能使资本从重税国家流向轻税国家。如果取消这些差异，由于各国现行税制的基础不一，必然使有些国家要加重课征，有些国家要减轻课征，会影响财政收入和经济发展。

综上所述，国际税务关系在历史上曾主要集中于进口课税的制度，但目前由于国际经济关系错综复杂，国际税务关系不仅涉及关税，也与国内商品课税以及所得课税制度相关联。帝国主义国家曾利用国际税务关系以控制和奴役其他弱小国家，但国际税务关系也被利用作为促进经济一体化的一个重要步骤。

第四节 商品课税的价值补偿问题

国家对流通中的商品和劳务课税，立即就收进了一笔资金，占有了一定量的收入。国家的占有究竟是怎样补偿的？这就是商品课税的价值补偿问题。价值补偿同使用价值的补偿虽有关系，但又属不同的问题。如果国家把已经收进的税款用来进行某项支出，则国家就直接或间接地支配了一定量的使用价值，从而也产生了一个使用价值的补偿问题。收进税款在先，支配实物在后；价值补偿问题也是在使用价值补偿问题之前就发生了。价值补偿为使用价值的补偿创造了条件。在这一节，着重说明商品课税的价值补偿问题。

资产阶级国家的占有可以通过不同途径在价值上得到补偿，但对商品课税来说，价值补偿的主要途径是提高价格。这是由于：（1）在资本主义条件下，商品税的主要付税人是资本家，而资本家是不仅在资本主义的生产中也在流通中占据支配地位的。（2）资本家交纳税款后，必须求得补偿，而提高商品销售价格比其他途径更为便利。（3）资本家即使不能立即提高价格，在较长时期中也可以通过资本转移，缩小生产和供给的规模来提高价格。（4）资产阶级国家为资本家提高价格创造了有利条件。当然，肯定这一点，也绝不是说资本家在任何条件下都可以把全部税款都加到商品价格上去，也不是说资本家在提高价格之外不再采取其他的途径如加强对工人的剥削等来补偿税款。

首先假定资本家在交纳税款后，能够立即把税款全部加在价格上，在商品销售金额中得到补偿。这样假定，是因为即使资本家能够这样做，他的利润额和社会总资本的利润率也还是可能受到影响的；而且，资本家这样做，也已经包含着对工人加强剥削的因素。

在这样的假定下来考察税款在价值上如何得到补款，可以把复杂情况略为简化一些。

为说明问题方便起见，假定只有资本家和工人两个对立的阶级。因此，除劳动力外一切商品都是资本的商品，而商品中一部分是生产资料，另一部分是生活资料。国家对商品课税，或是对生产资料商品课税，或是对生活资料商品课税，当然也可以对这两种商品都课税。资本家交纳全部的税款，但在商品销售金额中全部收回了这笔税款。假定资本家在这一交一收之间，既无须垫支资本，也不能占用税款当作自己的资本，假定课税前所有资本家都取得平均利润，再考察课税后税款的补偿过程和其发生的影响，分别生活资料和生产资料两种商品来说明。

如果资产阶级国家课征的是生活资料，资本家就提高生活资料的价格。工人和资本家都要购买生活资料，但工人是主要的消费者和购买者。因此，这种课税显然会影响到工人的收入，在不同程度上是依靠工人收入的降低而在价值上得到补偿的。

假定在课税前两部类的产品的价值构成是这样的：

（Ⅰ）$4000c + 1000v + 1000m = 6000$

（Ⅱ）$2000c + 500v + 500m = 3000$

两部类的产品都是按照价值来出售，两种商品的价值和价格都没有偏离，因此上述产品的价值构成也同时是价格构成。两个部类间商品是能够顺利实现的，因为（Ⅰ）部类在本身满足了需要后，有价值和价格都相当于2000（$1000v + 1000m$）的生产资料可以卖给（Ⅱ）部类，而（Ⅱ）部类在本部类的工人和资本家满足需要后，也有价值和价格都相当于2000（2000c）的生活资料可以卖给（Ⅰ）部类的工人和资本家。双方在价值量上正相当，所以产品都可能实现。再生产有可能顺利进行。

现在假定资产阶级国家对生活资料课征相当于原价50%的税款。（Ⅱ）部类的全部产品，虽然价值是3000，在税款可以全部加在价格上的假定下，就必须按4500的价格出售。因为，只有这样，（Ⅱ）部类的资本家在交纳了1500的税款之后，才能实现全部的价值。

生活资料价格上涨，工人实际工资必然下降。但究竟下降多少，这要看具体情况。生活资料价格上涨使名义工资有上升的趋势，但实际工资是下降的。为了说明问题，我们分别举出两种极端的情况，即工人实际工资不变的情况和工人名义工资不变的情况。然后再说明比较接近现实的中间情况。

（1）假定工人实际工资不变。

在这假定下，工资作为劳动力的价格，同其价值没有偏离，而且在实物量上保持不变；在劳动生产率不变的条件下，工资在价值量上也保持不变。但是，（Ⅱ）部类生产的生活资料却因课税而价格上涨了50%。假定实际工资不变，则名义工资必须也上升50%，而这就必然会引起两个部类中可变资本金额的同幅度的增大，而相应地会使两个部类中剩余价值额下降。

课税后两部类的产品的价格构成就变成：

（Ⅰ）$4000c + 1500v + 500m = 6000$

（Ⅱ）$2000c + 750v + 250m + 1500g = 4500$

在（Ⅰ）部类中，原来只需1000v（1000货币额的可变资本），现在必需1500v。但产品的价值和价格都没有变化，当可变资本金额增大时，剩余价值的货币额也就相应下降，原来是1000m，现在缩小为500m。（Ⅱ）部类产品的价值也没有任何变化，市场价格虽然上涨了，但上涨的部分只是国家的税款。除了税款之外，价格也是不变。因此，当（Ⅱ）部类的可变资本金额必须从500v上升为750v时，剩余价值额也就相应地从500m缩小为250m。

从价格构成来看,（Ⅰ）部类产品的价格既然不变，其市场需求也就没有改变，在价格6000的产品中，4000为本部类内部所需要并被消费了，2000则通过部门间交换在（Ⅱ）部类被消费了，情况同未课税前一样。但是,（Ⅱ）部类产品的价格已经提高了，其市场需求的状况也发生了变化。未课税前，工人阶级以1500的货币额来购买价格3000的产品中的一半；课税以后，工人阶级以2250［（Ⅰ）1500v＋（Ⅱ）750v］的货币额来购买价格4500的产品中的一半；实际上需求额没有变化，但名义上却增大了。两部类的资本家合起只能需求750［（Ⅰ）500m＋（Ⅱ）250m］，他们不论实际上还是名义上的需求额都减少了，但减少程度则不同。（Ⅱ）部类的产品在满足了工人和资本家的消费需求之后，还有价格1500的产品不能实现。但资产阶级国家手里恰好有1500的货币（税款），如果用来购买第二部类的产品，就恰好能把剩余的部分购去。这样，（Ⅱ）部类产品的价值就刚好全部实现了。

为了说明在这种假定下税款在价值上如何得到补偿，还必须考察课税后两部类产品的价值构成。这种构成也发生了变化：

$$(\mathrm{I})\ 4000c + (1000v + 500v_g) + \left(333\frac{2}{3}m + 166\frac{2}{3}m_g\right) = 6000$$

$$(\mathrm{II})\ 2000c + (500v + 250v_g) + \left(166\frac{2}{3}m + 83\frac{2}{3}m_g\right) = 3000$$

从价值上看，两部类产品的总价值量并没有发生变化。（Ⅱ）部类产品的价格虽然提高，但价值量并不改变。但是，两部类产品的价值构成却发生了很大变化。两部类的资本家的可变资本额都增大了50%，但雇用的工人并不增加，工人购买的生活资料也并不增加。这就是说，在价值量上相当于可变资本额三分之一的部分实际上是被国家所占有了，在（Ⅰ）部类相当于$500v_g$，在（Ⅱ）部类相当于$250v_g$。课税后两部类资本家的剩余价值额已经缩小为 500m 及 250m，但当资本家用这两个金额去购买生活资料时，由于价格的提高，只能购到相当于未课税前同样金额所能购到的$\frac{2}{3}$了，这就是说，在价值量上相当于剩余价值额$\frac{1}{3}$的部分实际上是被国家所占有了，在（Ⅰ）部类相当于$166\frac{2}{3}m_g$，在（Ⅱ）部类相当于$83\frac{1}{3}m_g$。总起来说，国家占有了相当于 1000 的价值量［（Ⅰ）$500v_g$ +（Ⅰ）$166\frac{2}{3}m_g$ +（Ⅱ）$250v_g$ +（Ⅱ）$83\frac{1}{3}m_g$］，相当于（Ⅱ）部类产品价值的$\frac{1}{3}$。

从价值构成来看，在全部产品的价值量（9000）中，工人阶级的有偿部分没有因课税而降低。这当然是由于我们假定工人实际工资不会下降的结果。相应地，剩余价值的总量也不会发生变化。但是在课税前后，剩余价值的分割状况已经发生了变化。课税前，全部剩余价值都归资本家所占有。课税后，其中一部分就归资产阶级国家所占有。原来资本家占有 1500m，从而能消费（Ⅱ）部类产品的$\frac{1}{2}$；现在他们占有 750m，在价格已经提高的条件下只能消费（Ⅱ）部类产品的$\frac{1}{6}$。从$\frac{1}{2}$下降到$\frac{1}{6}$，即腾出相当于（Ⅱ）部类产品的$\frac{1}{3}$，正是被资产阶级国家所占有并消费的。由此可见，在工人实际工资不变的假定下，资产阶级国家对生活资料的课税是从剩余价值的重新分割中得到补偿的，即从资本家的利润中得到补偿的。

资产阶级古典派经济学家李嘉图曾经说过：无论对工资课税，还是对必需品课税，实际上都是对利润课税，这些课税不会降低工资，不会影响工人生活，而只会影响资本家的收入。这些论断实际上是从工人的实际工资不可能降低这个假定出发的，也只有在这个假定下才能成立。但是，这个假定显然是不符合事实的，这些论断自然也是不科学的。

但是，我们还是暂时保留这个假定，继续说明课税的影响。这是因为即使在这样的一个极端的假定下，仍然可以发现两个重要的事实：第一，商品课税引起价格提高，这是必然的趋势；第二，对资本和利润，也必然会产生重大的影响。

在前面的假定下，既然资本家即使把税款全部加在价格上，仍然不可避免地要从自己的利润中来补偿全部的税款；那么，他们为什么要提高价格？课税后价格是否有着上升的必然趋势？

即使在这个假定下，还是可以发现：资本家仍然是要提高价格的。当生活资料被课税了，如果（Ⅱ）部类资本家不提高价格，就必须用自己的利润来负担税款，使自己的利润降到一般水平之下，而如果他们把价格提高了，则税款就有可能由整个资产阶级来负担，而他仍然能保持不低于一般水平的利润。如前例，（Ⅱ）部类资本家在未课税前取得 500m 的利润，现在国家课税 1500，如果不提高价格，（Ⅱ）部类资本家即使失去了全部利润，也不够交纳税款，而如果他提高价格，则利润虽也减少，但还是能保持 $166\frac{2}{3}$m 的利润和不低于其他资本家的利润水平。可见，（Ⅱ）部类资本家是一定会提高价格的。即使由于市场需求状况，不能立即把价格提高很多，不能把税款全部加在价格上去，他们也必然会调整生产规模，减少供给，最终把市场价格提高上去。

即使在前面的假定下，商品课税显然也会影响到资本和利润。这种影响究竟是怎样的？简单说来，它会使利润率总的说来降低，但在各个部门之间不一样，所以必然要引起资本的广泛移动，会引起资本间竞争的加剧。这些影响，即使在前述假定取消之后，也还是存在的。像以后所说明的，如果课税后工人的名义工资不是固定不变而是略有上升，则这些影响就会发生，虽然程度是不同的。

在前例中，课税前两个部类中资本的利润率都是一样的，都等于 20%。

$$（Ⅰ）\frac{1000}{4000+1000}=（Ⅱ）\frac{500}{2000+500}=20\%$$

课税后，在前述假定下两个部类的利润率都降低了，在这个例子中都大致为 9%。

$$（Ⅰ）=\frac{500}{4000+1500}（Ⅱ）\frac{250}{2000+750}=9\%$$

但是，应当指出，利润率的降低是一个总的趋势，各个部门降低的程度不会一样。上例所表示的一致性是由于例子中两个部类的资本有机构成正好一样的缘故。事实上，不仅在不同的部类之间，就是在不同的部门之间，资本的有机构成都不可能是一样的。由于资本有机构成不同，生活资料课税所引起的价格提高，对于各个资本的利润率的影响是不一样的。

举一例来说明。三个部门的资本有机构成不同，商品价值不同，但都按生产价格出售，在课税前的利润率是一致的。

生产部门	不变资本	可变资本	剩余价值	商品价值	平均利润率	平均利润	生产价格
甲	70	30	30	130	20%	20	120
乙	80	20	20	120	20%	20	120
丙	90	10	10	110	20%	20	120
	240	60	60	360	20%	60	360

现在，由于国家对生活资料课征了相当于原价 50% 的税，生活资料价格上涨了 50%。在工人实际工资不变的极端假定下，上述情况就改变为：

生产部门	不变资本	可变资本	剩余价值	商品价值
甲	70	45	15	130
乙	80	30	10	120
丙	90	15	5	110
	240	90	30	360

比较课税前后，平均利润率原来是20%（$\frac{60}{240+60}$），现在是$\frac{1}{11}$（$\frac{30}{240+90}$），当然是下降了。按照这样的平均利润率计算出来的平均利润和生产价格如下：

生产部门	平均利润率	平均利润	生产价格
甲	$\frac{1}{11}$	$115\times\frac{1}{11}=10\frac{5}{11}$	$115+10\frac{5}{11}=125\frac{5}{11}$
乙	$\frac{1}{11}$	$110\times\frac{1}{11}=10$	$110+10=120$
丙	$\frac{1}{11}$	$105\times\frac{1}{11}=9\frac{6}{11}$	$105+9\frac{6}{11}=114\frac{6}{11}$
	$\frac{1}{11}$	30	360

这些数字说明，甲部门由于资本有机构成低于社会平均水平，在国家对生活资料课税从而使可变资本额被迫上升之后，它的利润率就下降了。不仅像其他部门的资本一样，只能满足于已经下降的平均利润率（在上例中是$\frac{1}{11}$），而且为了仅仅得到这个平均利润，它也必须把自己产品的价格提高；如果不把产品价格提高约5%（从120提高到$125\frac{5}{11}$），它的利润就会降到一般的利润水平之下，即得不到$\frac{1}{11}$的利润。但是，这样提高价格是困难的，在其他资本的竞争下，提高价格的结果是销售量缩小。因此，结果是：甲部门的资本必须部分地退出本部门，缩小生产规模，从而使产品价格能够

提高，保持一个平均利润；同时甲部门也会提高技术装备程度，提高资本有机构成，以便能加强自己的竞争力量。

丙部门的资本有机构成高于社会平均水平，该部门中的资本家则正处于同甲部门相反的情况下。课税之后如果它把产品按原价出售，它的利润虽然比课税前降低了，但比其他部门的资本的利润还是较高。因此，资本就会流入这个部门，丙部门的资本家就会扩大生产规模，从而使市场价格下降；当价格从120下降到114$\frac{6}{11}$时，该部门的资本就恰好取得平均利润。

乙部门的资本家则处于中间的情况下。课税之后，它如果按原价出售产品，虽然利润是下降了，但仍是维持着平均利润的水平。这是由于乙部门中资本有机构成正和社会平均水平相一致的缘故。因此，资本暂时不会从该部门中流出去。但在较长时期中，由于社会资本的有机构成不断提高，乙部门的资本有机构成也必须相应提高，否则资本就可能流出，使生产规模缩小，价格提高。

前面这些情况说明，当生活资料课税通过生活资料价格上涨和可变资本额增大而影响到资本利润率的时候，各个资本所受的影响不可能是一样的。正因为这样，它就会加速资本的部门间移动，加剧资本间的竞争，使资本的平均构成提高。同时，课税的结果既然是使利润率下降，就也会使资产阶级所能占有的利润额在总量上减少。每个资本家和整个资产阶级，为了使利润额不受影响，必然要加紧对工人阶级的剥削，通过实行机械化、自动化等措施来提高劳动生产率以扩大剩余价值，这样也会提高资本的有机构成。两方面的影响都会促使资本的平均构成提高，而这样做又会反过来促使利润率进一步下降。总起来说，课税的结果使资本主义再生产的矛盾更加发展了。

（2）假定工人名义工资不变。

当国家对生活资料课税时，资本家将把税款全部地加在价格上，但工人名义（货币）工资不变，所以工人实际工资就随着价格的上涨作反比例的下降。比如，生活资料价格因课税而提高一倍，则实际工资就降低二分之一；生活资料价格提高 50%，则实际工资就下降三分之一。如前所述，这是另一种极端的情况。

再以前面的例子来说明。在未课税之前，两个部类的产品的价值构成和价格构成都如下列：

（Ⅰ）4000c + 1000v + 1000m = 6000

（Ⅱ）2000c + 500v + 500m = 3000

当资产阶级国家对（Ⅱ）部类产品课征了相当于原价 50% 的税款时，（Ⅱ）部类的资本家把全部税款加在产品售价上；原来价格 3000 的全部产品，现在必须按 4500 的价格出售。但是，工人的名义工资没有发生变化，两部类的可变资本额也没有变动。

课税之后，两部类产品的价格构成就改变为：

（Ⅰ）4000c + 1000v + 1000m = 6000

（Ⅱ）2000c + 500v + 500m + 1500g = 4500

这就是说，（Ⅰ）部类产品的价格未变，价格构成也没有变化；（Ⅱ）部类产品的价格提高了，价格构成也发生了变化。（Ⅱ）部类产品的价格由 3000 提高到 4500，但工人货币工资总额始终是 1500；因此，未课税前工人可以购买（Ⅱ）部类产品的$\frac{1}{2}$（$\frac{1500}{3000}$），现在只能购买$\frac{1}{3}$（$\frac{1500}{4500}$）。资本家的利润始终是 1500，并未受课税的影响，但当他们作为消费者去购买生活资料时，未课税前可以购买（Ⅱ）部类产品的二分之一，课税后只能购买三分之一。因此，就（Ⅱ）部类全部产品来看，课税后三分之一归工人买去，三分之一归资本家买去，余下来有三分之一就不能实现了。但是，如果政府把 1500 的税款按已经提高的价格来购买生活资料，就恰好使（Ⅱ）部类全部产品价值都能实现。

但是，资产阶级国家的占有在价值上如何补偿？这就要看两部类产品在课税后的价值构成：

$$(\text{Ⅰ})4000c+(666\frac{2}{3}v+333\frac{1}{3}v_g)+(666\frac{2}{3}m+333\frac{1}{3}m_g)=6000$$

$$(\text{Ⅱ})2000c+(333\frac{1}{3}v+166\frac{2}{3}v_g)+(333\frac{1}{3}m+166\frac{2}{3}m_g)=3000$$

课税前后，两部类产品的总价值都等于 9000。但在课税前，工人以工资形式所能支配的价值量是 1500［（Ⅰ）1000v＋（Ⅱ）500v］；在课税后，工人以工资形式实际上能够支配的价值量只是 1000［（Ⅰ）$666\frac{2}{3}$v＋（Ⅱ）$333\frac{1}{3}$v］。工人阶级总的失去了 500 的价值。资本家占有的利润金额虽然不变，但作为消费者，他们所能购买的生活资料减少了，他们支配的价值实际上也减少了，减少额也是 500［（Ⅰ）$333\frac{1}{3}$mg＋（Ⅱ）$166\frac{2}{3}$mg］。政府课税所得的税款金额是 1500，但用这一金额去购买生活资料，却只能支配价值量 1000 的产品，即相当于（Ⅱ）部类全部产品的$\frac{1}{3}$。因此，政府的占有正是由工人实际所失的［（Ⅰ）$333\frac{1}{3}$vg＋（Ⅱ）$166\frac{2}{3}$vg］和资本家实际所失的［（Ⅰ）$333\frac{1}{3}$mg＋（Ⅱ）$166\frac{2}{3}$mg］来补偿。

从前例来看，似乎政府课征的税款在价值上是由工人和资本家各半补偿的。这是由于在这个例子中，工人和资本家购买并消费的生活资料在数额上是相等的。显然，实际情况并非如此。生活资料实际上大部分是由工人群众来购买的。在扩大生产的条件下，资本家也绝不会把全部剩余价值都用于个人消费。因此，只要在货币工资不变即实际工资随生活资料价格上涨而下降的假定下，税款在价值上主要是靠工人实际收入的降低来补偿。以前例来看，工人阶级在国民收入中所占份额缩小，工人阶级的有偿劳动部分被迫缩小，无偿劳动部分相应地被扩大，也就是说，剩余价值扩大了。课税前，剩余价值量是 1500；课税后，它总的说来是扩大到 2000。但在 2000 总量中，资本家个人只能占有 1000，而资产阶级国家也可以占有 1000。这样看来，税款的价值补偿首先是靠扩大剩余价值，其次才是靠剩余价值的重新分割。

以上简单说明在工人名义工资不变的假定下生活资料课税在价值上是如何补偿的。当然，这是一个极端的假定。但即使在这极端的假定下，也已经可以看到：课税的商品愈是属于生活必需品，则课税后价格上涨的程度愈大；课税商品愈主要是被劳动群众所消费，则工人阶级提高货币工资以保持实际工资不下降的可能性愈小，那么，税款就愈是以工人阶级被迫提供的更多的剩余价值来补偿，对于资产阶级取得的利润额以及使用这个利润额所得到的实际收入的影响就愈小。在前述极端的假定下，利润额在课税前后都是 1500，没有改变，利润率也都是 20%，没有变化。资本家在课税后也没有必要在部门间移动资本。但这一切当然都是依前述假定是否成立为转移的。

（3）中间情况——课税后工人名义工资有所提高，但实际工资还是大大降低了。

这是比较接近现实的一种情况。事实上，当国家对生活资料课税而引起价格提高时，名义工资不能立即提高，以后即使提高了，也不可能同价格的提高成比例；因此，短期内实际工资会有较大的下降，后来由于工人阶级的斗争，也由于市场供求的影响，实际工资也可能回升一些，但同课税前比较总是大大降低了。因此，前述情况大体上是反映了现实的。但是，这种情况又是前两个极端情况的结合：名义工资有所提高，这同第一种情况有一定的共通之处；实际工资大大降低，这又是同第二种情况相近。

在这种中间情况下，对生活资料的课税在价值上如何补偿？我们暂时保留资本家把全部税款加在生活资料价格上这一个假定，可以说明下列两点：

在短时期内，名义工资不能立即提高，实际工资就大致上随着生活资料价格的提高而比例地下降，因此，税款就主要地从工人实际工资下降而造成的剩余价值总额的扩大中来补偿，基本上不会减少利润额，也不会减少资本家的实际收入，对于资本的移动不会立即发生影响。

在长时期内，由于名义工资有所提高，实际工资较前有所回升，因此，随着实际工资的回升，税款就在不同程度上由利润额的缩小来补偿；这就不仅影响利润率的下降，而且要引起社会资本的广泛移动和社会资本的整个结构的调整。

到这里，我们可以考虑一下资本家把全部税款加在价格上这个假定是否合理。事实上，短期内，资本家并不是都能把全部税款加在价格上的，由于供求关系的限制，他只能把税款部分地加在价格上。但在长时期内，由于他可以转移资本和调整生产规模，他可以这样做。因此，取消这个假定，对于长时期内的情况并无影响，只是短时期内的情况会有所改变。在短时期内，一方面，由于部分税款不能加在价格上而必须由资本家负担，所以这部分就由利润的减少来补偿；另一方面，已经加在价格上的那部分税款，如前所述，就主要由工人实际工资的减少来补偿。

以上所述各点，可以归结如下：国家对生活资料课税，在价值上补偿的来源大体上有下列四个：

（1）由于税款不能全部加在价格上而造成的利润的下降，这是短时期内次要的来源。

（2）工人实际工资的下降，这无论在短时期或长时期内都是主要的来源。

（3）由于工人名义工资提高而引起的利润的下降，这是长时期内次要的来源。

（4）资本家作为生活资料的消费者所受到的实际收入的下降，这无论在短时期或长时期内都起作用，但始终只是一个次要的来源。

上述四个来源，又可以进一步归结为两个途径：

（1）迫使工人阶级把一部分有偿劳动改变为无偿劳动，从而扩大剩余价值，以补偿资产阶级国家占有的税款。

（2）在剩余价值中，迫使资本家缩小他们占有的份额，以补偿国家占有的税款。

上述两个途径是同时采取的，而前者是主要的。正因为这样，资本家个人在国民收入中占有的份额未必一定会因课税而缩小，他们所占有的绝对额更是不会因国家课税而减少。也正因为这样，我们曾经指出：在资产阶级国家的商品课税中，既有资产阶级同无产阶级之间的矛盾，也有资产阶级内部的矛盾；前面这种矛盾是主要的，后面这种矛盾是次要的。

对于生活资料课税的价值补偿过程和在这一过程中发生的影响，已如上述。现在就在这一基础上简单说明对生产资料课税的价值补偿问题。

资产阶级国家对生产资料课税，也会引起生产资料价格的提高。工人是不购买生产资料的，资本家作为消费者也不会购买生产资料。在前面的假设下，全部生产资料都是由资本家买去，再由工人对它进行加工和在生产中消费它们，最后制成生活资料。假如把资本家为生产商品所费的资本额同他所预付的资本额二者间的差额暂时忽略，不难看到：生产资料价格因课税而提高，必然会引起生活资料价格的提高，而且课税的生产资料在被用于生产生活资料之前被加工和转手的次数愈多，总的生产过程愈是长久，则它所引起的生活资料价格提高的幅度就愈大。这是因为生产资料价格提高后，资本家就必然要相应地提高成本，而成本的提高不仅直接地要求生产的商品的价格作同额的提高，而且由于资本垫支额的增大，商品价格还必须作进一步的提高才能使追加资本也能取得不低于一般水平的利润。因此，如果资产阶级国家对生产资料课税而取得一定金额的税款，生产资料价格由于资本家把税款全部加上而有了同额的增长，则生活资料价格的增大额通常必须超过上述数额。这种现象是不难看到的。资产阶级财政学家称之为课税的“金字塔作用”。

因此，对生产资料课税同对生活资料课税相比，主要方面并没有区别，价值补偿的主要来源和过程也基本上相同。但在它的价值补偿问题上，下列几点还是值得注意：

第一，在短时期内，资本家提高价格的可能性受到较大的限制，因此，利润受到的影响也较大。

国家对商品课税，无论生产资料还是生活资料，付税的资本家都是一样地急切要求提高课税商品的价格。但是，能否这样做，要看市场需求情况。对于生产资料课税，能否提高价格，就要看购买生产资料的资本家是否能提高自己产品的价格，这样推下去，最终还是要看资本家能否提高生活资料的价格。在这漫长的过程中，如果在某几个环节上由于市场需求比较疲软，现有生产能力较大，存货较多，价格的提高就较为困难，从而这几个环节上的资本家就宁愿少购进一些生产资料，而不愿按已经提高的价格来购买像以前一样多的生产资料。只要发生这样的情况，在短时期内，价格提高的可能性受到了一定限制，在上述那些环节上以及那些环节之前，资本家的利润就会受到影响。

第二，在长时期内，资本家必然要在较大幅度上提高生活资料的价格，因此，工人实际工资下降的程度会更加严重。

课税影响利润，这只能是暂时的。资本的移动在长时期内总是会保证资本家能够足额地提高商品价格的。如前所述，当这个提价的过程达到生活资料的价格时，它提高的幅度就会更大一些。随着生活资料价格的提高，工人实际工资也会下降，而且下降的幅度一般也会更大一些。工人在这方面所损失的，可能比国家在课税上所占有的更大。因为前者不仅要补偿税款，而且还要包含由于一系列资本垫支额增大而要求的利润的增加额。

第三，在税款的价值补偿过程中，资本必然要发生广泛的移动，无论在部门内部或部门之间，资本的竞争会更加激烈。

在短时期内，由于从课税的生产资料到生活资料之间一系列商品中总是有一些商品在提高价格上受到一定限制，所以就会发生资本从这些商品的生产部门中退出的现象。在长时期内，当一系列商品的价格都在提高时，资本的移动还是不断地进行着。生产资料和生活资料的价格都较大幅度地提高了，但工人名义工资则提高得很少，这样，资本有机构成较高的部门中资本的利润率就会降低得较多，即低于一般水平，而资本有机构成较低的部门中利润率的降低就会较少，即高于一般水平。因此，资本就会从前者向后者移动。在整个社会的范围内，资本的技术构成会降低，但是从价值构成来看，却表现出有一定的提高；这就会使劳动生产率受到影响，同时社会的一般利润率也会降低。这当然会更加剧资本主义生产和分配中的矛盾。

第四，生产资料课税的价值补偿的来源比较简单，但在这一过程中引起的资产阶级内部的矛盾却比较尖锐。

对生产资料课税，价值补偿的来源主要是：

（1）由于一系列商品价格不能立即提高而引起的利润的下降，这是短时期内起作用的一个来源；

（2）工人实际工资的下降，这是主要的来源。

至于工人名义工资提高而引起的利润的下降，对于生产资料课税来说，不能成为一个主要来源。这是由于工人实际工资的下降不仅要补偿税款而且还要补偿资本家由于垫支资本额增大而要求的利润增加额，工人名义工资的提高至多也不过是使上述利润增加额受到一定影响，绝不可能在抵消了这个利润增加额之后还有余剩来补偿税款。

但是，从长时期看，对生产资料课税虽然不可能使资产阶级占有的利润额受到影响，但显然会使利润率受到较大影响。垫支资本额的加大，资本的价值构成的提高，都加剧了这个趋势。资本的移动更加广泛，资本的整个结构的调整也更加猛烈。这一切都使课税后资产阶级内部的矛盾更加尖锐。

第五节 对消费支出的课税问题

个人及其家庭，从各种来源取得收入，在交纳个人所得税之后，就形成个人可支配收入。这项收入的大部分会用于个人及其家庭的消费，形成消费支出。不用于消费的那部分收入，就形成储蓄。在资本主义国家，消费支出可以成为课税的对象。

消费支出课税的设想，在第二次世界大战之前就已存在。当时，这是作为所得课税的反对意见而提出的。例如，英国剑桥的著名经济学家马歇尔和美国著名的经济学家费雪都曾指出，所得税的课征可能不利于储蓄的增长，因而较好的课税制度应以所得额减储蓄额作为课征对象，即对消费支出课税。但是，这样的设想在战前并未引起重视。三十年代之后，国家垄断资本主义迅速发展，刺激消费的财政政策风靡一时，对消费支出课税的想法更是不能适应当时的潮流。战后经济恢复时期，消费旺盛，资本短缺，对消费支出课税的意见又被提出，并曾在印度和斯里兰卡小规模地试行过一个时期，但不久也就中止了。六十年代后期，资本主义经济发展速度显著降低，投资不足，物价上涨，经济长期停滞的局面已经形成。于是，消费支出课税的设想又引起了人们的注意。

消费支出税的课征对象是个人及其家庭在一定期间的应税消费额。显然，这是所得额的一部分。从这个角度看，消费支出税好像是所得课税的一种特殊形式。

但是，从另外的角度看，消费支出税的课征对象又同增值额课税以及商品劳务课税的课征对象有共通之处。如前所述，消费型的增值税实际上已经把GNP中用于毛投资的部分、国民收入中用于净投资的部分从课税对象中扣除，所以它所课征的就是消费支出。当然，消费支出税的法定付税人是个人及其家庭，消费型增值税的法定付税人是提供商品和劳务的各个公司企业。但是，从课税对象来说，又是一致的。

正因为消费支出税和消费型增值税有共同点，二者都可能对投资起刺激的作用。但是，消费型增值税是对生产投资减税，因而可以分别行业、分别投资项目，给予差别待遇；消费支出税是对个人储蓄减免税款，并不能直接刺激企业生产投资。从另一方面看，消费支出税可以直接地起到限制消费的作用，而消费型增值税则并不能限制消费并从而增加投资的资金来源。

消费支出税和对流通中商品和劳务的课税，又有一定的共通之处。只要比较消费支出税和不少国家目前还在实行的零售营业税，就能看到这点。

在零售环节上课征的营业税，基本上以消费品的零售流转额为课税对象。从整个社会来看，除了少数不通过零售环节的商品和劳务之外，这种营业税的课征对象基本上也就是国民净产值减去不用于消费的部分的差额；如果扣除税款，也就相当于国民收入减去储蓄的差额。从这点上看，消费支出税和零售营业税基本上有共同的课征对象。

当然，这两种课征形式实际上是有很大区别的。零售营业税以零售商为法定付税人，按其零售营业额比例课征，税款进入价格，即消费品是按含税的零售价格出售给消费者个人及其家庭的。而消费支出税在课征形式上很接近于所得税，由个人申报纳税，从个人所得额中扣除其不用于消费即储蓄的份额，从而计算出一个年度的消费支出额，可以累进课征。而且，如果实行消费支出税，税款并不直接进入商品价格，而是由个人在购买了消费品之后另外交纳的。

零售营业税实际上的课税基数只是消费支出的一个部分。据美国一个政府刊物的计算报告，通过现行零售营业税所能课征的只不过是个人消费支出的41%。不能课征的那部分消费支出，包括个人住房、个人农场等自产自建自用的消费支出，也包括购买烟酒等已交纳国内消费税的高税率商品的消费支出，也还包括医药卫生教育等方面的消费支出。对于课征营业税的那部分消费支出，美国政府所能实行的也只是一种比例税。

从美国的例子也可以看到下列几点：(1）零售营业税的课征面实际上并不很广，不可能包括全部的个人消费；(2）即使把营业税的课征面极度扩大，课征中还是存在着某种区别对待，比如，自有住房和租用住房者的课税待遇实际上是不同的；(3）在收入不同从而消费也有高低的个人之间不能实行区别对待，税负上有明显的累退性；(4）不能限制消费，即使同高税率的国内消费税相配合，至多也只能限制某种商品的消费，不能限制整个消费水平。

从上述各点也可以了解，对消费支出课税有其特殊的作用。正因为这样，这种课征形式可以成为一个独立的税，也可以作为某种税的附加，也可以作为单独的课征形式而与其他主要的课税形式相配合。

消费支出税的课征对象是应税消费额，而应税消费额是所得额中的一部分。确定纳税人在一个年度内的应税消费额，大致上有三种办法：（1）直接地逐项计算，再求得总额；这实际上很难实行。（2）从所得额中减去纳税人在该年度中的储蓄净额；这虽也可以利用所得税课征中原有的数据，但还要计算净储蓄额，也是比较困难的。（3）从纳税人这一年度中货币收支的数字来推算同期的消费支出总额，其程序如下：

1. 纳税人年初的银行存款余额

2. ＋该年度中货币收入

3. ＋该年度中净借入额（借入–清偿–借出）

4. –该年度中净投资额（购入资产的费用–出售资产的收入）

5. –年末的银行存款余额

6. ＝该年度的消费支出总额

如果采用第三种办法，纳税人也要申报，申报的内容与所得税相似。但资本利得在其未实现时，当然不是课征的对象；一经实现，就反映在本年度的货币收入中。自建住房和自费农场仍然是一个复杂的问题：一方面要列入净投资额，另一方面还要作价计入货币收入中，否则在不同纳税人之间税负不能平衡。但折旧率的高低，对消费支出税的课征基数没有直接的影响。

实行消费支出税，有两种选择：一是以此代替所得税；一是以此补充所得税，二者同时实行。如果以消费支出税代替所得税，则所得税课征中实行的“不予计列”“扣除”“减免”等项规定，必须全部或大部转入消费支出税制度中，其结果必然是使税制更加复杂。

如果仅仅使消费支出税起补充所得税的作用，则所得税制的复杂规定就不一定转入消费支出税的制度中。

即使仅仅以消费支出税作为所得税的补充，在课征这种税的时候，对于纳税人的现金、借贷、投资活动等必须有详尽正确的记录。税务管理上的困难是很大的。而且，实行这种课征形式，对于高收入阶层来说，合法的或不合法的逃税仍然是方便的。

如果以消费支出税作为所得税的补充，对应税消费额有可能规定累进税率，即消费额越大，纳税越多。这样课征，对平衡税负能否起一定作用？不一定。所得税加上消费支出税，都采用累进税率，当然加强了税率的累进程度，因为高收入阶层无论在所得额还是在消费支出额上总是大于低收入阶层。但就二者的税负在所得额中所占比重来看，可能仍然是累退的。这是因为高收入阶层虽然消费也高，但消费在所得中的比重反而较低，即使对消费支出累进课征，税负在所得额中所占比重可能仍然逐步降低。

实行消费支出税可以鼓励储蓄。个人及其家庭把所得用于消费或不用于消费（储蓄），税负是有差异的。这种差异，对储蓄能起促进作用。但究竟这种作用如何发生？

先假设纳税人全部所得都用于消费，没有储蓄；再比较所得课税和消费支出课税的情况。为取得同额的财政收入，所得税的税率如果是 x，则相应的消费支出税税率为 e，二者的关系如下式：$e=\frac{x}{1-x}$。举例说，所得税率为 50% 即 0.5，则消费支出税税率应为 100% 即 1；所得税率为 25% 即 0.25，消费支出税税率应为 33.3% 即 0.333。只有如此，两种课征形式所提供的财政收入额才能相等。

实际上，就纳税人整体来说，所得不可能全部消费掉，总有一部分是储蓄起来的。问题是：哪种课征能促使储蓄较多些。比较起来，消费支出税能使个人储蓄较多些；从这点来看，它相对地鼓励了储蓄。

举例说明：假定所得税率为 50%，则与它相对应的消费支出税税率为 100%。假定一个纳税人的年所得额为 10000 元，在 0 年储蓄 1000 元，在 n 年动用储蓄 1000 元，其他年度（0 → n–1 年度）则既不储蓄也不动用储蓄。再假定利率为年利 5%，该纳税人把全部利息收入都用于消费。下面比较两种课税形式下该纳税人从 0 年到 n 年的货币收支流量状况：

（单位：元）

	0 年度			1 → n–1 年度			n 年度		
	消费	税额	储蓄	消费	税额	储蓄	消费	税额	储蓄
所得税制度	4000	5000	1000	5025	5025	—	6000	5000	–1000
消费支出税制度	4500	4500	1000	5025	5025	—	5500	5500	–1000

从上表中可以看到，1 → n–1 年度的收支流量在两种课征制度下并无区别，但 0 年度和 n 年度则二者有差异。在消费支出税的课征形式下，0 年度储蓄 1000 元之后，消费支出只需减少 500 元；而在所得税的课征形式下，0 年度也储蓄 1000 元之后，消费支出必须减少 1000 元。这表明，如果实行消费支出税，纳税人为同额储蓄而必须紧缩的消费支出可以少些，因而鼓励他多储蓄。但 n 年度的情况则相反：由于动用以前的储蓄 1000 元，纳税人可以多消费些，但可以多消费的金额在两种课征形式下是不同的，在实施消费支出税的情况下增加消费的金额为 500 元，小于实施所得税的情况下可以增加消费的金额 1000 元。这表明，消费支出税制度对动用储蓄来增加消费支出是课征较重的，因而对长期保持储蓄有鼓励作用。

消费支出课税制度所以能起鼓励储蓄的作用，实际上是国家用财政资金给予贴补。再以前面的例子进一步分析，在所得税制度下，储蓄的实际净收益率为每年 2.5%（$\frac{25}{1000}$）；而在消费支出税制度下，储蓄的实际净收益率为每年 5%（$\frac{25}{1000-500}=\frac{25}{500}$）。正由于这种差异，消费支出税才能起鼓励储蓄的作用。但这种差异之所以能发生，正是由于政府在 0 年度少收了税款 500 元，只是到 n 年度才把这 500 元补收进来，而在 1 → n–1 年度这个期间，财政上实际负担了这笔延迟收款的利息，其金额应为 25（500 × 5%）元，即相当于 1000 元储蓄的 2.5%，也就是两种课征制度下储蓄实际年净收益率的差异。

从上面的分析可以看到，市场利率越高，税率越高，则消费支出税所能发生的鼓励储蓄的作用相对也越大。但是，要使消费支出税起较大的作用，政府在财政收入上通过延迟收款这种方式给予的贴补也必须较大，即财政负担较重。这也是消费支出课税制度本身的局限性。

实施消费支出课税的制度，也受其他条件的限制。在当前许多资本主义国家物价不断上涨的情况下，即使市场利率很高，税率很重，因而政府对储蓄实际上给予很大的贴补，但仍然难以抵消由于物价上涨而使储蓄遭受的额外损失，因而也起不了鼓励储蓄的作用。权衡轻重，不少国家就宁愿提高所得税税率，同时对投资给予直接的优待；其结果是刺激投资但并不限制消费。当然，这样就必然会扩大财政赤字并加剧通货膨胀。

第七章　资本主义国家信用和国家债务

第一节　资本主义国家信用发展的原因

国家信用是国家依据信用的原则从社会上吸收资金来解决财政需要的一种形式，运用这种特殊的财政分配形式的结果就形成国家债务。

国家信用在资本原始积累时期已经有了相当的发展；随着资本主义从自由竞争进入垄断阶段，它的重要性愈益提高了。信用关系是以借贷双方在法律上的平等地位和出借方的自愿为前提。但国家拥有强制的力量，可以无偿地征收私人的部分收入。所以，国家信用为什么会发展，为什么会占到相当重要的地位，是需要说明的。

由于国家吸收资金的来源可以是本国的也可以是国外的，国家信用如同私人的信用一样，也可分为国内的和对外的两类。国家对外的信用关系中，这个国家的政府对于外国政府、银行、企业或个人并不能行使强制权，只有在对方自愿的前提下，在对方认为有利可图，因而愿意接受的条件下，才能订立信贷的合约。这种信用关系，与私人间的信用关系基本上是性质相同的。它的发展，一方面是由于这个国家有财政需要，另一方面是由于国外已经有了相当数量的借贷资本的积聚，因而是可以得到的。

但是，一个国家的国内信用关系之所以发展，却有着较为复杂的原因：

第一，资本主义国家中的工人、农民、低薪的职员等阶级和阶层，他们的收入本来就是低微的；如果政府以工资所得税和必需品课税等形式来加紧压榨，必然要遭到工农群众在政治上和经济上的愈来愈大的反抗，而且也并不能取得很大量的收入。因此，资产阶级的政府只能采取其他形式来进一步从他们手里吸收资金，其中就包括国家信用的形式。

资产阶级政府通过国有的储蓄银行来吸收工农群众的零星款项，就是国家信用的一种形式。工农劳动群众的职业愈是没有保障，家庭负担愈是沉重，生活愈是动荡，他们就愈是要从自己微薄的收入中挤出少量的“剩余”以备年老失业或其他意外的需要。这是社会强迫他们进行的储蓄。设立国家的储蓄银行，用低利率来吸收这些零星款项，形成一个相对稳定的结余额，就可以用来弥补国家的一部分财政支出。这不仅为政府提供了补充的资金来源，而且为统治阶级锻造了一条能够拖住一部分劳动者的“金锁链”。

许多资本主义国家经营的储蓄银行的实际情况也可以说明这一点。列宁曾经对俄国政府的储蓄银行作过这样的分析：“我们来看看储蓄银行的钱是用在什么地方和怎样使用的。在俄国，这些钱首先加强了俄国这个军事的、资产阶级警察国家的威力。……譬如在1899年，储蓄银行的存款总数是67900万卢布，其中61300万卢布为债券，其中23000万卢布是国家公债，21500万卢布是土地银行的不动产押据，16800万卢布是铁路公债。”[①]“国库常常做一种有利可图的‘小生意’：第一，它抵敷储蓄银行的全部开支获得纯利（而

① 列宁：《俄国经济生活片断》，《列宁全集》第6卷，人民出版社版，第73页。

纯利总是作为储蓄银行的预备资本）；第二，它迫使储户来抵偿国家经济的亏空（迫使他们贷款给国家）。”① 可见，国家把工农群众的零星储蓄，一部分通过储蓄银行购买政府债券的形式变成了国家财政资金，另一部分通过储蓄银行购买企业债券的形式变成私人企业或政府企业的资本。沙俄政府曾经这样做过，当前很多资本主义国家也是这样做的。这对于国家筹措资金可以起一定的作用。但这种信用形式有其局限性：一是资金来源有限，不可能每年提供不断增加的收入；二是会引起私人银行业的竞争和反对；三是清偿的负担很重，财政收支的矛盾仍然存在。正由于这些原因，以各阶级阶层的个人收入为资金来源的国家信用的形式，包括国营储蓄事业在内，不可能成为国家信用的主要形式。

第二，资本家拥有一定数额的货币资本，在一定条件下可以被政府吸收来解决财政需要。产业资本的循环周转过程中会形成短期闲置的和较长期中可以利用的货币资本，它们本来就是借贷资本的来源。资本家已经取得的利润，地产和证券持有人等的收入，在它们还没有进行现实的投资之前，也是可以当作借贷资本来使用的。由上述种种原因而形成的借贷货币资本的数额，为数很大，目前已经大量过剩。为日益过剩的大量借贷资本寻找出路，这从来就是资产阶级政府的一项重要责任。

这里就不难看到国家以信用形式来吸收借贷资本以解决财政需要的可能性和必要性。只要对资产阶级有利，这样做显然是可能的。从政府这方面看，缓和课税的矛盾，应付迫切的需要，是必要的；从资本家这方面看，为过剩资本寻找出路，提供丰厚的利益，也是必要的。

① 列宁：《俄国经济生活片断》，《列宁全集》第6卷，人民出版社版，第73页。

但是，资本家自愿把资本借给政府，这是一项投资。作为投资，必须具备两个条件——利润高和灵活性强。在收益的高低、可靠性的大小、投资对象的市场价格是否稳定等方面，这项投资总的说来必须比其他可能的投资更为有利。由于社会上借贷资本的需求是随着资本主义经济的周期波动而不断发生变化的，资本家不能把大量货币资本凝固在一个投资对象上；所以，高度的灵活性，即可以把这项投资很方便地变成支付的手段，对他们来说也是十分必要的。为了充分地满足上述两个条件，资产阶级国家必须选择适当的信用形式。而由国家发行债券，提供市场买卖的便利，对购买和持有这些债券给予种种利益，就能满足上述两个条件，把大量货币借贷资本变成国库资金。

因此，从借贷货币资本这个来源看，资本主义国家信用的发展是客观必然的，而且，采取政府发行各种债券的形式也是客观必然的。这也就是公债券这类形式之所以广泛发展，国家债务之所以不断积累的主要原因。但是，国家债务为什么能够不断增加而政府还能应付下去，这就不能不涉及国家信用与通货膨胀的密切关系。

第三，资本主义的经济是商品货币关系极度发展的经济体系。在现今条件下，在流通中的不是黄金和金币，而是纸质的货币符号即钞票，更多的是银行发行的信用凭证，即银行的债务凭证。政府发行债券，这是国家债务的增加。但通过很复杂的过程，这必然会引起银行的债务的增加。而银行的债务凭证在现今条件下是可以作为流通手段和支付手段而起作用的。因此，国家信用的发展就引起了流通手段和支付手段的量的扩大，即引起了通货膨胀。

当资本家购买政府债券时，虽然也可能在一定时期内垫支了自己的资本，但终究是采取先借后购或先购后借两种方式中的任一种，用借来的资金来作这项投资的。当工商业资本家购买政府债券时，只要有利可图，他们当然愿意从银行借款来购买；当他们用自己的资本来购买时，如果要长期持有这些债券，也必然会不断地从银行借款；无论先借后购还是先购后借，终于要引起银行信用的扩大。当商业银行购买政府债券时，并不运用其自有资本，而是运用它们从外面吸收来的资金，所以，对于商业银行来说只有先借后购这一种方式。商业银行购进债券，就相应地减少了存款的准备，这似乎就要限制它们购买政府债券的能力。但事实上这种限制由于两方面的原因而变得无关紧要了。一方面，中央银行可以对商业银行贷给款项，增加它们在中央银行的存款额，从而加强它们的存款准备。另一方面，政府发行债券所掌握的购买力，通过政府支出的种种途径，终于又会增加商业银行系统的存款，也会增加它们的存款准备。就全部商业银行来说，在中央银行的支持下，它们可以不断地购买政府债券，同时不断地扩大信用。当中央银行购买政府债券时，显然就将直接使货币发行增加，或者使中央银行中商业银行的存款增加，从而使银行信用扩大。

当资本主义国家信用的发展直接或间接地引起银行信用的扩大时，钞票的发行额，在银行活期存款账户上签发支票的数额，都会超过流通的需要。这就会导致通货膨胀。在通货膨胀中，国民收入必然要重新分配，工农群众的实际收入被迫下降。在这个意义上，国家信用已经不再是在自愿原则上吸收资金的形式，而变成为对广大人民群众进行残酷掠夺的一种“通货税”了。

总起来说，资本主义国家信用的发展有三方面的因素：第一，由于资本主义制度的内部矛盾和这些国家对外矛盾的发展，支出不断增加，资金筹措更加困难，必须从课税这种基本的收入形式之外寻找其他可能的办法。第二，由于金融资本的形成，国家信用的债券形式必然会广泛地被运用。第三，在纸币制度下，在资本主义国家现今的货币流通的状况下，国家信用与通货膨胀相结合，国家债务不仅达到了很大的规模，而且对资本主义经济体系产生了很大的影响。

关于国家信用和国家债务的发展情况，可以用美国的例子来说明。美国三级政府的债务总额，截至 1974 年年末，约达 6850 亿美元，相当于同年 GNP 的 48.6%。在三级政府的债务总额 6850 亿美元中，联邦政府的债务为 4930 亿美元，约占 72%，各州和地方政府的债务合计为 1920 亿美元，约占 28%。

从联邦政府的债务来看，其绝对额增长很快。1941 年年末为 580 亿美元，1946 年年末为 2590 亿美元，1974 年年末如前所说已高达 4930 亿美元。但以联邦政府债务相当于同年度 GNP（名义）的比例来看，1941 年为 47%，1946 年为 125%，1974 年又降为 35%，1979 年约仍保持在同一水平。从上述数字可以看到，政府债务是不断增长的，但以战争时期增长得最快。战后主要由于物价的不断加速上涨，政府的名义债务虽然增加，但由于美元的购买力大幅度下降，政府以不变价格计算的债务额增长得不是那么快，国家债务在 GNP 中所占比重反而下降。这就表明，国家信用和通货膨胀相结合，形成了一种特殊的分配形式，即所谓“通货税”。

国家信用与通货膨胀的关系，从政府债券的所有者的构成也可知其大概。根据美国财政部的估计资料，1979 年 11 月底联邦政府债券的所有权情况如下：

由联邦政府单位所持有：	
政府单位和政府信托基金	22.4%
联邦储备银行	14.2%
由社会公众所持有：	
商业银行	11.4%
其他金融企业	2.3%

工商企业	2.9%
州和地方政府	8.2%
个人	13.6%
其他	25.0%
合　计	100%

从上述数字可以看到，联邦政府债券由各级政府及其机构所持有约占三分之一；这是各级政府以及政府内部的资金调剂。除了这部分外，美国的中央银行即联邦储备系统持有相当大的部分，这部分的持有是金融当局进行公开市场活动所造成的，也是政府支持银行金融业的必然结果。银行以及保险公司等金融机构也持有很大数额的政府债券；这是它们的投资，也是它们扩大信贷规模的结果。工商企业和私人的持有，大部分也不是个人的储蓄，而是资本家及其企业的投资，通过抵押可以取得银行贷款。如果把政府债务和私人债务相联系起来，把政府债务的增长同银行存放款的增长相联系起来，国家信用同通货膨胀的密切联系就不难了解了。

第二节　国家信用的性质的探讨

在国家信用中，主要就政府发行债券这类形式来考虑。关于资本主义国家信用的性质，提出下列几点以供探讨。

第一，国家信用是借贷资本的一种特殊运动形式。

如前所述，个人持有的政府债券在国家债务总额中所占比重是不大的。以美国联邦政府债券而言，个人持有的目前不过14%，其中由一般职工个人持有的更是有限。在国家信用所集中的资金中，人民群众的储蓄为数不多，各个资本集团的借贷资本则占很大部分。

国家信用作为借贷资本的一种运动形式，是有一定特点的。在一般的借贷中，债务人是个人或企业；但在这种信用关系中，债务人是政府。在一般的借贷中，债务人开出一定期限的信用凭证交给债权人，而债权人通常就把即期的银行信用凭证交给债务人，作为一般的支付手段和流通手段来使用。但在国家信用关系中，政府用自己的债券换回银行的信用凭证，而前者本来就有可能直接充当清偿和支付手段。政府之所以采取这样迂回的手法，有很多原因，其中之一就是保证借贷资本能够有投放的场所。但也正因为如此，借贷资本的这种特殊的运动就脱离了生产和流通的客观需要。

拿私人商业银行作为例子。在美国，私人银行（包括投资银行）直接或受托持有相当数额的政府债券，它们持有的较短期的可以自由买卖的政府债券则为数更多，它们经手购进又随时售出的债券数额则达到更为巨大的规模。商业银行购进政府债券，一方面是当作投资，另一方面也准备随时出售变现以增强自身的清偿能力；而短期和中期的债券由于受市场利率影响较小因而其市场价格也较为稳定，也就成为它们投资的主要对象。当私人银行购进政府债券时，通常就在自身的负债方加上政府存款的相应金额，政府可以由此开发支票。这会不会影响银行的贷款能力呢？在通常情况下是不会的，因为银行在购买政府债券时，准备金通常是超过法定比率的，即使准备金率有所降低也不会影响银行的贷放。而且，政府为便利银行购买债券，通常给予一些优待，例如，美国政府在第二次世界大战时就曾规定：私人银行因承购债券而形成的财政存款（称“战债存款”）无需准备金。当政府支用这种存款时，当然会减少银行的准备金。但会不会迫使它们缩小其他贷放款，或者被迫出售那些政府债券？在通常情况下也不会。这些国家的中央银行会接受债券作为担保品向私人银行放款，或以其他方式来支持后者的贷放。总起来说，国家信用不仅为私人银行系统的借贷资本创造出有利的投放场所，而且还扩大了借贷资本的货币金额。

当中央银行从政府承购债券时，相应地在政府账户中列上一笔存款，而财政部门就可以开发支票来使用这笔存款。从表面上看，这似乎同私人借贷资本并不相干。事实并非如此。当政府开发支票以进行各项开支时，这就会使私人银行自己的存款和它们在中央银行的存款余额（可以充当准备金）都有所增加。这就使它们贷放的能力提高了，既可以增加对工商业资本家的贷款，也可以对政府债券投资。因此，当中央银行承购政府债券时，间接地也会扩大私人货币借贷资本的规模。不同的是：当中央银行承购政府债券时，金融资本家并非对这些债券直接投资，所以就不能取得债券上的利息和投机利润，但金融资本家却有可能支配更多的货币借贷资本；相反地，当私人银行承购政府债券时，金融资本家可以从这些债券上直接取得收益，但由于作了这项投资，扩大货币借贷资本的可能性就相对地小了一些。由此可见，从金融资产阶级的利益出发，当金融市场上银根较松即借贷资本充斥时，直接购进政府债券是更为有利的；当银根较紧时，由中央银行承购政府债券，对它们更为有利一些。换言之，从金融资产阶级的利益出发，中央银行能够根据金融市场的状况，随时调整自己的，同时也调整私人银行的债券持有额，这就最符合金融资产阶级的需要。以后将说明，资本主义国家在债务管理上就是实行这样的政策的。

在资本主义国家，银行金融体系十分发达，借贷资本的运动本来就同银行信用不可分。国家信用作为借贷资本的一种特殊的运动形式，其特点就在于它形成了一种“自我膨胀”的过程。国家信用引起银行信用扩大，而不断扩大的货币借贷资本又更多地投入政府债券这种特殊的投资对象；政府发行债券从社会上吸收借贷资本，同时又“制造”出更多的借贷资本。正由于这点，国家信用才可以不断地运用，国家债务才能不断地增长。

第二，国家的债务凭证是一种虚拟资本。

政府债券也是一种所有权或要求权的证书，上面载明政府在一定时间应支付给持有人一定数额的货币（即债券的票面额），在此之前，政府将按照规定，按期支付利息。绝大部分债券是不记名的，可以自由买卖。同其他有价证券一样，政府债券也有它的行市，实际上也是一种虚拟资本。

承购和持有政府债券的金融资本家定期地从国库取得利息。对于他们来说，这同持有其他证券是完全一样的，同进行其他投资也没有区别。政府债券有市场，有行市，所以持有人随时都可以把它当作商品出售，换成货币，再把这笔货币资本作其他之用。债券的行市有它独立的运动，通常随着市场利率的升降而作一定的降低和提高，同时也受债券投机的影响。大量债券的持有人可以推测债券行市的动态，或者有意影响这个行市，大量买卖债券，牟取巨额的投机利润。对于这些资本家来说，投入国家债券上的资本从各方面看都是真实的。

但是，事实上这种资本是纯粹虚拟的。如果说，工商企业的股票只是企业中现实资本的“纸制复本”，而资本是不能有两重的存在，所以股票本身的价值是虚假的；那么，国家债券上资本的虚假性是更为明显的。工商企业的股票本身虽然不是真实的价值，但它同一定量的现实资本多少还有着联系。对于国家债券来说，即使这种联系，也是不存在的。政府发行债券的目的基本上是弥补自己的非生产支出，所以，“资本本身已经由国家花掉了，耗费了。它已不再存在”[①]。在政府手里，“这种贷款本来不是作为资本耗费的，不是作为资本投入的，而只有通过作为资本投入，它才能转化为一个自

① 马克思：《资本论》第3卷，《马克思恩格斯全集》第25卷，人民出版社版，第527页。

行保存的价值”[①]。投下的资本的价值已经不存在了，但债券还在市场流通，而且有它的市场价值，市价还可能上升。可见，这的确是“纯粹的虚拟资本”。

可见，国家的债务凭证之所以能成为投资的重要对象，一是由于它可以成为高额利润的源泉，二是由于它能够随时出售而且行市坚挺。换言之，政府必须维持所谓债信。“一旦债券卖不出去，这个资本的假象就会消失”[②]，因为它的价值本来就是虚拟的。为了维持政府的债信，金融资本家不仅要维持旧债券的行市，而且要吸收更多的新债券。恩格斯曾经指出过：“欧洲的一切金融巨头都把他们的很大一部分资本投于奥地利的公债。他们全都需要维持奥地利的信用，而要维持奥地利的国家信用又总是需要新的借款，于是他们便不得不时常增加新的贷款，以维持他们过去已经投资的债券的信用。”[③]这对于现代的金融资本家也是完全适用的。金融资产阶级必须支持政府债券的发行和销售，政府又必须实行相应的管理措施来维持政府债券的市场。这是符合双方共同利益的。

第三，国家信用是弥补财政收支差额的一种方式，同时又是通货膨胀的基本原因。

国家信用同财政收支有着密切的关系。政府在下列各种情况下直接或间接地发行各种不同形式的债券：（1）在一个年度中，预算收支发生脱节现象，为了弥补这种季节性的差额，财政部发行国库券或其他短期债券，通常在金融市场上公开出售，销售之后还有余剩，都由中央银行承购。（2）旧债券已经到期，为清偿这批债务，

---

① 马克思：《资本论》第3卷，《马克思恩格斯全集》第25卷，人民出版社版，第527页。

② 同上。

③ 恩格斯：《德国的革命和反革命》，《马克思恩格斯全集》第8卷，人民出版社版，第31页。

财政部门可以发行新债；新债券的期限和条件可以不同于旧债券。（3）本年度中某些财政支出项目，预计不可能由当年度税收来弥补，所以就事先规定了借款的期限和条件，在年度中发行债券，但其发行额将随支出的多少而定。（4）本年度中政府要进行所谓投资性的开支，如对国有企业的贷款、中央政府对地方政府的贷款等，政府就发行一定数额的债券，通常使借入的金额和贷出的金额、借款上的支出和贷款上的收入能够相抵。（5）为应付某些国际性的金融义务，如对国际货币基金组织和世界银行的缴款等，政府也在国内发行相应数额的债券等等。在上述各种情况下发行的债券，性质并不完全相同。但就其同财政收支的关系来看，债券的发行都是为了解决财政支出的需要。从一个年度来看，政府全部债券发行和收回的差额就是国家债务的净增额，也就是国家预算内外全部财政收支的总差额。

作为弥补财政收支差额的一种方式，国家信用同课税有密切的关系。资产阶级政府通常是在课税发生一定困难时才利用国家信用形式的；在这个意义上，国家信用是课税的补充。政府利用国家信用，总是要占有一定量的产品；不如此，就不能应付收支差额。但在国家信用的发展中，资产阶级的所得不是减少了，而是扩大了，相应地，劳动人民的所得不可能不受影响。在这个意义上，国家信用又是变相的税捐。当政府利用国家信用而使其债务不断增大时，还本付息，只能增税或再借新债；在这个意义上，国家信用又是预先征收的税捐。总的说来，资本主义国家信用愈发展，则税捐课征愈加剧；而课税愈重，则政府愈是必须乞灵于国家信用。国家债务和课税的并行发展，是现代资产阶级国家的普遍现象。

资本主义国家信用同货币流通也有着密切的关系。国家信用的凭证本身虽然不是法定的支付手段，但它很容易变成银行的信用凭证。如前所述，国家信用的不断运用不可避免地要引起银行信用规模的扩大。政府发行债券，目的既是为弥补财政支出，自然就要从银行中支用这笔资金，从而向流通中注入一笔通货。这笔通货在完成了一次交换之后，其大部分要流回银行，形成存款余额，但其小部分则以现金形态留在银行之外。流回银行的通货，将随着工商业资本家支用他们的存款，随着银行发放贷款和购进更多的政府债券，不断地、一次又一次地在商品市场和银行之间往返运动。每次运动，都将在一定程度上增大流通中现金的数额。国家信用的规模愈大，则上述运动的规模就愈大，其速度也愈高。相应地，流通中现金数额不断增大，同时其流转的速度也要加大。因此，无论单独就现金来看，还是把现金和银行信用合起来看，通货的数量都是迅速增大，愈来愈超过了生产和交换对流通工具的需要量。因此，国家信用的不断增长必然要引起通货膨胀。资产阶级政府之所以能把国家信用当作弥补财政收支差额的一个手段，主要也就是由于：通过通货膨胀，政府可以占有一部分价值以供国家的消费和其他需要。

第四，国家信用的负担对广大人民群众会产生长远的影响。

资本主义国家信用虽也有借有还，但实际上形成一个负担，因为国家运用这种分配形式的结果是占取并消费了国民收入中的一个份额，一方面要影响各阶级阶层在国民收入中所占有的份额，另一方面也会影响国民收入在投资和消费各个用途上分配的比例。

从当年来看，国家发行债券和课税同样都会造成一定的负担，但负担的着落是不同的。这种不同由许多因素来决定，如这个国家的税制、财政支出的方向、债务的结构等等，不能笼统地得出什么明确的结论。但鉴于当前许多资本主义国家都是以发行债券来弥补财政赤字，也鉴于许多国家的债务只增不减，尤其是国家信用的运用已经与通货膨胀相结合，就有可能看到：国家信用的负担主要落在人数最多的固定收入的阶级阶层身上。与实行累进税率的所得税制度相比较，国家信用的负担的分配更加不公平。

在负担问题上，国家信用的特殊性是在于它的影响及至后代。国家债务是要付息的，为数很大。以美国为例，1946年国债上的利息支出高达GNP的2.4%；在七十年代这个比例虽略有降低，但仍在1%—2%。每年利息支出的金额是不断增加的。付息之外，也要还本。现今的资本主义国家都是在“寅吃卯粮”。

资产阶级财政学界从各个方面否定国家信用的负担。他们说，国家现在借债，将来虽要还本付息，但由于纳税人和债券持有人都很众多，实质上不过是同样的人们把钱从自己的一个口袋转移到另一个口袋，所以谈不上有什么负担。实际情况并非如此。持有国家债券的主要债权人是金融资产阶级，而负担税款的主要是最广大的劳动群众。国家借债必然引起课税加重，二者结合起来，再分配国民收入，对劳动群众是很重的负担。

也有人说，国家筹借资金用于增加生产投资，清偿付息的负担由于生产力的发展而得到充分的抵补，相抵之后的净额负担就很小或甚至不存在了。但事实并非如此。当前许多资本主义国家面临的是生产相对过剩和物价上涨二者并存的困难局面，国家信用主要是作为一项反危机或防止经济衰退的措施来利用的，其结果是通货膨胀而不是生产的增长，很难说国家信用竟然能有效地促进经济的增长和国民收入的迅速增大。

第三节 资本主义国债制度的概况

资本主义国家的国债制度十分复杂。今只就政府债券的种类和债券发行、付息、还本等方面说明其概况。

国家债务的期限表示政府运用资金的时间长短，这对于借贷资本的运动和政府如何运用这笔借入资金都是密切有关的。债务的期限首先是与债券上规定的期限有关。政府债券通常规定到期日。可以规定得很明确，例如，美国联邦政府于 1979 年 1 月 11 日发行的年息 9 厘的债券，规定到期日为 1994 年 2 月 15 日，所以这笔债务的法定期限为十五年。但也可以灵活规定，例如，美国联邦政府于 1979 年 5 月 15 日发行的年息 $9\frac{1}{8}$厘的债券，规定到期日为 2009 年 5 月 15 日，但从 2004 年 5 月 15 日起政府就可以偿还这笔债务，所以债券期限是二十五至三十年。

政府债券是分批地以不同名称和条件在不同时间发行的。在任何一个时候，可以把尚未到期清偿的债券按其到期日排列出一个先后次序。通常把政府债券区分为短期、中期、长期三类。在第二次世界大战前，通常把五年期的债券称为短期的，二十五年之后到期的债券称为长期的，二者之间的称为中期债券。现在，债券的期限已大大缩短。以美国联邦政府债券为例，短期债券通常称为国库券，期限为十三周、二十六周、五十二周，最长不超过一年；中期债券的期限为二年、五年、七年、十年，一般不超过十年；长期债券的期限则超过十年，可以达三十年不等。

债务的期限同债券的期限密切有关，但并不一致。即使长期或中期的债券在临近到期日时，也就形成短期的债务。由于债券是不断发行的，从一个较长时期来看，各种期限的债券的构成大致上也就决定了国家债务的时期结构。据美国联邦财政部对私人持有者的可上市的付息债券上的债务统计，截至 1979 年年底，债务额为 4022 亿美元，其中一年以内的债务占 47.1%，一至五年的债务占 33.2%，五至十年的债务占 9.1%，十至二十年的债务占 4，9%，二十年以上的债务占 5.6%，平均债务期限为三年又九个月。这个期限比第二次世界大战之前是大大缩短了，比七十年代初也缩短了几个月。

在短期债券中，以三至六个月的国库券最为重要。以美国为例，本国的中央银行和私人银行，外国的中央银行，都大量购进此类短期债券。国际大量游资，也以此作为投放对象。由于国库券在资本主义国内和国际的货币市场（即短期借贷资本市场）上占重要地位，这类债券的利率就成为一种具有代表性的市场利率。短期债券的行市（价格）、发行利率和市场利率三者密切有关。政府可以通过利率和发行价格来影响短期借贷资本的供求和市场上的利率。

长期债券一般指为数十年或十年以上的债券，也包括所谓无期债券。英国的全部国家债券中，约有不到 15% 是由所谓无期债券所组成的。这种债券的持有人有权按期取得利息，但无权要求清偿；政府有权收回这类债券，但在法律上只有按期付息的责任。长期和无期债券的行市，受市场利率的影响较大。但是，由于这类政府债券在资本主义国家的所谓资本市场（指长期借贷资本市场）上占着重要地位，政府也有可能通过人为地影响这类债券的行市的途径来影响市场利率。长期债券通常由银行之外的金融企业所大量持有，政府的各种基金组织也购买它们。

政府发行中期债券所形成的债务，公司银行购买中期债券所形成的债权，其实际期限是在不断变动的。它本是长期投资的对象，但逐渐又成为短期借贷资本的投放对象。这类债券的买卖，也是不断进行的。政府的债务管理，以短期债券和中期债券为主。

上述三类债券的期限不同，政府发行时在债券上规定的利率也高低不同。通常认为，长期债券上的利率应比中期和短期债券上的利率较高些。但如果区别债券上规定的利率和实际的利率，情况可能就会不同。例如，美国联邦政府财政部于 1979 年 8 月 15 日发行一种为期七年又六个月的中期债券，债券上规定年利率为 9%，平均按票面足值售出，实际利率也是 9%。但于同一天又发行了一种为期二十九年又九个月的长期债券，债券上规定的年利率为 $9\frac{1}{8}$%，但平均每 100 美元的票面按 102.13 美元售出，所以实际利率为 8.92%。因此，从实际利率来看，中短期债券反而高于长期债券。

以美国的资料来看，在战后期间，1966 年以前短期债券的实际利率低于长期债券的实际利率；但从 1966 年以后，情况发生变化，虽在某些年度短期利率仍然低于长期利率，但大部分年度则正相反。以 1978 年年底的数字为据，短期债券（国库券）的债务上平均年利率为 8.752%，中期债券的债务上平均年利率为 7.609%，而长期债券的债务上平均年利率为 6.742%。

国家债务的长短期利率表现出上述的反常“扭转”现象，与政府的金融政策有关。自六十年代后期以来，资本主义国家的物价上涨比较严重，无论长期还是短期利率的水平也随之上升。为抑制物价上涨，政府不得不实行一些紧缩性措施，提高利率。但由于经济发展停滞，又怕提高利率影响投资和盈利。在进退两难的情况下，就采取措施以提高短期利率而使长期利率相对地保持在较低水平上。

国家短期债务上的利率相对较高，是符合金融资本家的利益的，因为他们把国库券当作灵活投资的对象。长期债务上的利率看来虽然较低，但这是政府实行一定政策的结果，政府并不能在长期借贷资本市场上筹措大量资金。六十年代后期以来，长期利率虽然相对较低，但政府的短期债务的比例反而增大。

政府债券也可以区分为上市债券和不上市债券两类，以上市债券为主。美国联邦政府的计息债券的债务，截至 1979 年年底，合计为 8440 亿美元，其中上市债券的债务约占 63%，不上市债券的债务约占 37%。其他国家的情况也类似。

不上市债券一般都规定较长期限，债券上的利率也较高。可以采取记名的方式，不能转售；也可以采取不记名的方式，但禁止公开买卖这类债券。平时，除了对政府基金组织外，只是少量发行；战时，则大量发行。

美国的储蓄券就是战时大量发行的一个例子。第二次世界大战时期美国政府企图从广大人民群众中吸收一部分资金，以减轻市场的压力，于是就在进行了规模巨大的劝募运动之后，发行了供个人认购的储蓄券。为了加强这种债券的吸引力，就酌量提高储蓄券上规定的利率，而且还规定购买者在持有一个短时期后可以随时要求还本；当持有人不提出还本的要求时，照常计息，只是在债券到期或将来持有人申请还本时才支付利息。由于这种储蓄券的法定利率和其他条件要高于已经发行的那些债券，所以，如果它也在金融市场上自由买卖，就必然会压低那些债券的行市，对于持有那些债券的金融资本家不利。因此，储蓄券被禁止上市就是必要的了。

平时，有些资本主义国家也发行少量不上市的债券。英国的各种“小额储蓄证券”就是一个例子。从第一次世界大战以来，英国政府在开展国民储蓄运动的名义下，通过邮政局和其他代理人的广泛机构出售这类债券。其中有一些是随时可以取现的，有一些要在几个月之前先行通知。利率一般略高于储蓄存款的利率，也还有免征所得税等优待。通过这些规定，政府也可以从比较广大的群众中吸收一部分资金。

英国政府从1942年起发行的“税款准备证券”是一种特殊的不上市债券。由于英国的所得税的交纳期比较集中也比较晚，企业在交纳前的一个时期内总是要陆续地增加库存现金。政府为了使这部分资金能够早日进入国库，同时也为了使企业可以利用这部分现金，就发行上述债券由企业自由承购。企业购买这类证券两个月之后，就可以此来支付税款；在支付时计算证券的利息。持有人也可以要求付现，如果付现则政府就不计利息。这项不上市债券的发行数量当然不会很大的。

资本主义国家平时大量发行的是各种上市的债券。这类债券在市场上公开买卖，在证券交易所中通常有每日的行市。显然，这类债券是不可能记名的。这类债券通常是有期限的，但也可能有一部分是无期债券。对于债券的持有人说来，由于他有可能随时出售，债券本身的期限就不是那么重要了。由于债券的行市可以高于或低于它的票面值，债券本身的法定利率也就不那么重要了。对于这类债券来说，最为重要的是它们的行市。但是，债券的行市从来也不是稳定的。随着市场利率的变动和币值的波动，投机的因素起着愈来愈大的作用。当债券行市看跌时，债券的持有人即使已经有了损失，为了避免遭受更大的损失，也还是要争相抛出，使债券行市更加下跌。在相反的情况下，又会发生争购和竞抬行市的情况。债券市场的风波引起整个金融体系的动荡，但为金融巨头提供了获利的机会。

政府债券，不论其期限如何，都必须有一个发行的过程。政府在发行债券时，对于债券的一些基本条件必须作出相应的规定：债券的名称、发行总量、票面额、利率、还本期限和方式等等。在债券的发行过程中，有两个问题是值得注意的：一是发行的方式，二是发行的行市。

资本主义国家发行债券的方式，一般可以区分为公开征募和银行承受。前者以公布债券发行的条件和购买债券可以按零星数额为其特点。因此，采取这种发行方式，债券的面值一般较低，发行面比较广泛，但发行所需时间一般较长。目前只是在储蓄券等小面额长期债券的发行上还保留这种方式。平时，都采取银行承受的方式。金融资本家组织银行团对政府一次发行的债券，按照一定条件全部承购。这样，发行的手续简化了，时间也缩短了。

银行承受并非一定是秘密进行的，在一般情况下也还保留公开征募的某些外貌。但实际上这仍是金融资产阶级同政府的一项秘密交易。英国政府发行国库券的方式可以作为例证。英国政府为了解决财政收支的日常差额，每星期都发行一定数额的三个月期的国库券。发行方式大致如下：一个星期前在报上公布发行总量，公开征求投标；表面上任何人都有权投标购买国库券，但购买量不能低于 5 万英镑，在投标书上开列他愿意承购的国库券的价格；一个星期后在英格兰银行开标，由最高出价人承受，但当他不能承受全部国库券时，由出价次高的人继续承受，直到全部国库券都卖掉为止。由于承受国库券有 5 万英镑的最低额的规定，也由于投标人之间和投标人同国家银行之间早已有了默契，国库券实际上总是卖给银行或其他金融机构；当销售确有困难时，就由英格兰银行本身承受。可见，债券发行的具体条件实际上是由金融资本所掌握的。

政府债券的发行价格不一定就是票面值，可以低于票面值发行，少数情况下也可以高于票面值发行，所以有一个发行的行市问题。例如，1979 年 7 月 26 日美国联邦政府采取公开投标发行一项国库券，规定同年 10 月 25 日到期，为期九十一天；因为 7 月 26 日有 30 亿美元的短期债务到期应予清偿，所以财政部接受了 30 亿美元的投标，平均发行行市为票面值每百美元 97.604 美元，按此计算，这项国库券的实际年利率为 9.479%。

债券的发行价格低于票面值，其原因是多种多样的。由于市场利率上升，政府必须降低发行价格，债券才能找到购买者和承受者。此外，压低行市比提高债券的法定利率，便于掩盖政府财政拮据的实际情况。而且，如果把新发行债券上的法定利率提高到旧债券的利率之上，则随着新债券的发行，旧债券的行市就会下跌，对已经持有大量债券的资本家不利。发行价格压低，承受债券者容易在证券交易所中制造出涨价的气氛，从而在出售时可以获得差额收入，而且这种收入属于所谓资本增（升）值，可以免纳或少纳所得税。

债券发行之后，除短期者外，在其存在的期限内，必须付息。由于中期和长期债券上已经规定了利率，每年应付的利息支出是固定的。但各种债券的付息方式是不同的：有些债券是按期（例如每一年或半年）支付，有些债券是到期时同还本结合起来一次支付。通常情况下，短期的或超过一定期限后随时可以兑现的债券要采取后面那种付息的方式。由于付息方式上的不同，政府在每一年度中应付的利息和实际支付的利息并不完全一致；通常情况下，应付额会大于实付额而形成一笔利息上债务。

政府债券到期之后，就要还本。对于不上市的债券，一般都是定期清偿，支付本金及应付未付利息。为了把还本时对国库的压力稍微分散一点，资本主义国家通常对一种债券规定几个还本期，每期还本一定比例。这样就产生了分期分批的还本方式。实行这种方式时，也可以采取不同的规定。比如，全部债券分四期在两年内等额还本，即票面额 100 元的债券持有人可以从政府每六个月收回 25 元，两年内收回全部本金；或者，全部债券分四批在上述期限内还本，即以抽签的办法每六个月清偿全部债券的四分之一，也在两年内全部清偿完毕。当然，少量的不上市债券也可以不规定确切的还本期，容许持有人在通知后一定时期由政府还本，或者竟然容许持有人随时可以取回本金。在这种还本方式下，利率通常是差别地规定的，即还本愈迟，利率愈高，这样就能吸引债券持有人推迟还本期。

对于上市的债券来说，除了上述各种还本方式外，政府还可以实行购销的办法。政府可以从债券市场上陆续购进某种债券，以至到这种债券期满时其绝大部分已被政府所持有，从而还本已经变成一个政府内部的账目处理问题。由于资本主义国家普遍实行所谓公开市场活动，通过中央银行大量买卖政府债券，上述购销的办法就成为短期债券还本的主要方式。

在国家债务不断增长的条件下，不论采取什么方式，债券的还本总是会形成对于国库的一个压力。同时，还本是否能履行，既影响到期债券的行市，也影响其他一切债券的行市；对债券持有人和政府都是利害攸关的。政府为了以后能够不断地发行债券，债权人为了保持自己的权益，都需要政府公开作出某些保证，以表明还本是必定可以实行的。英国从十八世纪起实行的所谓还债基金的制度，就是这样一种制度。

英国从1786年起建立还债基金和相应的专门委员会，每年由国库拨给100万英镑，由委员会在市场上买进政府债券，债券上的利息（当然由政府支付）由该委员会继续用来买进债券，一直到原来拨给的100万英镑的本利合计达400万英镑为止。1792年又进一步扩大还债基金的规模，要求政府以后发行的债券按其总额每年拨出1%作为还债基金，据说至多只需要四十五年这项基金就足以清偿全部债务。还债基金的主张是由一个名叫普莱斯博士的人提出的。如马克思所说明的，他的观点是："国家应当以单利息借款，以复利息放债。"① 按他的设想，每年拨出一定量的财政资金按复利息来投放，形成一个专门基金，似乎就可以确保债券的到期清偿。

在实际执行中，资本主义国家的整个信用制度被弄得混乱不堪。债券的发行本来就是用来弥补财政收支的差额，但为了要拨款来建立还债基金，就形成了更大的收支差额，从而就必须发行新的债券。

---

① 马克思：《迪斯累里先生的预算》，《马克思恩格斯全集》第12卷，人民出版社版，第480页。

建立还债基金之后，政府就从市场上购进债券，但为了建立这项基金，政府必须在市场上出售新债券。购买债券目的是积累债券上的利息；但为了积累这项利息，政府必须付出更多的新债券的利息。“真正英国的还债基金，是那些使整个这一代人认识模糊并且下一代人也未必能理解其实质的可怕的错觉之一。”①

在这一片混乱中，政府的财政负担加重了，金融资本家在买卖债券中获得的利益却增加了。

从十九世纪起，资本主义国家不得不放弃上述形式的还债基金制度，转而宣称：要以当年财政收支的结余来建立真正的还债基金。实际上，这也是不可能的。这些国家财政收支的平衡愈来愈困难，收支不能相抵的年度愈来愈多，赤字的数额也愈来愈大；即使真正建立还债基金，显然也不敷还债所需。目前在许多资本主义国家中，或者是取消了还债基金制度，或者虽然保留了这项制度的形式，每年拨出一定数量的财政资金，但在国家债务和这项基金之间已经不再有什么量上的关系，实际上也不以这项基金来清偿国家的债务。

第二次世界大战前，资本主义国家在债券还本时，曾经多次采用所谓债券掉换和整理的办法。政府发行一项新债券，期限较长，利率较低，凡是以前已经发行的旧债券可以按照一定比例来掉换这项新债券；如果原持有人不愿意这样做，也可以立即还本。资本主义国家的大量债务主要是在战时和财政困难时形成的，在这种情况下发行的债券通常利率较高。战后，财政危机已经勉强渡过，金融市场上银根较松，利率下降。以前发行的债券由于法定利率较高，行市也就上升，可能高出票面值。在这种情况下政府发行新债券，如果把发行条件规定得同旧债券相接近，则债券发行比较顺利，但

---

①　马克思:《迪斯累里先生的预算》,《马克思恩格斯全集》第12卷，人民出版社版，第479页。

市场利率则可能有所上升，同时国库的负担就加重；如果大致上按照市场利率来发行新债券，则金融资本家未必愿意承受。因此，资产阶级政府通常就规定界乎二者之间的发行条件来发行新债券，同时规定旧债券或者掉换或者还本，把以前的多种债券整理成少数几种新债券。对于政府来说，掉换使政府的付息负担有所减轻，整理使债务的期限放长，看来似乎有利于政府财政状况的改善。相反地，对于原来持有债券的人看来是不利的。

但是，这里也要作具体分析。对于原来持有少量债券的人来说，这会减少他们的利息收入。但是，对于持有大量债券的金融资产阶级来说，情况就有所不同。他们不仅持有旧债券，而且还要承受新债券；一方面可能影响了他们的利益，另一方面也增进了他们的利益。更重要的是：采取掉换和整理的办法，市场利率就可以稳定在较低水平上，这对于证券交易所中一切证券的行市都有刺激的作用，公司股票等的行市可能上涨。同时，政府进行了债券掉换和整理之后，又能比较顺利地发行更多的债券。因此，总的说来，金融资产阶级并不见得遭受到损失。每一次债券掉换，大量债券的持有人一般情况下都不要求还本，而是愿意按照政府所规定的条件来承受新债券；这也可以证明对于控制国家信用的资本集团来说，这并没有损害它们的利益。当然，它们对于掉换和整理的条件也不是完全没有异议的。它们的反对常常是资产阶级政府对它们作更多的让步的借口。

在第二次世界大战中，由于主要资本主义国家都实行低利息政策，债券的利率一般也不高，所以战后也就无须实行债券掉换和整理。但是，实际上这些国家还是不断地发行新债券来换还旧债券，只是并没有规定掉换的比例和条件，而是由政府通过银行或其他机构在金融市场上随时进行的。

第四节　国家债务的管理问题

目前，资本主义国家的债务已经达到很大的规模，这项债务是增大还是减少，债务上的利率是上升还是下降，债务的构成——时期的构成和持有人的构成——是否发生变化，这一切对于资本主义国家的整个经济不能不发生重大的影响。通过新债券的发行和到期债券的还本，更重要的是通过在市场上对债券的日常买卖，政府企图使国家债务发生一定的变化，从而达到一定的政策目的。这就是资本主义国家的债务管理的基本内容。因此，国家债务管理中包含着一系列的政策措施。

从财政方面看，债务管理必须有利于政府以后的债券发行，即降低利率和发行费用。从金融方面看，由于政府债券是银行的一项主要资产，债务管理必须配合政府的金融政策，以达到稳定经济的目的。但是，政府力图把上述不同的目的在债务管理上结合起来，总是会遇到不可克服的困难。

能不能把政府债券上的利率维持在一个较低水平上？要不要这样做？这是长时期来争论的问题。债券上利率较低，国家预算中的债务支出即付息的负担也较轻，就便于当前和今后的预算收支的安排。这是符合财政政策的目的的。为此，资本主义国家在债务管理上实行了相应的措施。比如，债券的掉换和整理就是明显的例子。此外，政府发行各种条件不同的债券，通过中央银行和各种基金组织在金融市场上买卖债券，购进市场上不易销售的债券，卖出市场上求过于供的债券，稳定行市，也稳定利率，使新债券的发行对金融市场的影响缩小，发行的条件不致过分提高，这也有利于稳定利率。

但是，稳定利率的措施并非都有效，而且也并非都符合资产阶级的利益。政府发行新债券，总是由于财政收支出现赤字。政府的大量支出刺激物价上涨，市场利率也在上涨。政府发行债券，更增加了借贷资本的需求，对于市场利率本来就有刺激的作用。当市场利率已经提高了，政府如果再以较低利率来发行新债券，则金融资产阶级就不能承受。这就迫使政府不能不提高债券上的利率。第一次世界大战期间资本主义国家发行的债券就是这样：法定利率是逐步提高的。这不仅加重了政府的财政负担，而且随着每一次新债券的发行，旧债券的行市就要下跌，对于持有这些债券的资本家是不利的。为了使新债券能够顺利发行，也为了保护旧债券持有人的利益，有些国家（例如英国）就允许旧债券持有人在承受新债券时可以按一定条件以旧换新。但是，这又大大加重了政府债务上的负担。

在第二次世界大战期间，主要资本主义国家在债务管理上都实行了稳定利率的措施。以美国为例，这时期中三个月期的国库券的利率维持在3—8厘，九个月到一年期的债券利率维持在7—8厘，长期债券除储蓄券外利率一般都维持在2.5厘；这些利率都是较低的，而且和战前水平基本上是一致的。这些国家之所以能够这样做，原因在于：（1）借贷资本充斥，私人银行在中央银行的存款超过了法定准备金率。（2）政府大量军事订货的预付款，使工商业对银行贷款的需求相对减少。（3）中央银行全力支持私人银行承购债券。它们采取的主要措施是：（1）公开宣布不提高债券上的利率。（2）公开宣布中央银行的再贴现率将维持不变，对商业银行以债券为担保的贷款请求将予以无限的满足。（3）由中央银行或其他基金组织购进全部未曾销售的债券。在上述各种措施中，中央银行承购（即所谓公开市场业务）是主要的。比如，美国当时发行的短期债券由于利率较低而不受商业银行欢迎，大部分是由联邦储备系统所购进的。

资产阶级政府通过债务管理稳定了利率，这是否符合统治阶级各方面的政策要求呢？在国家债务迅速增长的条件下稳定利率，必然要引起银行信用的扩大和通货膨胀。政府虽然由于利率较低而减轻了负担，但由于物价上涨、支出上升而必须更多地发行债券。债券的持有人虽然由于行市稳定而利益得到保障，但当货币的购买力不断降低时，他们的债权利益仍然不能不受到威胁。因此，是否把利率继续维持在一个低水平上，资产阶级内部在这个问题上就展开了激烈的争论。在美国战后时期，财政部和联邦储备系统之间就持有不同的意见。

美国财政部要求在战后继续实行战时的债务管理措施以稳定利率，但是，联邦储备系统则认为提高利率乃是抵制通货膨胀的必要手段。后者企图稍微提高利率，把市场上债券行市压低到票面值之下，促使一切持有人包括私人银行在内不去出售债券，只能等待政府的还本。这样，在这期间银行的准备金就会降低，不得不适当地收缩信用。美国政府采纳了联邦储备系统的建议，从 1952 年起在公开市场上减少债券的购进量，使市场利率从 2.2 厘上升到 2.7 厘，债券行市下跌。1953 年，政府发行了 3.25 厘的新债券，市场看跌，不仅旧债券的行市有较大下降，而且刚刚发行的新债券的行市也在下跌。但是，在这些措施还没有真正造成信用收缩的结果之前，危机的征象已经露头，美国政府就只能立即恢复大量购进政府债券的市场措施，利率也就随之下降。

进入七十年代之后，物价上涨幅度在很多国家都增大了，市场利率也随之而上升到较高水平。中央银行即使大量购进政府债券，也未必能压低市场利率，更难于压低到五十年代或六十年代前期的较低水平。更有甚者，由于物价上涨猛烈，国内矛盾激化，这些国家也不得不采取一定的紧缩措施，提高利率。目前美国政府就处于这种情况下，国内利率达到了美国历史最高水平。

在高物价和高利率的条件下，债务管理就遇到了难以解决的问题。在国家债务已经达到如此巨大规模而且金融资产阶级已经对政府债券进行如此巨额投资的条件下，政府由于不能压低利率，债券的持有者即使不受到损失，也难于在政府债券尤其是长期债券上继续大量投资了。其结果是，国家的债务在时期构成上发生显著变化，短期债务的比重迅速加大；在利率结构上也发生显著变化，短期利率反而高于长期利率。由于发生了这些变化，短期债券仍然是金融资产阶级的有利的投资对象，但长期债券的市场缩小了。中央银行承受和持有政府债券的数额增加，通货膨胀加剧。政府的债务支出上升，不得不更多地发行债券，国家债务更形增加。这就造成了借贷资本大量过剩、利率上升、国债不断增加、企业投资停滞这样的局面。国家债务就成为经济停滞和物价上涨的重要原因。

资产阶级政府和经济学家经常宣称，在巨额债务的管理上，必须实行稳定经济的方针。著名的美国经济学家汉森曾经把六十年代当时近 3000 亿美元的联邦政府债务看作是美国经济的最主要的“稳定器”之一。他们说，当私人投资和消费的需求过大从而“拉动通货膨胀”时，政府在债务管理上一方面实行提高利率的措施，另一方面使私人银行的债券持有量相对减少而使其他人的持有量相对增大，这就可以缓和通货膨胀的压力；当需求不足从而影响市场状况时，政府就可以降低利率，并增加私人银行的债券持有量，这就可以造成市场繁荣。他们宣称，巨额的债务给他们提供了一整套稳定经济的财政金融工具。但是，如前所述，他们在债务管理上绝不能“自由”地运用利率来达到上述目的。以下将进一步说明，在债务管理上企图通过改变债务的构成来达到稳定经济的目的，也是矛盾重重的。

在国家债务的构成上，资产阶级政府首先区分个人持有和银行持有两个不同的份额。他们认为，个人持有的债务不会引起通货膨胀，银行持有的债务则不同。所以，在所谓“充分就业”的条件下，应该力求前者的份额增大；而在经济萧条时，应该扩大后者的比重。他们肯定，在债务管理上实行相应的措施，就可以达到上述目的以稳定经济。

在这样的政策要求下，资本主义国家在第二次世界大战时期竭力扩大对居民发行的债券的数额，要求他们长时期地持有债券，缩减自己的消费需求。但这样做是有一定困难的。比如，为了使居民能多买债券，就规定这种债券可以随时兑现。既然有了这个条件，居民持有债券的期限就必然要缩短；为了使居民能较长时期持有债券并相应地缩减消费，最好使债券不能上市，但这个规定又不免要影响债券的销售。在这些困难之外，在各阶层居民中扩大国家债务还有下列不可克服的矛盾：（1）为了缓和通货膨胀的压力，资产阶级政府要求缩减劳动群众的消费，但他们中大部分人是不可能购买很多债券的；只有收入较高的居民阶层可以多买一些债券，但往往用他们的储蓄来买，或者卖了其他证券来买，所以并不能起到缩减消费的作用。（2）即使在居民中销售了债券，由于通货膨胀仍在发展，币值仍在下跌，债券持有人实际上受到损失，以后也就不会继续大量购买政府债券了。（3）为了吸引居民购买，政府不得不提高利率，但是，如前所述，这是同持有大量债券的金融资产阶级的利益相矛盾的。

正因为在居民中扩大国家债务是矛盾重重的，资产阶级政府就采取了强制的形式。第二次世界大战期间，英国政府在凯恩斯的建议下在所得税之外加征一定金额，作为纳税人贷给政府的款项，在战后分期还本。其他国家如加拿大等也实行过类似的措施。有些经济学家多次建议在居民中发行一种“固定购买力”的债券，按照一定的物价指数来还本。但是，无论强制还是利诱，收效都是微小的。美国政府使用了各种手段，即使在战时也不过把个人持有债券的份额提高到总额的四分之一左右，以后这项比重就降低。因此，通过改变国家债务的构成来防止通货膨胀，这种政策是无法实现的。

那么，资产阶级政府能否随意扩大银行所持有的国家债券的份额，改变经济萧条的状况，从而来稳定经济呢？在萧条时期，私人银行中的现金准备一般是富余的，市场上借贷资本一般是过剩的。只要政府发行债券的条件有利于承受者，银行是乐于承受的。但是，银行承受并不一定就增加了商品需求，因为银行能否大幅度增加贷款，取决于经济活动是处于上升还是停滞下降的阶段。战后的经验说明，在经济萧条时期，银行收缩对工商业的贷款来增加对政府债券的投资，风险较小，获利较多。所以，用改变国家债务构成的办法来稳定经济，不仅难于实行，而且即使做到了，也不会有什么效验。

国家债务既有短期和长期的区分，能否通过债务的时期构成的调节，来达到稳定经济的目的？

第二次世界大战后，有过这样一种说法：当政府进行大量支出时，应首先发行短期债券，其主要部分由商业银行所吸收，这样就使银行信用迅速扩大而商品市场需求增加。这样的情况继续了一个时期，就会发生过度膨胀的现象。到那时候，政府可以收回大量短期债券，代之以长期的甚至是无期的债券，这就使商业银行之外的金融机构如储蓄银行、保险公司等的债券持有额相对增大，而商业银行的债券持有额相对减少，国家债务的平均期限放长。在这种情况下，商业银行的准备金会相对下降，相应地要收缩信用。这样的情况又持续了一个时期，膨胀的状况就消除了。那时候，政府又将发行短期债券来刺激经济的繁荣。按照这种观点，把国家债务的时期构成作这样的调节，把它和经济的周期性波动相联系起来，前者就可以缓和后者的波动，起到稳定的作用。

但是，如前所述，国家债务的平均期限缩短，这是战后各国普遍的趋势。灵活调节债务的时期构成，很难实行。进一步说，当银行系统拥有大量的政府短期债券时，政府即使通过相应的措施来改变债务的时期构成，如果改变的程度不很大，并不能使银行的存款准备金降到法定的或习惯的水平之下，也就未必能迫使银行收缩信用。即使银行的存款准备金降低了，银行是否必须收缩信用，也还要看中央银行的政策。如果中央银行在这时候提高了再贴现率，停止或收缩了对商业银行的贷款，坚持甚至提高了银行存款准备金率，那么，银行就不得不酌量收缩信用。如果中央银行实行相反的政策，商业银行就完全不必收缩信用。政府一方面通过公开市场措施来出售长期债券和收进短期债券，目的是要收缩银行信用；但同时却在中央银行的政策措施上支持商业银行扩大信用。这看来是不可理解的，但事实正是这样。比如，美国联邦财政部在1953—1954年度和1957—1958年度都以相当数额的五至十年期的债券来代替短期的和即将到期的债券，目的是要改变银行业持有的债务构成，但与此同时，联邦储备系统却降低了法定准备金率，使商业银行的自由准备反而上升。

上述情况绝非由于债务管理和信用政策配合不好、财政和银行两个系统没有合作而形成的。其中有着深刻的原因。在目前的条件下，猛烈的、全面的收缩信用的政策是不符合垄断资产阶级的利益的，所以在资本主义国家也是通不过的。如果政府在发行长期债券的同时认真地收缩信用，则无论商业银行、储蓄银行、保险公司等垄断组织都不会乐于承受这种债券，因为它的行市可能下跌，投资的风险太大。政府针对这种状况，就只有三种可能的办法：一是不发行新的长期债券，从而使债务总量缩小；二是提高债券利率，降低发行行市，从而吸引购买者；三是由中央银行承受。但是，这三种办法都是困难的。缩小债务总量，就是减少政府支出和增加政府课税，那是行不通的。在发行条件上吸引购买者，会使财政负担加重，使以后发行债券更加困难。中央银行承受大量债券，其结果仍然是银行信用扩大和通货的更猛烈的膨胀。由于这些原因，资产阶级政府在企图改变债务构成的同时，在中央银行政策上就不可能实行有力的紧缩信用的措施；也由于这些原因，改变债务构成来稳定经济，通常也只是一句空话。

在债务管理上，除了利率和债务构成外，还有一个经常争论的问题，即能不能通过债务管理的适当措施来调节债务总额，从而对经济起到稳定的作用。

如果说在四十年代或战后六十年代前期，这样的争论还有一定的意义，那么，经过了第二次世界大战，经过了七十年代以来几次的经济动荡，这样的争论就没有什么现实意义了。事实上，从三十年代以来，主要资本主义国家的债务总额是递增的，只在少数年度中略有减少。而且，稍有降低之后，债务又会大幅度上升。通过市场活动来灵活调节债务总额，只能是一句空话。

资产阶级政府实际上所能做的，不是降低债务总量，而是不断地提高它，不是调节债务总量，而只是改变它的构成。当中央银行从市场上购进债券时，如果财政收支不是平衡而是有着赤字的，那么，国家债务的总量绝不是降低了，只是构成改变了，因为政府对债券的原持有人的债务虽然不存在了，但政府对中央银行的债务以及中央银行在货币发行上和对私人银行的债务却增加了。后者代替了前者，将会加速而不是缓和银行信用的扩大和通货的膨胀。

在个别年度，资本主义国家财政收支也可能有少量结余。在这种情况下，中央银行从公开市场上购进债券，就可能略为减少国家债务的总额。这对于收缩银行信用和稳定经济是否有作用呢？也并非如此。当财政收支有结余时，银行的存款额下降，私人银行在中央银行的存款额也下降，存款准备金下降，银行业本来就有收缩信用的趋势。现在，中央银行买进债券，社会上债券的持有量下降而现金就增多，商业银行由于存款额增加和准备金增加就可能不再收缩信用。因此，在这种条件下减少债务总额，其结果不是收缩信用，而是改善银行业的地位，维持债券行市。

以上从利率、债务构成、债务总量这三个主要方面说明了资本主义国家债务管理的有关政策问题。这些问题表明，资产阶级政府不可能通过债务管理达到稳定经济的目的。巨额的、不断增长的债务乃是资本主义经济中矛盾加深的一个重要因素。

第八章　资本主义国家的赤字财政和预算制度

前面几章，分别说明资本主义国家的各种税收和税制，各种支出以及国家通过借贷活动所形成的债务。论述中也简略地谈到财政收支和国家债务的管理问题。本章着重分析财政收入和支出在量上的对比关系，涉及资本主义国家的赤字财政的理论和政策。赤字财政的政策体现在资本主义国家的预算收支安排上，反映在预算制度的变化上。当然，与预算制度有关的也还有其他的问题，如预算编造和审核以及执行的过程，中央和地方财政收支的关系，等等。这些问题，在本章中也将作一些简要的说明。

第一节　赤字财政的理论和政策

三十年代以来，尤其是第二次世界大战以后，财政收入不敷支出即财政赤字，是资本主义国家长期存在的经济现象，赤字财政的政策也是这些国家的经济政策的重要内容。

赤字财政的政策有什么理论依据？简言之，那就是资产阶级的宏观经济学，尤其是其中的国民收入流量分析的理论。

设想一个只有企业部门和个人家庭部门那样一个二元的经济体系，企业部门的产品卖给个人家庭部门，又从个人家庭部门取得劳动力、资本、土地等所谓生产要素。这样就形成了生产的流量。与此相对应，但方向相反，有收入的流量：企业部门取得各种生产要素的同时，向个人家庭部门支付工资、利息、租金、利润等；而个人家庭部门取得各种收入后，又向企业部门购买产品。生产的流量和收入的流量一样，都是循环不已的，不能中止，否则资本主义的再生产过程就不能进行下去。这两种流量的方向则正相反。

在这样的简单的经济体系中，全部的最终产品用于两个用途：个人消费和私人（个人和企业）的投资。全部的最终产品卖掉之后，必然形成各个分配的份额；如果忽略掉固定资产折旧这个份额，则必然会形成企业部门保留的未分配利润以及个人家庭部门以各种形式取得的收入。由于个人家庭部门的收入不用于消费，就形成储蓄，而企业保留的那部分利润也可以看作企业储蓄，所以，各种收入总起来看，形成下列份额：个人消费、个人储蓄和企业储蓄。个人储蓄加上企业储蓄，等于私人储蓄。因此，各种收入总额，应等于个人消费支出加上私人储蓄。

按照宏观经济理论，社会总产品的供和需不一定相等；如果供给大于需求，则有一部分产品就会卖不出去，生产的规模会被迫缩小，就业减少，失业上升。即使社会总产品的供和需相等因而生产处于均衡，这样的均衡状态也不一定是很理想的，可能仍然低于充分就业的水平，可能有部分生产能力未能利用，也可能有不少人失业。所以，有必要对经济进行调节和管理。谁来做这些工作？国家。用什么工具？其中很重要的一项就是财政收支，具体说，就是财政收支的差额——赤字。

既然考虑国家的存在和政府财政收支，上述简单的经济模型就必须修改成一个三元——个人家庭部门、企业部门和政府部门——的经济体系。政府部门从个人家庭部门以及企业部门取得一定的财政收入，主要是税收；但政府部门也把一定流量的收入交给企业部门以购买其产品，这就是财政支出。

在前面的二元经济模式中，社会总产品的供需达到均衡状态的条件是：

个人消费＋私人投资＝个人消费支出＋私人储蓄。由于个人消费和个人消费支出是一致的，所以，均衡条件就是：私人投资＝私人储蓄。在这个三元的经济模型中，均衡条件就变成：个人消费＋私人投资＋政府财政支出＝个人消费支出＋私人储蓄＋政府财政收入。这也就是：私人储蓄－私人投资＝财政支出－财政收入＝财政赤字。

消费不足，就是储蓄过多。如果私人储蓄额大于私人愿意进行的投资额，则社会总产品就供过于求，有一部分产品卖不出去，就业被迫降低。因此，在上面的等式中，左侧两项的差额（即私人储蓄－私人投资）就是一个正数，即社会总需求有一个不足额。这个不足额如果没有别的需求来弥补，则生产规模要缩小，就业降低，失业增加，闲置的生产能力要增大。但上面的等式中已经指出，弥补这个需求不足额，现成的对策就是使财政收支有一个赤字，其金额应正等于上述私人消费和投资需求的不足额。

财政赤字是支出超过正常的财政收入——主要是税收——所造成的。为弥补私人需求的不足额而安排财政赤字，可以采取多种方式，比如，增加支出规模，减税，或二者结合，都会造成一个赤字，但在增加支出的同时也增加税收，也可能发生赤字。不论采取什么方式，重要的是要有一个赤字。以赤字来弥补私人需求的不足，这就是使财政起了一种补偿作用，从而使生产处于均衡状态，进一步使生产增长和就业达到充分水平。

财政赤字之所以能起到上述补偿的作用，是由于财政支出会发生所谓乘数的作用。宏观经济学家认为，在充分就业水平未达到之前，私人的消费或投资需求的增加会引起国民收入成倍的增加，二者间的比率就是所谓乘数。而乘数的高低大小则取决于社会上的消费倾向，即社会上消费在收入中所占比重。例如，在现今条件下消费倾向为80%，即收入中有80%用于消费，即每一元的需求增加额，经过一段时间，总的会使国民收入有五元的增加。私人需求的增加有上述乘数作用，财政支出的增加也有同样的乘数作用。

如果在增加财政支出的同时也增加税收，则前者的乘数作用就被抵消了一部分。增税会使企业和个人纳税后的收入减少，会使私人投资和消费的需求都受到影响，产生一种反方向的乘数作用。当然，减税由于增加了个人和企业的可支配收入，会增加私人需求，因而有正的乘数作用，但比增加支出的乘数作用相对较弱。

所以，从赤字财政的理论得出的初步结果就是：只要存在生产过剩和需求不足的状况，就必须安排一个财政赤字；具体的办法是扩大财政支出，尽量不增加课税，可能的话还要减税。

第二节　用财政赤字来调节经济

资产阶级国家不仅肯定赤字财政的政策是必要的，而且进一步论证财政收支的赤字是调节经济和保证其稳定发展的重要政策工具。为行使财政赤字这个工具，预算制度也相应地作了必要的改革。

首先，以财政赤字来调节私人消费和投资。

财政赤字的作用主要是由于财政支出的乘数作用，但财政支出本身的性质也不是完全均同的。如同私人的需求，政府部门的财政支出也可以分为政府消费和政府投资两部分。从经济增长的要求来看，政府投资支出的影响和作用更为重要，更为长远。进一步说，政府的支出总是要有资金来保证的，而用课税的方式还是用借债的方式来筹措所需的资金，对私人消费和投资当然会有不同的影响。

用上一节社会总产品供需均衡的条件，把财政支出相应分成两部分，则均衡条件就是：

个人消费＋私人投资＋政府消费支出＋政府投资支出＝个人消费支出＋私人储蓄＋政府财政收入。

整理上式，可得出：

$$\left(\text{政府财政收入}-\text{政府消费支出}\right)+\text{私人储蓄}=\text{私人投资}+\text{政府投资支出}$$

上式中，左侧各项［（政府财政收入－政府消费支出）＋私人储蓄］是政府的“储蓄”加上私人储蓄，即整个社会的储蓄；右侧各项（即私人投资＋政府投资支出）是整个社会的投资。如果上式中“政府财政收入”仅仅包括经常性的财政收入即税收，则括弧中两项的差额就是政府经常性财政收入弥补政府消费支出后的余额，也就是以后要提到的政府的经常预算上财政收支余额。在通常情况下，经常预算上收支有余额，而这个余额就是以后要提到的另一个预算——政府的资本预算——的资金来源。在那个资本预算上，资金的用途是政府的投资支出，而这项投资支出同经常预算上的余额一般不是平衡的，资金不足就由政府部门借贷活动来弥补，其差额就等于该年度中国家债务的增加额。资本预算上的资金差额（即国家债务增加额），正好补偿私人储蓄超过私人投资的余额，因而经济能以均衡发展，如果适当安排资本预算上的资金差额，就可以使国民经济达到充分就业水平。这就是上节所说的财政赤字的补偿作用。

由于资本主义国家把财政收支分别列入经常预算和资本预算，相应地也把赤字财政的补偿作用分成下列几方面：（1）经常预算上的财政支出，既然是政府的消费支出，显然可以补偿私人消费的不足，但经常预算上的财政收入，对社会需求有相反的作用。所以，经常预算上的收支余额不宜安排得过大，而且应该花掉；只是当社会需求过旺、有通货膨胀的危险时，才可以安排较大的余额而且或许可以不完全花掉。（2）资本预算上的财政支出也可以补偿私人消费和投资需求的不足，但由于是一种投资支出，对经济的发展有促进作用，有所谓“财政红利”，可以在未来年度带来更多的财政收入，因而除了一般的补偿作用外，还有一种内在的均衡作用。（3）资本预算的收支在性质上不同于经常预算上的收支，前者的差额可以而且应当由政府借债来解决；政府借债对私人消费的不利影响很小，主要是缩减私人储蓄，而且在私人储蓄相对过多的情况下，资本预算上的资金差额正可以起到补偿的作用。

其次，以财政赤字来达到充分就业。

在充分就业的假定下，国民收入可以达到相对最高的水平。在当前低于充分就业的条件下，国民收入只能达到一个较低的水平。这两个水平的差距，就是财政收支应当发挥的补偿作用的量的界限。

财政支出，由于它的乘数作用，有利于缩小上述差距。但是，财政收入由于它的相反的作用，反而会加大那个差距。所以，为缩小以至于消灭上述差距，使就业达到充分水平，就必须适当安排财政收支的规模，使收支有一个差额，即财政赤字。

为此目的，在预算制度上必须作相应的调整，那就是提出并编造“充分就业预算”。与此相适应的政策主张就是，“当年的预算支出不应超过在充分就业条件下预算收支平衡的那个水平”。换言之，应按充分就业条件下财政收入的规模来安排财政支出。

什么样的就业水平算是充分就业？抽象地说，应该是失业率等于零，但实际上这是从来也做不到的。六十年代，资本主义国家一般把 4% 的失业率算作是充分就业水平；现在，6%—7% 的失业率就已算作充分就业水平或高就业水平。从这一水平对应的国民收入中可以取得多大的财政收入，相应地就可以也应当安排多大的财政支出。当然，如果当年的国民收入低于充分就业或高就业的水平，安排这样大的财政支出的结果就会使当年有赤字，但正是这样的赤字才是使就业达到充分水平或高水平所必需的。相反，如果当年财政收支平衡，则“充分就业预算”上财政收支就有盈余，整个社会的需求就不足，就业水平就不得不降下来。

按照这样的理论，为使就业提高以至于达到充分的水平，实行赤字财政政策是必要的。但是，究竟要有多大的赤字？财政支出要达到多大的规模？财政收入（税收）要达到多大的规模？这里还是有多种方案可供选择。赤字财政的理论家认为，在“充分就业预算”的基础上，按照社会上私人消费和投资的状况，考虑到现行的税制和财政支出制度，可以选择最适当的财政支出的规模、最合理的税收规模，从而也就有了“最佳的”财政赤字的规模。

再次，以财政赤字来稳定经济。

宏观经济学认为，经济的稳定必须有两个条件：充分的或高的就业水平和相对稳定的物价水平。抽象地说，那应当是：失业率为零，物价上涨率为零。实际上那是做不到的。因此，经济的稳定往往具体化为：失业率达到 4%—5% 的较低水平，物价上涨率也达到 3%—4% 的较低水平。在不同的国家，具体的标准也各有差异。

宏观经济学也认为，如果把财政赤字安排适当，把财政收支的计划即国家的预算安排适宜，就可以兼有高就业和物价稳定两种好处；而且，随着经济条件的变化，可以调节财政收支及其差额即赤字，使社会总需求不过多也不过少，从而能有稳定经济的效果。

为此目的，资本主义国家就不仅安排政府部门的资金收支即国家预算，而且要把国家预算安排得与国民经济中其他部门的资金流量相适应。赤字财政理论认为，财政收支虽然有赤字，但如果整个国民经济中其他部门的资金有盈余，则以盈补亏，财政赤字就不会引起通货膨胀和物价上涨。

假定资本主义国家的国民经济仍然是上述的三元的经济体系，则上一节提出的社会总产品供应均衡的必要条件就可以改变成：

（个人储蓄－个人投资）＋（企业储蓄－企业投资）＝政府财政支出－财政收入＝财政赤字

个人家庭部门的储蓄就是个人纳税后收入减去消费的余额。个人家庭部门的投资指个人建房等投资支出。通常情况下，这一部门的储蓄大于投资，有较大的资金盈余。

企业部门的储蓄就是企业保留下来的未分配利润，也包括每年提取的固定资产上的折旧摊提金等。企业部门的投资指扩大生产规模的投资支出和增加库存的支出等。企业部门的储蓄通常小于投资，因而资金不足，有一个差额。

在这样的模式中，如果三个部门的资金盈亏正相抵补，则社会总产品的供求就可以均衡；如果安排得当，就既可以实现充分就业，也不会产生供不应求以致物价上涨的局面。这也就是说，财政收支虽然有赤字，但只要这个赤字不超过个人家庭部门的资金盈余减去企业部门的资金差额之后的余额，则不会引起过多的需求和物价上涨。相反，如果财政收支没有赤字，即预算安排平衡，或虽有赤字而赤字过小，则个人家庭部门的资金盈余超过企业部门的资金需要而余额未能充分利用，反而会引起失业增加和生产下降。

而且，由于财政支出尤其是政府投资支出有所谓乘数作用，在就业没有达到充分水平之前，财政支出会使国民收入成倍上升，使个人家庭部门和企业部门的投资和储蓄都增加，而且会使储蓄增加额大于投资增加额，从而使个人家庭部门的资金盈余在解决企业部门的资金需求后的余额扩大，从而起到抑制通货膨胀的作用。因而，在未达到充分就业水平之前，财政赤字不仅不会刺激通货膨胀和物价上涨，反而能起到抑制通货膨胀的作用。在达到充分就业水平之后，如果财政收支安排不当，有可能刺激通货膨胀和物价上涨。但为稳定经济，绝不是要取消财政赤字，只需调整财政支出和收入在国民收入中所占比重，就可以达到这一政策目的。如果贸然取消财政赤字，其结果将不是经济的稳定，而是经济的衰退。

以上两节简要地说明了战后资本主义国家的赤字财政政策和理论。几十年来，这些国家实行赤字财政政策的结果，不是经济的迅速和稳定的增长，而是经济的停滞和物价的上涨。时至今日，很少再有资本主义国家敢于公开地说还是要执行这样的政策，相反地，它们都标榜要在三五年内争取财政收支平衡。当然，不管怎样说，在相当长的一个时期内，财政赤字的局面是消除不了的。这个事实，不仅表明赤字财政政策对资本主义经济产生了多么严重的后果，也说明这样的理论丝毫不能为资本主义经济的均衡发展提供什么有益的药方。

但是，赤字财政政策在资本主义国家已经实行了几十年，不仅对这些国家的经济结构已经产生了重大影响，而且也使它们的预算管理制度在内容和形式上发生了变化。以下几节，着重说明后一方面的问题。

第三节 资本主义国家预算制度的发展

“国家的预算是一个重大的问题，里面反映着整个国家的政策，因为它规定政府活动的范围和方向。”[①] 资本主义国家的预算也是这

① 毛泽东主席 1949 年 12 月在中央人民政府委员会第四次会议上的讲话，转引自 1949 年 12 月 4 日《人民日报》。

样，它反映了政府的政策，服从于统治阶级的利益。

从表面上看，国家预算只是一个技术性的文件，是任何国家进行财政管理所需要的。“每一个人都知道，预算只不过是国家本年度预期收入和支出的一览表，它是以上一年度的财政经验即平衡表为根据的。”[①] 但是，这样一个文件的提出，这样一种制度的产生，是经历了激烈的阶级斗争的。

虽然古代的罗马曾经有过类似预算的制度，但现代国家的预算制度却发生于十三世纪以后的英国。当时，在专制君主、土地贵族以及后来新兴的资产阶级之间展开了错综复杂的斗争。斗争最初集中在课税权上，后来转移到资金支配权，最后就归结为要求政府把全年的财政收支同时开列、制成平衡表、交给议会来讨论和批准。其间有将近六百年的历史。现代国家预算制度的产生实际上是资产阶级革命的一个重要内容。

在十二、十三世纪，英国的贵族和大地主要求对国王的课税权进行一定的控制，这个斗争以国王最后被迫让步而暂告一段落。1217 年英国《大宪章》的第 12 条就曾这样规定：除了给国王被俘后赎身或其他特殊事项的需要外，课税必须得到贵族和大地主的代表会议的同意。此后，资产阶级的力量逐渐壮大。他们动员了人民群众的力量，又从封建贵族手里把财政权争夺过来。1689 年的《人权法案》规定：除非由议会通过法案表示同意，不能迫使任何人纳税或作其他的交纳；国王的支出总额必须由议会核准；同时，在议会两院中，代表资产阶级的下院比代表封建贵族的上院在财政上有大得多的权力。从那时候起，国王的支出同国家的支出才互相区分。从 1760 年起，国王放弃了由王室征收的那些财政收入，换取了下

① 马克思：《人民得肥皂，〈泰晤士报〉得贿赂。——联合内阁的预算》，《马克思恩格斯全集》第 9 卷，人民出版社版，第 87 页。

院批准的对王室的年度拨款；这样，资产阶级才完整地控制了全部财政收支。到十八世纪末，全部财政收支才统一在一个文件中。到十九世纪初，才有了正式的预算制度，即财政大臣每年提出全部财政收支的一览表，由议会审核批准。

其他资本主义国家的预算制度则发展较慢，情况也与英国不尽相同。但无论这些国家中的具体发展过程有着多少差别，预算制度都是在激烈的阶级斗争中产生的，是资产阶级进行的阶级斗争的产物。

预算制度建立之后，也是不断发展变化的。构成这项制度的各种规定经常需要调整。当资产阶级政府规定或调整预算制度时，它根据什么原则呢？直到垄断资本形成之前，资产阶级曾经提出过下列几条原则：

第一，预算必须具有完整性。这就是要求一个政府的预算包含该政府的全部财政收支，反映它的全部财政活动，不应有预算外的财政收支，不应有在预算管理之外的政府财政活动。

第二，预算必须具有统一性。这就要求预算收支按照统一的程序来计算和编制，任何单位的收支都要以总额列入预算，不应当只列入收支相抵后的净额。统一性的原则实际上就是要求各级政府都只有一个预算，不应当以临时预算或特种基金的名义另立预算。

第三，预算必须具有年度性。这就要求预算按年度编造，列出全年的财政收支，对年度财政收支进行比较，不容许对本年度之后的财政收支作出任何事先的规定。

第四，预算必须具有可靠性。收支数字必须正确估计，不能估计得过高；各项收支的性质必须明确地区分，不能含糊。

第五，预算必须具有公开性。全部财政收支必须经过议会审查，而且要采取一定形式向社会公布。

上述原则，在资产阶级对封建势力争夺财政权的过程中，是一种很能动员人心的政治口号，是限制以至于剥夺封建王朝的财政权的一种重要武器。资产阶级在历史上也就是这样来利用这些原则的。当资产阶级取得了政权之后，利用这些原则的必要性不像以前那样迫切。可是，迫于阶级斗争的形势，迫于人民群众的压力，资产阶级政府在垄断前的阶段上也还是基本上按照这些原则所规定的方向来建立它们的预算制度。在这一时期，资本主义国家在不同程度上提倡财政的“民主化”，在预算的编造、执行和监督等方面相应地作出若干规定。

但是，即使垄断前的预算制度也绝非真正是人民的预算制度，所谓财政民主和预算制度的完整也只不过是资产阶级内部矛盾发展的结果，是适应资产阶级需要的。上述各项原则，即使不折不扣地实行了，也不过是加大了议会在财政管理上的权力，并不能捍卫人民群众的真正利益。所谓财政民主，也只不过是资产阶级内部在财政管理上缓和矛盾的一种手段。财政既然是资产阶级“集体”的事业，就有必要让政府对这个“集体”负责并受后者监督。当资本家组成一个股份企业时，股东们必然要责成这个企业进行正常的、完整的报表工作和公布账目。资产阶级在这个阶段上要求实行上述预算的原则，实际上也是基于同样的原因。

当垄断资本形成并掌握了政府之后，政府作为行政机构的财政权加强了；虽然有必要继续保持财政民主的外衣，但不得不削弱有资产阶级各个集团和各派力量的代表参加的议会的财政权。因此，从三十年代开始，就提出了与之前不同的预算原则。美国联邦政府的预算局长斯密在 1945 年提出的八条原则，可以作为例子以说明这种趋势。

第一，预算必须有利于行政的计划。这就是说，美国联邦预算必须反映总统的计划；在国会通过之后，就成为施政的纲领。

第二，预算必须加强行政的责任。这就是说，国会只能行使批准预算的权力，至于预算中已经核准的资金如何具体使用，责任在于总统。

第三，预算必须加强行政的主动性。这就是说，国会只能对资金使用的大致方向和目标作出原则规定，如何达到这个目标，要由总统及其所属各个机构来决定。

第四，预算收支在时间上要保证灵活性。这就是说，国会通过的关于预算收支的法案必须授权总统在一定范围内可以进行调整，总统有权把本年度预算中的拨款在以后年度的适当时机中随时支用。

第五，预算应当以行政当局的情况报告为依据。这就是说，当总统对国会提出预算草案及执行情况报告时，应当提供国内外的情况资料作为国会立法的依据。

第六，预算的“工具”必须充分。这就是说，总统领导下必须有预算编造和执行的专责机构和众多的人员，总统有权规定季度和月度的拨款额，有权建立准备金并在必要时使用它们。

第七，预算程序必须多样化。这就是说，政府的各种活动在财政上应当采取不同的管理方式，财政收支数字上也应当采用不同的预算形式。

第八，预算必须“上下结合”。这就是说，无论在编造还是执行预算时，总统必须充分利用它所领导的各种机构的力量。

上述原则的提出，并非美国一国的现象。它一方面反映了垄断资产阶级的集权，另一方面也反映了三十年代以来资本主义国家运用财政作为调节经济的手段。垄断前所标榜的财政民主已经成了空文。既然预算形式和程序多样化，预算的完整性和统一性实际上已经不存在了。既然总统在预算支出的时间安排上有充分的灵活性，预算的年度性实际上也已被破坏了。既然有关预算的一切资料都是以总统的计划为依据，预算的可靠性早就消失了，所谓公开性即使在资产阶级内部也已经成为一种单纯的形式了。

预算制度上的集中化必然加剧资产阶级内部的矛盾。这种矛盾表现在政府作为行政机构同立法机构之间对财政权的争执，也表现在中央政府和地方政府之间财政权的划分上。由于资本主义经济从较为迅速的发展转向停滞，从六十年代的繁荣变成七十年代的失业和物价上涨的并发，上述矛盾就加剧了。七十年代以来，在资本主义国家的预算制度中，立法机构的权限有所扩大，地方的财权有所增加。

美国国会于 1974 年通过的《国会预算和扣押款项法》，就是上述趋势的一种反映。根据这一法律，美国国会中成立了与总统所属预算管理机关相对应的“国会预算处”和两院的预算委员会，修订了总统向国会提交预算草案请求审议的程序和文件内容，而且要求总统对于国会已经通过支用的款项不得随意扣押不用或转至其他用途。这种“改革”反映出财政权上美国垄断资本集团之间的矛盾。

从资本主义国家的预算制度的发展可以了解，它从总的说来是为占统治地位的资产阶级服务的，但它又在许多方面反映了不同集团的利害冲突。资本主义国家的预算综合地反映了它的财政和经济政策，对资本主义的经济发展也有重大影响。

第四节 赤字预算及其形式

资产阶级政府通过预算的编造把财政收入和支出在总量上互相联系起来，也就是把国家对社会产品的占有同使用在量上进行比较，并把这个分配过程的两阶段互相联系起来。“每一个预算的基本问题是预算收支部分之间的对比关系，是编制平衡表，或者为结余，或者为赤字，这是确定国家或者削减或者增加税收的基本条件。”[①] 在当前资产阶级政府广泛利用国家信用的情况下，这也是确定国家或者可以减少或者必然要扩大债务的基本条件。

在预算收支对比关系上是平衡，是结余，还是赤字，这对预算的编造过程和执行过程来说并不是完全一样的。当政府编造预算时，对于未来年度的经济发展状况不可能有切合实际的客观分析，比较具体的根据只是上年度财政收支的执行状况。对政府来说，财政支出的需要是很迫切也很具体的，但未来年度中财政预期收入却是不稳定的，也没有确切的把握。因此，在编造预算时，二者不相适应的矛盾通常是存在的。当估计中财政收入在量上不足以弥补财政支出时，预算上就有了赤字；相反，就有了结余。当估计中收支大体相等，就算达成了平衡。在预算编造的阶段上，财政收支数字（特别是收入的数字）带有很大的主观推测的因素，它们的对比关系也就在很大程度上受这种因素的影响。因此，对于资产阶级政府来说，“编造”一个平衡的预算，是轻而易举的。只是当财政收支的差额已是明显到实在无法掩盖的情况下，或者在某种借口下，在预算编造的阶段上才有可能出现巨额赤字。

在预算的执行过程中，收支对比关系呈现出不同于预算编造时的现实性。国家如果不先占有一定数量的价值，就不可能分配使用它们。既然支大于收，就一定会发生赤字，使国家债务增加。当预算赤字已经成为一种经常现象时，就必须有相应的理论来论证赤字预算的必要性。这就是前面所说的赤字财政的理论。

虽然赤字预算已经有了长期的历史，但在上一个世纪，这还不是经常的现象。进入二十世纪后，情况有了变化。以美国联邦预算

---

① 马克思：《菲格斯·奥康瑙尔。——内阁的失败。——预算》，《马克思恩格斯全集》第9卷，人民出版社版，第67页。

为例，1914—1918 年的战争期间，四年赤字，一年盈余。1919—1928 年的战后期间，十年都有盈余。但从 1929 年到 1938 年，则九年赤字，只一年有盈余。1939—1945 年第二次世界大战期间，年年都是赤字。战后从 1946 年到 1958 年度，七年赤字，六年盈余。从 1959 年迄今，只有 1960 年和 1969 年勉强平衡，其他所有年份都是赤字的。美国现任总统虽然也说，八十年代要使联邦预算得到平衡，但实际上很难逃避预算赤字的命运。美国是这样，其他资本主义国家的情况也很类似。

由上述资料可以看到，在预算收支对比关系上，资产阶级政府在三十年代前后在态度上有一个重大的改变。在三十年代之前，平衡的预算通常被看作是财政健全的标志。例如，当 1929 年年末美国证券市场已经爆发危机之后，总统向国会提出 1930—1931 年度的联邦预算草案中，仍然列出有 7 亿美元的盈余；翌年提出 1931—1932 年度的预算草案时，仍然列有 5 亿美元的盈余。当然，这两年财政收支实际上都是收不抵支的，分别有 4.6 亿和 27.3 亿美元的赤字。以上做法正表明，当时占主要地位的财政观点仍然是平衡预算的观点。

但是，三十年代的大危机使所有的资本主义国家事实上都不可能保持财政收支的平衡。以美国联邦政府为例，财政收入从 1929—1930 年度的 40 亿美元下降到 1931—1932 年度及 1932—1933 年度的 20 亿美元，1935—1936 年度才大体上恢复到原来的水平。但在这些年度中，财政支出却是迅速增加的，所以从 1931—1932 年度到 1935—1936 年度约计半数以上的支出都是没有正常的收入来弥补的，也就是说，预算执行结果表明赤字要占到全部支出的半数以上。现实迫使所有资产阶级国家改变它们的策略，从隐瞒财政收支不能平衡的实际状况变为公开列明巨额赤字。在美国，这种改变特别明显地表现在1933—1934年度的预算法案上。当美国总统在1933年第一次提出这个法案时，把赤字仅仅估计为不足5亿美元；但到1934年1月提出修正案时，就公然把赤字列为73亿美元，并且宣称：这样巨额的赤字是值得的，因为它能带来不可计量的利益。从那时候起，预算赤字就在资本主义国家取得了“合法”的地位。

为了使赤字预算合法化，资产阶级经济学家就宣称：每年要求国家预算的平衡，这是一个已经过时的教条。他们说：在实行金本位制度的条件下，财政赤字的确会引起货币制度的紊乱，即使不导致金本位的放弃，也必然会使国家的债务负担过于沉重；但在三十年代资本主义国家被迫放弃金本位制度之后，赤字预算就不会发生上述那些不利影响了。他们说：在“计划通货”或“管理通货”的条件下，中央银行必须随时调节货币量以适应经济的发展，而政府的财政收支就是调节货币量的最主要渠道；如果坚持收支平衡，不仅财政收支的对比关系将不利于经济的发展，而且也会妨碍政府执行有利的金融政策。他们宣称，政府的预算，特别是中央政府的预算，是国民经济的一个重要组成部分，它的经济意义远远超过财政意义，它的支出是社会总需求的一个重要部分，预算收支的对比关系不能仅仅就预算本身来考虑，而是应当从国民经济的整体来考虑。总起来说，他们要使人们相信，要求预算收支平衡，是有弊而无利的。

资产阶级经济学家曾经提出所谓“职能财政”的“法则”，企图以此来代替预算平衡原则。他们把财政收入、支出、债务看作是调节经济的工具。如前所述，当社会上需求不足时，就应当增加财政支出和减少财政收入；当社会上需求过多时，就应当减少财政支出和增加财政收入。当社会上借贷资本过剩时，就应当出售政府债券；当社会上现金不足时，就应当收回政府债券。所谓“职能财政”，在其极端意义上就是否认有任何必要来考虑和安排预算收支之间的对比关系，从根本上取消预算平衡的概念。但是，这个想法并没有实现。即使资产阶级政府也不得不承认，“职能财政”的“法则”并没有提供出一条可行的政策。

1933 年 12 月，凯恩斯在给美国总统罗斯福的公开信中十分赞扬他敢于抛弃正统派财政观点的束缚，鼓励他去自由地执行新的政策。但罗斯福却并不愿意这样做。他所愿意做的只不过是修改预算平衡的概念，在名义上保留这个原则从而能用它迷惑人心，实际上当然是要抛弃这条原则。

从三十年代迄今，资产阶级政府大体上从三个方面来修改预算平衡的概念：第一，否定国家预算的年度平衡，代之以所谓周期平衡。第二，否定国家预算全部收支的平衡，代之以一部分收支的平衡。第三，否定在国家预算的范围内财政收支的平衡，代之以所谓国民经济或国民预算的平衡，或所谓充分就业预算的平衡。

预算必须按年度编制，这是资产阶级的一条传统原则。近几十年来，有些经济学家说，预算平衡是应当保持的，但年度平衡却是一种不合理的要求，合理的是应当保持较长时期的平衡。究竟应当考虑多长的一个时期呢？他们说，应当就经济波动的一个周期来考虑。他们认为，在经济周期的下降阶段上，即在危机后经济长期萧条和大量失业存在的条件下，政府应该扩大支出来增加消费，降低税率来促进投资，从这两方面来增加市场需求。这样，财政收支对比关系上一定是支大于收；如果从年度预算来看，必然会呈现出赤字。他们认为，当经济已经复苏时，投资增加，失业减少，政府就可以适当减少支出；当经济繁荣已经来临时，为避免过度繁荣，国家不仅可以适当减少支出，而且也可以酌量提高税率和增加税收，从而在财政收支对比关系上造成一个收大于支的局面，从年度预算来看，就会出现盈余。他们认为，后一阶段的盈余正可以抵补前一阶段的赤字，所以，就整个周期来看，财政收支是平衡的，虽然就各个年度来看，它们不都是平衡的。他们说，如果坚持年度平衡，则财政收支就不能调节经济；如果不坚持年度平衡，则在一个周期之内，财政收支还是可以达到平衡的。

这种说法具有一定的迷惑作用：好像预算平衡的原则不仅没有被抛弃，反而是坚持着的；好像差别只是把眼光放长远一些，从一年转到几年而已。他们说：即使在预算平衡的年度中，每一个季度、月份的收支也并非都是平衡的，短期的收支脱节是很普通的事情。政府通常以发行短期债券的办法来筹措这笔资金，这种办法也并没有造成很大的不良影响。既然这样，在前后延续数年的一个时期内财政收支保持平衡的条件下，年度收支有了脱节，用发行较长期的债券来筹措这笔差额的资金，那又有什么大的危害呢？这一切似乎都说明，周期平衡比年度平衡更为合理。

实际上，预算的年度平衡并非由什么人任意规定的。预算的年度性最初同农业生产的周期有着密切的联系。当生产周期较农业为短的工业等部门在国民经济中所占地位逐步上升时，仅仅年度达到平衡就已经感到不足了，而要求有季度或者月份中财政收支的平衡。在社会生产力已经高度发展的条件下，如果年度财政收支不能平衡，就不是收支的暂时脱节，不是收入在时间上暂时地同支出不相配合，而是确实地表明国家按正常途径来占有社会产品的可能，同支配使用社会产品的需要之间有着不可解决的矛盾。当年度收支已经不能平衡时，就没有任何可靠的理由足以推断在比一年更长的时期内财政收支一定能够平衡。

资本主义国家的实际情况说明，在政府用大量赤字支撑着市场繁荣的条件下，政府不能也不会采取任何认真的措施来缩小赤字，更不用说形成什么财政收支的盈余。当危机爆发时，随之发生的是长期的停滞和萧条，财政收支当然更加不能平衡。因此，以丰补歉，以盈填亏，对于资本主义财政说来，这只是一句空话，一个无法兑现的诺言，只是使赤字预算获得了合法化的借口。

预算必须完整和统一，这本来是资本主义国家预算的传统原则。但即使在名义上还保持着预算的完整和统一的时候，资本主义国家实际上已经把财政收支作了一定的划分，分别安排各部分之间的对比关系了。

英国长期以来在中央政府的预算和其相应的报表中把财政收支区分成"线上"和"线下"两个部分。最初，"线上"的收入项目包括税收和其他日常收入，支出项目包括军事费和所谓民用费，也包括所谓"固定统一基金"的支出（其中列有国家债务上的利息和其他支出、对王室的津贴、其他高级官吏的薪俸和年金等等）。"线下"的收支项目主要包括政府经议会批准可以靠借债来进行的各项开支和借债的收入等。通常，"线上"收支如果有盈余，就把盈余额列为"线下"的一项收入，同"线下"的支出相比较；如果收支不能相抵，就借债来弥补这个差额。这种划分事实上已经把预算的统一平衡分为"线上"和"线下"两部分收支的平衡，而且只是把"线上"部分的平衡看作唯一重要的。自从国家垄断资本主义的各种形式充分发展以来，英国政府对国有经济部门进行了大量投资，对"合营"企业也有大量拨款，而这些财政支出有相当部分采取了政府贷款的形式，相应地也有贷款的收回和利息的收入。这些收支都列在"线下"。这样，"线下"的收支项目就增多了，收支的规模也扩大了，实际上包括了政府同国有经济部门间的全部财政收支，也包括了政府为实现这些支出而进行的全部信用活动以及实际支付的大部分利息。这样，在整个财政收支有着赤字的情况下，就"线上"部分看来，差额可能不大，或者竟然还有着盈余。显然，这样划分财政收支和分部分平衡，就在一定程度上可以掩盖财政收支对比关系的真相。

有些国家把财政支出区分为经常费用和资本性支出两类，从而把整个预算分成两个预算，即“经常”预算（或经费预算）和“资本”预算。它们宣称，前者应由税收来弥补，应当收支平衡；后者应由借债来解决，也就谈不到什么平衡。关于这种区分的详细内容，下节中再作分析说明。但这里可以指出，这也是掩盖财政收支对比关系真相和修改预算平衡概念的一种手段。

有些国家在战时或经济恐慌时期，把财政支出区分为“正常”和“非常”支出两部分，相应地把预算也就分成了两个。美国联邦政府从1933年7月1日起就实行过这样的“双重”预算制度。对于“正常”预算，总统声称必须继续执行收缩和节约的方针，力求“正常”支出和“正常”收入（主要是税收）间的平衡。对于“非常”预算，总统表示必须执行膨胀的政策，而资金必须依靠国家信用才能筹措。这样做，当然是以“正常”预算得到平衡的假象来掩人耳目，从而便于政府执行赤字财政政策。

无论把统一的预算划分为“线上”和“线下”、“经常”和“资本”、“正常”和“非常”预算等等，都不能避免这样的问题：究竟两个预算合起来是平衡的，还是不平衡的？为此，政府在划分支出和编造几个预算的同时，也违背了预算必须完整和统一的原则，把一部分收支单独列为一种特殊基金，或者把国有经济部门的支出和债务同政府的支出和债务相分开。这一切都是在加强管理和发挥各部门的主动性等理由下进行的，实际上也是掩盖整个财政收支的对比关系的一种办法。

资产阶级政府修改预算平衡的概念，还有另外一个途径。它们在政府的财政预算之外，提出所谓国民经济预算或国民预算。这样，除了政府预算上财政收支的对比关系外，还有另一种收支对比关系；除了财政预算的平衡之外，还有另外一种平衡。

美国总统罗斯福在 1945 年 1 月向国会提出的预算报告中，首先用了两种预算的名称——政府预算和国民预算。他在国民预算这个名称下列出了四种“经济集团”的收支，即消费者、企业、联邦政府、州和地方政府的收支。罗斯福把这种预算叫作“全国性的计划”，并且宣称：通过这个预算的编造，战后军事需求的下降额可以大致上由和平时期中消费者、企业、联邦政府、各州和地方政府的需求的增加额所抵消，这样就有可能保证充分就业的实现。

随后，经济学家比较详细地解释了所谓国民预算的内容。这个预算的第一部分是消费者的收支，即消费者可支配的收入和消费支出，二者的差额是储蓄额。第二部分是企业可供投资用的资金（即未分配利润、折旧、准备金等）和毛投资额，二者的差额是企业从外部筹措的资金额。第三部分和第四部分分别是联邦预算以及各州和地方预算的收支，差额是这些预算的赤字或盈余。他们认为，如果消费者的储蓄额等于企业从外部筹措的（供投资用的）资金额，则整个社会上消费资料和生产资料的生产和需求已经达到了均衡，因此，各级预算上也就不必再安排赤字或者盈余；如果储蓄额不等于企业筹措的资金额，就有必要在各级预算上安排赤字或者盈余。他们举出下面的数例（见下页）。

在第一种情况下，由于企业投资额较高，企业准备吸收的资金大于社会上的储蓄，联邦预算上应当安排相当数额的盈余。在第二种情况下，由于社会储蓄过多而投资不足，所以预算上应当有相当数额的赤字。依照这个数例，无论国家预算中财政收支的对比关系是否平衡，重要的是整个国民经济的预算必须平衡；在许多情况下，

"国民经济预算"可以达到平衡，正是以国家预算上有赤字为其必要的条件。

	第一种情况	第二种情况
（1）消费者：		
纳税后所得	120	129
消费支出	106	113
储蓄额	＋14	＋16
（2）企业：		
未分配利润、折旧、准备金……	13	10
毛投资额	32	14
从外部筹措资金	−19	−4
（3）各州和地方预算：		
收　入	11	10
支　出	10	10
盈　余	＋1	0
（4）联邦预算：		
收　入	26	21
支　出	22	33
盈余或赤字	＋4	−12
合计：		
资金来源	170	170
支　出	170	170
盈余或赤字	0	0

近十年来，资产阶级经济学家提出的另一个所谓充分就业预算的概念，已经成为政府安排预算的理论根据。美国总统在1973财政年度的预算咨文中说："充分就业预算的概念是本届政府的预算政策的核心。除非在非常情况下，预算支出不应超过在充分就业条件下预算得以平衡的水平。1973年度的预算就是以此为准的。这样安排收支，对于经济发展提供了必要的刺激，但没有通货膨胀的作用。"

从1973年起，美国历届总统都提出充分就业预算的概念，以充分就业预算的平衡来代替实际财政收支的平衡。

充分就业预算的出发点是充分就业水平上的国民收入。在这样的国民收入水平上，有一定数额的消费，也有一定数额的投资；如果消费和投资相加起来，总的需求额还达不到那个国民收入水平，则充分就业就不能实现。为了达到充分就业，就必须增加财政支出，一直到国民收入能达到充分就业水平为止，而且在这样的条件下，财政收支也可能平衡。

举例说明，先假定这个国家的全部国民收入目前为150，只课征一种所得税，税率为三分之一，所以政府的财政收入为50；再假定社会上的消费倾向为80%，即在可支配的收入中以80%用于消费；在这个例子中，可支配的收入为150-50＝100，所以消费为80；再假定整个社会的投资为20。如果政府的财政支出安排为50，则预算收支平衡。消费（80）加上投资（20），再加上政府支出（50），等于150，即刚好与国民收入相平，国民收入就处于均衡水平上。

但是，如果充分就业水平上的国民收入不是150，而是210，那么，上面说的预算收支虽然平衡，但从充分就业预算来看，却不是平衡的。在充分就业水平上，国民收入应是210；如果税率不变，仍是三分之一，则财政收入应为70，充分就业预算上收支不是刚刚平衡，而是有盈余，正因为有盈余，所以充分就业水平就达不到。为此，就应当增加财政支出。究竟应当增加到多少呢？至少可以增加到70，如果财政支出是70，则充分就业预算的收支还是平衡的。但是，财政支出增加到70，加上投资20，加上消费，国民收入还达不到210的充分就业水平。可见，财政支出应当增加到78，加上投资20，再加上消费112［（210-70）×80%］，刚刚等于210。这样看来，甚至充分就业预算也不必求得平衡。这种观点的核心是：不必考虑现实的财政收支是否平衡，如果就业不足，就应当增加财政支出，财政收支就自然地会平衡了。

无论是国民经济预算还是充分就业预算，都有一定的迷惑作用。表面上看，好像这些国家确已摆脱了狭隘的财政框框，或是从比较宽广的国民经济各部门的角度，或是从发展即就业增加的观点来考虑财政收支平衡问题；好像不仅看得远了，而且也看得准了；财政收支安排似乎也有了具体的数量准则，所谓充分就业水平上的国民收入，所谓国民经济的总盈余（或赤字），似乎都是有据可查的。但是，如果细心一察看，问题就清楚了。拿所谓充分就业水平上的国民收入来说，是指失业率为零，还是指别的，就没有一个一致的说法。失业率为零，这实际上是做不到的。有人说失业率为4%—5%，就算是充分就业。即使同意这个标准，那就要问：财政支出要提高到什么水平才能使失业率降到4%—5%？再拿国民经济的总盈余（或赤字）来说，私人的消费和收入，企业的投资和资金来源，都是自发地变动着的，政府至多只能作一个粗略的估计，根本不能据以安排财政支出的规模。从这些实际情况来看，上述的不是资本主义国家财政收支平衡的形式，而是赤字预算的不同形式。

第五节　资本主义国家的各种预算

在垄断前资本主义时期，资本主义国家的预算制度是比较简单的，通常是以一个收支对照表的形式在不同程度上反映出政府占有和支配社会上一部分产品的状况。但在垄断资本主义时期，预算制度日趋繁杂。其原因主要有下列几方面：第一，政府活动的范围和规模不断扩大，活动的性质也日益复杂。第二，财政收支经常不能平衡；如上节所说，为掩盖赤字，预算也变得多种多样。第三，资产阶级政府企图摆脱经济上剧烈的周期波动，进行了所谓“经济计划化”的种种工作，相应地在预算制度上也采取了一些新形式。

当前，资本主义国家都按照传统的形式编造行政预算，但有些国家同时也编造包括各项基金收支等在内的综合现金预算。如前所述，有时也把全部收支分列两个预算——资本预算和经常预算。政府有时也专门从支出方面着眼，重新排列支出项目，编造所谓项目预算及行动预算。政府为了把国家预算纳入它们的所谓国民经济计划体系中，也编造了各种形式的经济分析预算。对上述各种预算的内容和目的，分别加以简要说明。

资本主义国家的行政预算也就是政府的预算。它基本上只反映政府的直接的财政收支活动。这种预算是不完整的，因为：第一，在许多国家里，虽然每一级政府都有自己的行政预算，但从来没有一个整个国家各级政府的行政预算；第二，目前许多国家都有形式不同的专用基金，它们的收支都不列入行政预算，国有经济部门的财务收支，只是部分地列入行政预算。随着国家垄断资本主义的发展，行政预算上所反映的财政分配的规模及其对经济的影响深度都愈来愈受到限制了。

许多国家的专用基金或政府信托基金已经达到了很大规模。以美国联邦政府为例，它所征收的社会保险税在金额上仅次于个人所得税，但不列入联邦政府的行政预算，而列入专门的老年、遗属、残疾人保险基金。这项基金，加上其他保险基金、公路信托基金等，为数很巨，目前每年的收支规模约相当于行政预算的40%。政府任命那些基金的负责人，支配基金的使用。但这部分财政收支既然列在行政预算之外，也就无需国会每年核准就能分配使用。如果必要，政府就可以利用这些基金的收支来掩盖行政预算上的赤字，也可以利用它们来增减政府的债务。

资产阶级的国有经济单位具有财务上的独立性，同政府只有借贷的关系，它们的收支也就根本不反映在行政预算中。即使它们在财务上还没有那样的独立性，即使它们还向政府有一定的交纳，它们的收支也绝非完整地、明确地反映在行政预算中。以美国联邦政府为例来说明，如果国有经济部门的收入和支出各为30和20，这些部门上交利润为10，而政府本身的其他财政收入是100，则联邦政府就可以安排110的财政支出而仍能保持平衡。在1954年度之前，联邦政府的行政预算的收支双方都只列100，而实际上支出是110，显然是把上交利润抵消了一部分支出从而缩小了它的数额。1954年度改变了办法：把联邦收入仍旧列为100，但支出却先列130，再减去国有经济部门的经营收入30，这样就把政府的非生产支出同国有经济部门的经营开支混淆起来。

资本主义国家的行政预算虽是主要的预算，但其所采用的收支分类方法，并不能说明资金来源和分配使用的实际情况。

资本主义国家对预算收支首先进行职能分类。在支出部分，在职能分类之后，再按部门组织系统进行分类，最后再按对象进行分类。在这三阶段的支出分类中，所谓职能分类占着主导地位。比如，美国联邦政府目前就是把行政预算的全部支出按政府职能划分的，详情如第三章中所说明。

按“职能”划分支出的结果，每类支出通常要包括几个政府部门的支出。但是，政府的拨款必须通过各个部门，并且按照各部门的组织系统交给各个单位。为了财政管理的目的，在职能分类之后，各类支出还要进一步按照各部门的组织系统进行划分。议会审查和批准预算支出，也以这种分类为据。由于资本主义国家的政府机构设置混乱，部门系统有交叉重叠，这种分类有很大的主观随意性。

在最后阶段上，支出按其对象再进行分类。比如，美国联邦预算支出从1912年起就采用这种分类形式，其标准项目是：（1）人员费。（2）维护和业务的各种费用。（3）其他维护费。（4）部门总业务费。在四项支出之下，再列出许多细目。比如，在“（2）维护和业务的各种费用”之下，列出旅费、办公费、印刷广告费、修理、租金、电费等几十个细目。按支出对象来分类，目的是便于政府控制各单位如何来使用经费，在财政管理和监督上是必需的。但由于这种分类通常是很细的，同时又是在政府内部使用，因此，这种分类也不能表明财政资金的使用情况。

行政预算的收入部分，通常只是按各种收入形式来划分。直接按各种税捐来划分收入，在各种税捐之外再加上其他收入；或者，根据经收机关的不同，把税收和其他收入先按收入机关来划分，然后再按收入形式来划分。不论采用什么方式，都不可能在分类中说明收入的真实来源。

行政预算在执行中通常采用现金收付制。在财政收入方面，必须款项入库才能列为收入，凡应收未收的款项都不能计列。在财政支出方面，必须开出支票才能列为支出，凡议会已经核准、有关单位有权动用但尚未动用的款项都不能计列。现金收付制同应收应付制的区别，在编造年度预算时是不很明显的，所以政府在编造行政预算时实际上是把这两种制度混合使用的。比如，估计所得税收入时，是从这一年度中预计发生的利润、工资等各项所得的全部数额出发的，但实际上一部分所得税是不能在这一年度中收进国库的。因此，在估计这项收入时，实际上已经放弃了现金收付制，采用了应收应付制。又比如，在编造支出预算时，政府对于执行某一个计划方案所需要的跨好几个年度的支出，通常采用一次全额核准的办法。在实行这种办法时，年度预算中列出的这部分支出数额实际上不具有现金支出的性质，因为即使在这一年度中不曾支出，也可以流用到下一年度。即使有些国家还没有实行一次核准几个年度的支出的办法，对于本年度未曾用完的核准经费，通常都是准予结转下年度使用。这样，下年度实际的财政支出同该年度预算上的支出，在项目和数额上都不会相符。这种种情况都说明，资本主义国家的行政预算同它的执行结果，实际上是不能直接比较的。

上述矛盾在资本主义国家很难解决。从行政预算的执行来看，采用现金收付制来反映它的执行情况是势在必行的。这不仅由于这种制度的实行已经有了长期的历史，而且也由于只有实行这种制度，收支数字才是有现实根据的。但是，从行政预算的编造来看，愈来愈多地加大应收应付制的因素，又是一种必然的趋势。按应收应付制来编造行政预算中的主要收支项目，其结果是相当数量的资金脱离了议会的控制，由政府首脑来掌握；另一方面，这也便于虚列收支，歪曲收支的真实对比关系。资产阶级经济学家也承认，在经济危机的年度中，按应收应付制来安排预算，比按现金收支制更容易“达到”一个平衡的预算。

预算收支的计列方式不是一个技术问题，它反映了政府行政部门和立法部门之间的关系。按照应收应付制计列的项目越多，金额越大，则立法部门对年度预算法案的审核和批准就越成为一种形式，所能控制的程度也就越来越小了。为此，立法部门也采取了相应的措施。比如，美国国会就准备对财政支出的批准实行“从零开始”的原则，即每个年度要对各项支出（即使是跨年度的、已经批准的计划方案）重新审查；也拟实行所谓“日落原则”，即对每项支出规定有效使用期，期满即使资金没有用完，也不能再动用。实行这些措施，使政府的年度行政预算保持了一定的重要性。

但是，行政预算不能反映政府的许多财政活动。为实行所谓稳定经济的政策，许多国家在行政预算之外，又另外编造综合现金预算。

综合现金预算的编造是第二次世界大战以后的事情。在资本主义国家里，也还没有一个统一的格式和范围。它不同于行政预算，不经过议会核准，不取得法律的地位。因此，在许多国家里，被称为“综合现金收支表”，往往作为行政预算的附件。

综合现金预算，就其范围说，应等于行政预算和各专用基金收支的总和；它不包括地方财政收支，也不包括没有反映在行政预算中的国有经济部门的收支。在编造综合预算时，政府同专用基金组织之间、各项基金之间的内部收支就被抵消了，从而也就不必反映在这个预算上了。它既然被称为现金预算，按理说全部收支都应按照现金收付制来计列。但如前所述，行政预算并非真正如此的，所以，在它基础上编造的综合现金预算的收支也不是全部都按照现金收付制来计列的。在年度执行过程中，当然只能计列现金收支。因此，编造和执行之间不相符合的矛盾，在这综合预算上也是存在的。

美国联邦政府从 1969 年度起就按两个不同的基础来编造预算；一个就是“统一预算的概念”，据此编造的就是上面说的综合现金预算；另一个就是“联邦基金”的收支预算，据此编造的就是上面说的行政预算。这两种预算的收支内容不同，数额不同，收支对比关系也不同。以 1981 年度为例，统一预算概念的收入列为 6000 亿美元，支出为 6158 亿美元，预算赤字为 158 亿美元；联邦基金预算上的收入列为 3832 亿美元，支出为 4297 亿美元，赤字为 465 亿美元。

资产阶级经济学家多方面推崇综合现金预算的地位，把它看成是进行财政分析和计量财政政策的经济效果的一个重要工具。他们的主要论点是：综合现金预算上收支的差额可以表明政府对“社会公众”的债务增减额，同时也表明政府使市场有效需求增减的数额。但是，事实上这种差额只能大致上标明政府债务的变动状况，并不能对这种债务的构成提供任何确切的资料；国家债务的总额和构成的变动都受资本主义经济的自发势力所支配，政府是不能事先精确估计的；即使债务总量的增减在事先规定了，由于它的构成不同，金融市场的状况不同，中央银行的政策不同，它对于市场的影响也不可能相同。企图通过综合现金预算的编造，来规定财政政策的效果，这是根本做不到的。

资本主义国家目前相当普遍地编造资本预算和经常预算。北欧如瑞典、丹麦等国实行最早，在第二次世界大战前已经作了这种尝试。目前，欧洲国家在不同程度上都采用了这种预算形式。英国修改了它传统的“线上”和“线下”的预算划分，使它们实际上变成这两个预算。美国的许多城市从四十年代起已经在它们自己的预算中采用了这种形式，但联邦预算目前还没有正式采用。亚非地区许多新独立的国家在设计自己的预算制度时，往往在资本主义国家的专家顾问的建议下，也采用了这种预算制度。

资本预算和经常预算的划分，首先是从支出着眼的，即把政府的支出分成资本支出和经常费用两大类。他们把国家经济和私人经济作简单的类比：私人企业的支出既可以区分为投资和费用，国家的支出也就可作相似的划分。政府行政支出等属于费用一类，它们对国家的净资产额会起着降低的作用。但是，政府投资等支出，只是使国家资产的项目和形态有所改变，从货币变成固定资产或某项债权，对于国家的净资产额不会发生什么影响。相应地，只有政府的“经常费用”是应当由真正的财政收入（主要是税收）来弥补的，而政府的“资本支出”则应当由借债来解决。这样，整个预算就分成了两部分，只有经常预算上的收支差额才转到资本预算中去。进行这样的划分之后，预算平衡的概念就改变了：资本预算上不论收支对比关系如何，它总是平衡的；只有经常预算上收支才可能出现差额。因此，所谓赤字也就基本上是税收小于所谓经常费用的差额，也就是政府债务增长额超过资产增长额的差额，也就是所谓国家资产的净下降额。

资产阶级经济学家把资本预算同国有经济相联系起来，声称政府既然进行了大量投资，为了正确估计这些投资的效益并且对投资进行计划管理，就有必要编造资本预算。这个理由实际上是站不住的。这些国家的全部财政支出中，真正的生产投资所占比重不大，而且投资往往是由独立经营的国有经济部门来进行的，不反映在政府的预算中。现在，他们把政府预算中一部分支出，把一些实际并非生产性的工程费用、储存战略物资支出、政府贷款等叫作“资本支出”，但这些支出既然不是生产投资，即使这部分价值暂时还没有被消费掉，迟早也要被消费掉，而且根本不可能转移到其他产品上去。因此，把这些支出同私人企业的生产投资相类比，从而采取单独的预算形式和财务管理办法，是没有根据的。

资本主义国家近几十年来也曾企图重新划分财政支出，编造所谓项目预算和行动预算。美国联邦政府在三十年代兴建的田纳西河灌溉工程上就编造过项目预算。经过长时期的准备，六十年代初美国国防部实行了所谓“计划–项目–预算的系统”（PPB 系统）。从 1965 年起曾想要推广到联邦政府的其他部门，后来因为受到反对而未果。

PPB 系统不仅是一种预算管理制度，而且是把成本费用和效果得益进行比较的原则施用于财政支出和其资金来源。采用这种系统，就要把每一个政府部门的预算支出按项目划分，为每个项目规定一个目标和适当的指标。在每一个项目下面，又进一步可以分成几种行动。对于每一种行动，可以规定工作量指标，或者规定具体任务。在编造预算时，先确定各项工作任务和完成规定工作量所需的成本（支出），汇总得出每一种行动的成本；把各种行动的成本相加，就得出实行各个项目所需的成本。举例说，一个城市的道路管理工程局的全部支出可以分成道路建造、道路照明、道路维护等项目。在道路维护的项目下面，又可以分成道路清洁（以里数规定工作量指标）、桥梁修建（规定具体任务）、下水道修理（以次数规定工作量指标）等行动；这些行动的支出总数就是道路维护这一项目的全部支出。

这种预算制度在某些部门的支出上有可能局部地被采用，而且能提高资金使用的效果，但如果在全部财政支出上采用，则整个预算就发生了下列变化：

第一，预算的年度性必然会变得模糊了。由于不同的项目需要长短不同的时期方能完成，每个项目的全部支出中有一部分是当年的支出，也可能有另外一部分是以后诸年度的支出。全部项目的支出总和并非本年度全部的支出。即使每个项目的支出上都附有年度分配数字，由于本年度还必须实施以往年度已经批准的那些项目，所以从本年度的项目预算上仍然难于了解全年的实际支出。预算的年度性实际上已经不存在了。

第二，预算支出的分类和拨款的程序都必须作重大的调整。预算支出虽然还可以保留按职能和按部门组织系统这两个阶段的划分，但必然要以按项目和行动的划分来代替按支出对象的划分。这不仅使财政管理制度发生变化，而且也要求拨款制度相应调整。议会核准拨款，就只能以某一项目或进一步以某一项目中的某一行动为对象来确定数额。在实施这一项目或这一行动时，部门就有了较大的支配权，也就是说，行政系统的资金支配权必然更为扩大了。议会虽然在名义上对各个项目有决定权，但实际上对于各项拨款的使用已经不能再起什么监督作用了。

第三，预算收支的对比关系也变得更加复杂了。由于项目预算的支出并不仅限于本年度内的，而且也不仅限于政府拨款，它还包含以后年度的或者用预算外资金来弥补的支出。所以，项目预算上的支出同政府本年度的财政收入之间并非都是直接有关的，二者间的差额也并不能说明财政赤字或盈余。为了确定这种对比关系，必须另外用别的资料。

资产阶级提倡项目预算和行动预算，目的何在？他们声称，由于国家的经济活动愈益加强，政府进行了大量的经济投资和社会文化福利设施，为了加强长期规划，为了提高效率和降低费用，有必要实行这种预算制度。事实上，目前实行这种预算制度的主要是军事部门。对于军事设施来说，编造项目预算和行动预算，核算它们的“成本”，也只不过是造成一种讲求节约和效率的姿态。既然并非生产部门，也不向市场销售产品，一个项目或一种行动的“成本”本身不能说明什么，这种“成本”也很难同它们的“得益”作比较。

从四十年代以来，特别是在第二次世界大战后，资本主义国家在经济计划化的名义下对于国民产品和国民收入进行了不少的估计工作，并按期编造有关的统计资料。同时，政府也力图利用财政收支来影响市场供求。国家预算是财政收支的综合反映，所以，政府就自然地要把预算同所谓“国民收入核算”互相联系起来，也就是把国家预算纳入它们所谓国民经济计划体系之内。

资本主义国家为了达到上述目的，就编造了各种形式的“经济分析预算”。这类预算都是在年度的行政预算的基础上编造的，但有下列特点：(1)行政预算的收支中一部分是按现金收付制计列的，但由于国民收入的核算都采用应收应付制，所以“经济分析预算”也就全部改用应收应付制。(2)不论行政预算是否分列资本预算和经常预算两部分，“经济分析预算”通常是要作这样划分的。(3)行政预算中支出按职能分类，收入按形式分类，但这样的划分对于“经济分析预算”是不适宜的。为了同“国民收入核算”相结合，“经济分析预算”上的收支都应分成真实的收支和转移性的收支。比如，国有企业交纳的利润是真实的收入，但税收却是转移性的收入。商品和劳务的开支是真实的支出，而国债上利息支付却是转移性的支出。（4）行政预算上不计列政府的借贷活动，但“经济分析预算”上一般要反映出这些活动。

资本主义国家的“国民收入核算”并没有统一的方法，指标的内容也并不一致，再加上各个国家的财政制度也都不一样，所以，它们编造的“经济分析预算”的具体内容也不可能是一致的，但大致上有下列的项目内容：

（1）经常预算部分

（甲）收入项目：

1. 转移性收入，主要包括应收税款及其他类似的财政收入等。

2. 真实收入，主要包括政府提供商品和劳务的收入，国有经济部门的盈余等。

（乙）支出项目：

1. 真实支出，即政府购置商品和劳务的支出（其中按民用和“防务”来划分，或按购自企业和购自个人来进行细分）。

2. 转移性支出，主要包括政府债务上利息支出，对个人、企业、地方政府的各种财政贴补等。

3. 折旧。

（丙）经常预算部分的收支差额，表现为净结余或赤字额。

（2）资本预算部分

（甲）收入项目：

1. 从经常预算部分转来的项目，即其净结余额和提存折旧。

2. 政府财产的出售。

3. 政府债务的净增额，应等于本年度内政府的借入款和偿还债务的差额。

（乙）支出项目：

1. 真实的毛投资总额（其中按民用和防务来划分，或按维修、新建、增加储备等项目来细分）。

2. 购进财产。

3. 应收未收的税款和其他财政收入。

4. 政府债权的净增额，应等于本年度由政府发出的贷款和收还贷款的差额。

（丙）资本预算部分的收支差额，即本年度内政府的现金（包括在中央银行的国库存款）的净增或净减额。

"经济分析预算"如果仅仅是在行政预算的基础上编造，它就不反映政府的各项专用基金的收支情况，也只是部分地反映了国有经济部门的收支情况。资产阶级经济学家也不得不承认，为了进行所谓经济分析，上述预算的某些项目还必须进行补充和调整。

政府的各项专用基金在年度内有收入，按其内容说接近于税捐交纳。各项基金也有支出，一部分是管理支出，一部分是津贴补助。收支相抵的差额，通常表现为中央银行的基金专户上存款余额的增减以及各基金组织所持有的政府债券额的增减。因此，资本主义国家通常采取下列方式把基金收支并入"经济分析预算"：（1）把全部基金本年度的收入并入经常预算的转移性收入。（2）把本年度内的基金组织的管理费并入经常预算的真实支出，把全部津贴补助并入转移性支出。（3）相应地，经常预算的收支差额中也包含了全部基金的收支差额。（4）把各基金组织所持有的政府债券在本年度的增减额从资本预算收入部分的政府债务的净增额中扣除掉。（5）相应地，资本预算的收支差额中也包含了全部基金组织在中央银行存款的增减数。经过上述调整之后，"经济分析预算"同前述的综合现金预算的口径基本一致。

资本主义国家编造“经济分析预算”，主要不是要表示出国家债务的增减状况，而是企图说明整个财政收支对于国民收入会发生多大的影响。它们通常把国民收入分成私人的和国家的两个部分，着重分析财政收支对于私人收入部分会发生什么影响。它们认为经常预算上的转移性收支对于国民收入总额虽然不会有什么影响，但其差额表明国民收入中私人的和国家的两部分的相互消长，转移性支出大于收入的差额表明私人收入部分的增长。它们认为经常预算中的真实支出是私人收入得以实现的条件，而且其中如政府支付的非生产人员的工资等竟然被认为直接增大国民收入总额同时也增大它的私人部分。它们认为经常预算中的真实收入表明私人可支配的收入相应地减少了。总起来，它们把经常预算上转移性和真实性支出超过同类收入的差额看作是经常财政收支引起的私人可支配收入的增长额；相反地，把经常预算的前述净结余额同提存折旧看作是经常财政收支引起的私人可支配收入的减少额。

根据同样的逻辑，它们通常认为资本预算中政府买卖财产、增减债务和债权等活动对于私人收入是没有影响的，而政府的投资总额（不论民用还是军用）却会促使私人可支配收入增长。它们也把国有经济部门的投资总额看作能促使私人收入增大，而相反地这些部门中保留的提存折旧、公积金等则起着相反的作用。

总起来看，它们大体上就按照下列公式来计算政府（包括各种专用基金）和国有经济部门的全部收支对私人经济部门的收入能够起多大的作用：

政府真实毛投资总额＋国有经济部门的真实毛投资总额－政府（包括各项基金）经常预算的净结余额和提存折旧－国有经济部门内部的提存折旧和公积金

按照上述公式，资本主义国家就把政府预算同“国民收入核算”相联系起来。这就是说，当这种核算资料表明私人经济部门中消费和投资有着多大的缺口时，政府就可以调节自己的和国有经济部门的投资、日常的支出和收入，使上述公式所规定的数额刚刚能够抵消这个缺口。这样就可以保证经济的“稳定”“充分就业”和“增长”。

资本主义国家的“经济分析预算”的具体内容大致就如上述。不难看出，它实际是一种混合物：它包含行政预算的基本内容，也提供了一个综合现金收支表。它既有经常预算部分，又有资本预算部分。它又是前节所说的国民经济预算的基本组成部分，同时又包含了国家债务状况的数字表。它反映了政府收支，也反映了国有经济部门的部分收支。既然单独编造的行政预算、综合现金预算、经常预算和资本预算、政府债务表、国有企业收支预算等都并不能提供什么可靠的资料以供经济分析，那么，把这些东西改头换面、任意拼凑成一个庞杂的所谓经济分析预算，又如何能把资本主义财政纳入“计划化”的轨道呢？财政活动从来是国家的有目的的活动；编造一个收支预算来反映这些活动，已经有长期的历史。但这一切都没有能改变在私有制下面财政的盲目性。资本主义财政基本上只能盲目地、自发地发展，不能有财政的真正计划化。关键不在于资产阶级政府能不能控制、协调自己的财政活动，而在于政府能不能了解和控制社会上的经济活动，资本主义经济内部的矛盾能不能解决，国家能不能改变资本主义经济发展的规律。资产阶级说，编造“经济分析预算”的目的是要把财政同经济配合起来，也就是把财政收支的规模和它们间的对比关系安排得同社会上私人消费、企业投资、金融市场上借贷资本的供求等相协调。但是，资产阶级国家既然无法全部控制消费、投资和借贷资本的运动，它也就无法真正有计划地来进行它的财政收支活动，也就谈不上什么财政同经济的切实配合。

第六节　政府预算的编造和批准

资本主义国家的预算过程包括四个阶段：预算草案的编造和提出，预算草案的批准，预算的执行，预算执行后的审核。由于预算是年度的，预算过程在每年都要进行，所以上述四个阶段通常也被称为预算循环的四阶段。

资本主义国家的内部体制并不完全一致，预算循环四阶段的具体内容也会有相当的差异。而且，如前所述，这些国家也编造多种多样的预算，并非每一种预算都有完整的循环过程。但是，就这些国家的中央政府的行政预算来说，都必须通过上述四个阶段，而且在每个阶段上的问题各个国家也是基本上一样的。这一节和下一节，主要讲中央政府的行政预算。

资本主义国家无论采用总统制、内阁制或其他体制形式，其中央政府的行政预算草案的编造都是由行政首脑负责的。

在预算草案的编造阶段上，行政首脑必须集中权力。资产阶级国家机器是庞大的，官僚机构是重叠繁复的。为了保证垄断资产阶级的利益，国家行政首脑必须严格控制各个机构的活动，也就是说，必须严格控制对各项措施的拨款额和各个单位的经费额。从形式上看，国家的行政首脑和其所属各单位之间在预算草案的编造上有一个上下平衡的过程：下级提要求，上级核定指标。但从实质上看，这是国家行政首脑统一其所属各机构的行动和贯彻既定政策的过程。

以美国为例：目前美国的预算年度从 10 月 1 日开始，比如，1979 年 10 月 1 日至 1980 年 9 月 30 日，就是 1980 预算年度。1980 年度的预算编造从 1978 年年初就开始了。美国总统依法在国会开始开会后十五天提交预算草案，时间约在 1979 年 1 月份。所以，预算编造的时间约有一年。

编造预算的工作，在美国由总统管辖下的预算管理处（OMB）负责，1972年之前称为预算局。工作程序一般如下列：（1）在预算年度开始前的二十个月左右，由政府各部的预算财务司（处）负责，在部门范围内综合所属各单位的经费需要数字，向预算管理处提供资料。（2）由预算管理处负责，综合各部提出的关于资金需要额的资料，与总统设想的方案相对照，编成一个临时的预算，提交总统。（3）总统从财政部了解财政收入的预计数字，从经济顾问委员会了解经济展望资料，从联邦储备系统了解有关资料，然后确定关于财政政策和预算的指导原则。（4）以此为准，预算管理处负责人向各部的负责人通知关于未来预算年度中经济情况的估计，国民收入增减、物价升降的预测，政府财政支出的方针，并且对联邦政府各个部门分别规定经费限额数字。（5）预算管理处约在第二季度开始后向各部发出"编造支出概算的通知"，对于概算的形式、编造工作日程、提交日期、文件内容等作出相应的技术性规定。各部门按照各自的系统，编造部门的概算，把概算文件送交预算管理处。（6）从第三季度开始，预算管理处审核各部的概算。这种审核大致可分下列几个步骤：首先由专职审核员进行文件的审核；其次在处内召集有关部门的预算财务司（处）长汇报；再次由审核员提出审核意见书；最后由预算管理处负责人审核，根据总统的决定来核定各部门提出的概算。（7）在十一月至十二月期间，预算管理处向总统提出支出预算草案，财政部向总统提出最后的收入预算数字及其说明书。总统在这些文件的基础上最后确定预算草案，并最后确定收支对比的数字。同时，在总统的亲自掌握下，预算管理处起草预算文件，并对各部通知最后的核准支出数字。（8）在一月份，总统向国会提出预算咨文，把预算草案提交国会审议。

从表面上看来，预算草案的编造是按部就班的、上下结合的。资产阶级的政府和经济学家也就是从这种表面状况来宣扬预算编造的所谓科学性、民主性和“政府上下共同负责”。但是，实际上这不过是国家行政首脑从上到下贯彻既定政策的过程。从美国的具体情况也可以了解这个事实。

第一，即使就正常的编造程序来看，从下向上提供的数字不过是参考的资料，由上到下贯彻的才是不可逾越的限额和必须执行的政策方针。

第二，前述的预算编造程序实际上并不适用于政府一切部门。这个看来比较完整的程序是在第二次世界大战之后才建立起来的，但也就在这个期间，预算支出中主要部分的军费、“外援”支出和长期的投资等项目实际上并不通过这个程序。而且，约计达三分之二的预算支出项目是以往年度已经决定了的，只是如数照例，走走过场罢了。

第三，在形式上联邦预算管理处负责编造整个联邦预算草案，但实际上对于收入预算，它是完全不能顾问的。财政收入的估计是由财政部负责，但这种估计所依据的经济情况却是由总统的经济顾问委员会来准备的。这就是说，编造任何一个预算的最关键性问题——收支对比和最本质的问题——财政收支对经济的影响，都是由总统考虑并安排的。

资本主义国家的行政首脑负责编造的不是全国的预算，而只是中央政府的预算草案。在这个阶段上，他无须解决各级政府之间的关系，而只要解决中央政府内部上下级之间的关系。在处理后一种关系时，作为行政首脑，他就可以也必须实行高度的集中。但事实上，即使在这个阶段上他也不可避免地要碰到两方面的问题：一是统治集团内部的矛盾，这主要表现在支出安排上；一是需要和可能的矛盾，这表现在收支对比关系上。

现代资产阶级国家是受垄断资本集团控制的。当各个集团依赖于政府的订货来解决它们商品的销售困难时，对于财政支出的规模、支出方案的选定、支出的进度、政府的各项措施和各个工程地点的选定等等，它们是密切注意的。因为这一切同它们能够得到多大的订货和利润、什么时候能够得到它们，都是密切相关的。不论国家的行政首脑采取什么形式来安排预算支出数字，要解决的首先就是这个问题，而解决的办法也只能是“利益均沾”和“按资本分配”。

预算编造过程中统治阶级内部的斗争是在幕后进行的。当然，这种斗争也不限于这一阶段，事实上要扩展到预算草案在议会的批准和批准后的执行过程中。但在这一阶段上，全年财政收支的基本情况实际已被决定了，议会在审查过程中一般只能作局部的、少量的调整。即使在年度过程中追加支出，仍然要由行政首脑提出追加预算草案，再由议会审核批准。因此，这一阶段上幕后的斗争是十分尖锐的。

在预算草案的编造阶段上，还必然要碰到财政需要同可能之间的矛盾。这一矛盾的发展导致了普遍采取的虚列收支的办法。为了缩小赤字而虚列收支，一般是夸大收入数字或缩小支出数字。但是二者所起作用不同，虚列收支主要是从收入方面来进行的。

估计财政收入，在十九世纪通常采用两种方法。一种是法国曾经采用过的所谓自动法，或称“按上年度计列的法则”。这就是把上年度实际收入数字列为本年度的预算数字。另一种是欧洲许多国家采用过的平均法。把前三年或五年的实际收入数字的平均数列为本年度预算数；或者先计算前三年或五年的年度收入平均增长率，然后再从上一年度的实际收入数字和这一增长率来确定本年度预算收入数字。无论自动法或平均法，都是假定资本主义经济是稳定的。

显然，这并不符合实际情况。实际收入可能远低于预算收入，也可能发生相反的情况。

目前，一般实行的是所谓直接计算法，即依据上年度的实际收入数，利用政府的关于经济情况的统计资料，结合未来年度中政府即将实行的政策和措施，分别各项税收，进行估算。例如，为了估算个人所得税收入数字，就分下列两个步骤来进行：(1) 根据以往年度中个人所得总额和应税所得额的比率，从政府提供的未来年度中个人所得总额的资料计算出同年度的应税所得额。(2) 从以往年度统计资料中计算出个人所得税的平均税率，根据未来年度中政府税制改变的具体情况来调整这个平均税率，然后用调整过的税率同应税所得额一起计算出个人所得税的税额。又例如，为了估算纸烟消费税收入，就先要根据纸烟销售量的统计资料计算出它在几年来的变动比率，再根据政府的"国民收入核算"中个人所得和消费的资料来确定未来年度中个人用于纸烟的消费支出，然后用税率来计算税收数字。用直接计算法来确定预算收入数字，看来有这样几个特点：第一，各个国家采用的方法不同，各种收入上实行的方法不同。第二，资料运用以及对这些资料进行加工计算的过程，都有很大的主观推测的成分，主要依靠财政工作人员特别是财政部长的"个人判断"。第三，这种计算的误差很大；根据资产阶级经济学家提供的资料，美国联邦政府对半年后财政收入的预算数字同实际数字相比较，四五十年代平均误差达10%。

但是，具有上述特点的收入计算方法却为预算的编造涂上了一层计划化的色彩，同时又给政府上下其手提供了合法的根据。既然"个人判断"占着重要地位，而且误差又是难免的，所以也就不能要求收入估计达到怎样精确的程度。资产阶级自己也承认，预算可以编造得"高"些或"低"些，并没有一个绝对的尺度。一个"高"

的、“乐观”的预算，就是把经济指标高估，把收入指标高估，也就可以把支出指标也规定得很高，但同时又似乎还能保持收支平衡，从而制造出一个财政收支状况改善的局面。

国家的行政首脑把预算草案提交给议会，这样就进入了预算过程的第二个阶段——议会批准预算草案。由于各国的议会的组织形式并不一致，议会同行政首脑的关系也不一样，相应地，预算草案的批准程序也不会完全相同。今以美国联邦政府的情况为例，说明其大概。

美国总统根据1950年的法案，在每年一月份国会开会后的半个月内，向国会提出联邦预算草案。这个草案包括支出计划和收入计划两个部分，并列出总表来说明收支对比关系和债务变动状况。国会从一月份开始审核和批准的工作。美国在1974年通过的《国会预算和扣押款项法》曾对这项工作的机构和程序作了某些修改。为加强国会的权力，国会设立了新的机构，在参众两院各设了一个预算委员会，权力相等，每年对总统提出的预算草案至少要作出两次决议。美国众议院本来设有两个常设委员会：其一是资金来源（即财政收入）委员会，负责审核收入计划；另一个是拨款委员会，负责审核支出计划。众议院现在的预算委员会，其成员中有五个来自资金来源委员会，五个来自拨款委员会，还有其他的常设委员会的成员、两大政党的代表，所以实际上是一个综合性的委员会。参议院的预算委员会的人员构成也类似。两个预算委员会的成立，是美国国会争取预算权的措施。

在两个委员会之外，国会还成立了一个国会预算处，是为两个委员会提供资料和分析性材料的，年初向两院预算委员会提出年度报告，内容是：预算的几个可供选择的方案，优先项目，课税如果实行减免优待措施对于收入会产生多大的影响，等等。国会预算处还要作出五年的预算设想，对政府的各项法案提供费用和成本的分析。它实际上是一个业务调查的机构。

国会审查和批准预算草案的程序，从1974年度以来大体上是：以两院的预算委员会为主，向国会提出两次决议，经过批准，就完成了立法手续。从一月份总统提出预算草案开始至五月十五日通过第一次决议，算是第一段。在这一时期，两院的预算委员会从国会预算处以及各常设委员会收集有关资料，往返磋商，确定各项拨款的数额，在这基础上提出两院共同的决议草案，于五月十五日经两院批准。从这时候到九月底是第二段，在这一时期两院要完成立法程序，并作出第二次决议。第二段在新的预算年度开始前结束。

在美国，国会参众两院通过的预算必须经过总统签字同意后，才算完成立法手续。总统可以行使否决权。总统否决之后，原草案交还给国会重新讨论，必须经过三分之二多数投票才能通过。

在预算编造和审核批准的过程中带有关键性的一个问题是：预算主动权由谁来行使？所谓预算主动权，就是建议进行某项新的支出或增加某项已有的支出的权力。如果预算主动权只是由行政首脑来行使，议会没有这项权力，那么，在预算草案提交议会后，议会不能增添新的支出项目和加大草案上已经列出的支出项目，只能在草案所规定的规模内审查核减支出。如果议会能够行使这项权力，则实际上议会就可以自己编造并批准一个新的预算草案，把行政首脑提出的置之不理。可见，资产阶级各派力量是不能放松这种权力的。

当资产阶级正在夺取政权时，他们要求议会能够行使这项权力。逐渐地，这项权力就转移给行政首脑。英国的下院很久以来对政府支出预算只有权核减，无权核增。美国在1921年以前，联邦预算草案的支出数字还是由众议院下面各个拨款委员会领导，直接让各个部门来编造的；预算主动权在当时还是由国会来行使的。但从1921

年联邦预算制度改革后，预算编造工作集中在联邦预算局或预算管理处，实际上就是由总统来行使这项权力。目前，参议院虽依法有权增加支出，但参议院是在众议院之后审核总统提出的预算草案，通常只是把众议院已经核减的支出数字适当提高，这显然不是削弱，而相反地是加强总统的权力。由于预算主动权基本上是归行政首脑来行使，虽然理论上预算应由议会批准，实际上却是由行政首脑决定的。美国总统提出的预算草案，国会虽然常作少量的削减，但很少超过支出总额的5%。资产阶级要求在预算批准的整个过程中充分表现出资产阶级所说的财政民主，但实际上不仅人民群众的利益遭到严重侵犯，即使在资产阶级内部也绝非各派力量一视同仁和同享权力的。

第七节 政府预算的执行和对执行的监督

资本主义国家的预算草案经过议会的立法程序之后，就成为正式的法案，进入预算过程的第三和第四阶段，即执行和执行过程中以及执行后的审核监督阶段。通常把支出和收入分成两个法案：支出部分称为拨款分配法案，收入部分称为财政法案。这两个法案都由行政首脑负责执行。执行预算，就是把税捐和其他财政收入征入国库，然后按照各部门组织系统分配出去。这整个过程虽由行政首脑负责，但具体的工作是由财政部门或预算机关来进行的。

执行收入预算或财政法案，是税务机关和其他财政收入机关的职责。它们依照现行法令进行各种课征，把款项纳入国库。除非更改税法，政府在整个年度过程中并不能调节收入预算的执行。当然，由于资本主义经济的自发性，收入预算能否实现是完全没有把握的。

执行支出预算或拨款分配法案，情况则有所不同。在这一过程中，资金分配同资金支用是由不同的单位来负责的。就全国来说，财政机关分配资金，而各个部门支用资金；就一个部门来说，部门的预算财务机构分配资金，而各个业务基层单位支用资金。既然在支出预算的执行过程中还需要从上到下来进一步分配资金，政府就有可能也有必要来进一步调整支出：改变资金使用的方向，调节它的进度，甚至改变它的规模。

支出预算通常只规定各个部门的年度拨款总额。各个部门在支用这笔资金之前，通常要提出季度分配计划由财政机关审核批准。财政机关在核定各部门拨款的季度分配数字时，通常保留一定数额的经费不作分配，使它起着后备的作用。在各个部门内部，当部门的拨款总额被核定之后，还有必要对它所属各单位核定拨款额。这种分配通常比较明细，规定季度甚至月份数字，也可以分项目或分用途。这种在部门内部的资金分配通常是由各部门的预算财务司（处）进行的，并不需要由议会讨论和核准。由于各个部门都是在国家行政首脑的控制下的，他在支出预算的执行中显然享有很大的权力。

资产阶级国家强调预算执行中发挥行政权力的重要性。它们以经济情况复杂多变为理由，要求预算执行中提高灵活性。为此，它们要求议会给予行政系统更大的信任。具体的措施是：（1）尽量把议会核准拨款分配指标的口径放宽，使行政系统可以自由地在各个项目间流用资金。（2）允许政府先作行政拨款，造成既成事实后由议会追认。（3）按预算支出总额的一定比例规定预备费，在部门间分配拨款时留下一定的未分配数字，在部门内部分配拨款时也照样做，这实际上使行政系统掌握更大数量的机动财力。

但是，政府通过上述措施所达到的还不过是在一定限度内重新分配资金的权力。他们最需要的是在预算执行过程中能够增减支出的总额。既然是总额的调整，这就同收支的对比有直接的联系。长期以来，行政首脑可以按收入预算的完成程度来调整支出的规模。通常规定拨款额对于收入额来说是所谓“最高限的、有条件的、成比例的”。这个规定实际上就是：当收入预算不能完成时，支出规模必须成比例地缩小；当收入预算可以超额完成时，支出虽在一定条件下可以适当扩大，但一般情况下只能维持原来的规模。从行政部门来看，这是他们不能忍受的一种束缚。

政府为在预算执行过程中加强行政权力，通常就制定一些后备性的支出方案，要求议会相应地给予行政首脑进行这种拨款的后备性权力。当经济衰退、财政收入随之而下降时，政府不仅无须缩减支出，相反地，在稳定经济的借口下可以随时利用这项权力和实施这种方案。有些国家为了达到上述目的，采取了跨年度拨款的形式。预算拨款经议会核准后，并不一定全部在当年支用。比如，在美国联邦预算执行过程中，只有当三年期满之后，任何一笔拨款上未曾支用的余款才必须交还给财政机关。军事工程和民用工程上的拨款，甚至没有这三年的限期。因此，就任何一个年度来看，议会当年核准的拨款未必在年度内支用，而当年发生的支出中有相当大的部分是从以往年度议会核准的拨款数字中来的。这就表明，行政首脑可以选择适当时机，要求议会通过巨额的支出预算和相应的各项拨款项目，但并不立即分配和支用这些拨款；这样，他实际上就掌握了一些随时可以动用的拨款限额，任何时候都可以合法地支用它们。议会通过的当年预算对他的束缚就大大缩小了，他的自由和权力就大大增加了。

在预算执行过程中行政首脑力争扩大政府的权限，但立法机构则采取相应的措施，力争从政府手中夺取这种权力。可以作为例子的是七十年代美国国会和总统之间关于财政支出“扣押权”的一场斗争。战后以来，由于国会对于各项财政支出掌握拨款限额，总统的行动受了一定限制。总统的对抗措施是，对国会已经批准的拨款项目实行扣押，不立即动用，或拖延时日，或要求流用。如尼克松政府从1972年起扣押了约180亿美元以上，主要是在供水、住房、劳工、农业等方面的拨款。这就引起了国会内各个地方利益集团的强烈反对。1974年通过了新法案，适当地限制了总统在支配资金上的权力，未经国会同意，不能随意推延或扣押已经批准的拨款。

在预算执行过程中，另一个重要问题就是资金的出纳问题。预算收入的项目不同，发生地点和交纳地点都是不一致的；大量的资金必须经常地从分散的来源在全国范围内集中起来。同时，预算资金的使用单位也是分布全国，使用资金的时间也并不一致，因此，已经集中起来的资金又必须经常地在全国范围内分配出去。资金的经常的上下运动就要求国家设立专门的预算出纳机关，通常称为国家金库。

资本主义国家通常设立全国统一的中央金库，集中管理中央预算的全部出纳事务。这样做，当然有利于加速资金的调拨，有利于简化手续和降低预算执行费用，但更重要的还是为了保证行政首脑对预算执行过程的集中控制。因此，像地方预算的收支，既然还不是直接受中央控制，也就另外有它们自己的出纳机关。像一些全国性的专用基金，一方面由于它们的出纳事务比较简单，另一方面由于它们实际上已经在行政首脑的严密控制之下，它们的收支也就不一定通过中央金库。

即使国家设立了统一金库，它也只是一个管理出纳事务的机关，并不是保管资金的机构。在现今条件下，即使在政府预算执行时发生了现金的收支，这部分现金也总是存入银行，支出时由银行提取，余额留存银行。非现金的收支则更是非通过银行不可。因此，即使资本主义国家实行所谓独立金库制度，预算的出纳机关实际上也不仅仅就是这个金库，同时也包括了银行体系。

因此，资本主义国家通常实行的是银行代理国库制度，即把预算出纳事务全部交给银行来做。资本主义国家的银行体系是庞大的，它包括中央发行银行和私人银行。能否把预算出纳事务全部集中在中央银行而把私人银行摈弃在外？事实上是做不到的。从表面上看，政府在中央银行开立专户，全部财政收入都要存入，全部拨款都必须从这些账户中支付，似乎全部出纳事务都已经集中在这里了。实际上，资本主义国家的中央银行并不直接同工商业发生往来，并不经营一般的信贷业务。因此，在预算资金出纳过程中，资金有时候就先存入商业银行然后再存入中央银行，资金从中央银行的国库账户中付出后一般情况下都要转入商业银行的存款户中。

垄断金融巨头在预算出纳事务中可以获得多方面的利益。他们实际上接受了国库中的大量资金，把它作为自己的资本来使用。同时，随着他们实际上掌握预算出纳事务，他们相应地掌握了有关政府债券发行和买卖的事务，从中也得到很大好处。目前，政府对外和在国内都进行了一些贷款活动。随着银行代理国库，这部分信贷事务也自然地由银行来进行。这一切都加强了金融资产阶级的地位，扩大了他们的利润。

资本主义国家预算的执行过程受到多方面的监督。但必须区分两个重要方面：一是由国家行政首脑领导的、主要由财政机关来进行的监督，通常称为财政监督。一是由议会或议会下的专门监察机关进行的监督，通常称为审计。这两种监督的目的不同，内容也有区别。

财政监督是一种实在的监督，它是行政首脑所掌握的一个手段，是加强行政权力的一个重要条件。国家预算的执行，尤其是支出预算的执行，关系到政府一切部门的为数众多的单位的活动。为了实行政府的财政政策，也为了控制这些单位的活动，必须通过财政系统进行不断的监督。

对于国家预算执行状况的审计，通常并非由财政机关来进行。比如，美国联邦政府就设有总会计署，由总监督长领导，专门进行审计工作。总会计署的任务就是监督联邦预算中的资金是否按照国会通过的法案来分配使用，它只对国会负责。在其他资本主义国家也设有类似的机关。同时，司法机关或议会本身也可能进行这项工作。

就像议会讨论和批准预算草案一样，对预算执行状况的审计通常也只是走过场。资产阶级把他们的议会说成是人民行使民主权的机构，从而把资产阶级议会领导下的审计说成是人民对于预算执行的监督。事实很清楚，只有当人民把政权掌握到自己手中之后，才能建立真正符合人民利益的预算，人民群众才有可能对预算的执行进行真正的、符合自己利益的监督。

第八节　中央财政和地方财政的关系

资本主义国家的中央财政和地方财政的关系，因国家体制的不同而有差异，但有下列几点值得说明。

第一，中央财政和地方财政在支出上有所划分，相应地在收入上也有一定的划分。

防务支出以及其他类似的支出，总是由中央财政负责的。三十年代以来，增加了大量的所谓社会支出，如福利、公共工程、农业贴补等等，主要也必须由中央政府负责。但是，如道路修筑、公共事业、地方设施等等，一般还是由地方财政负责。支出上形成了这样的划分之后，收入上也相应调整。以美国为例，收入金额最大的所得税，基本上归联邦政府；而房地产税则基本上归地方政府；对商品课征的税收，则在中央和地方之间作一定的划分。

第二，地方之间财政状况是有很大差异的。

由于地方之间经济发展水平不同，一方面是作为税收来源的收入水平不同，另一方面是财政支出的需要水平也不同。因此，必然存在地区差异。如果听任这种差异发展下去，就会发生下列几种可能的结果：一是地区间经济发展的差距加大；二是负担能力愈小的地区，负担反而愈重；三是中央政府的政策和措施，难于在全国统一推行。

为解决上述问题，仅仅从收支划分上着手是不够的，还必须采取相应的措施。

第三，各国中央政府都实行某种形式的对地方政府的补助。

作为例子，可以举出美国联邦政府对地方的“定项补助”。所谓定项，就是规定资金用途，而且要求地方上有相应的一定金额的支出。在1975财政年度中，联邦政府对各州和州以下的地方政府的定项补助达458亿美元。其中指定用于住房方面为39亿元，商业和交通运输方面为65亿元，教育和人力培养方面为65亿元，卫生方面为85亿元，收入保险和保证方面为135亿元，其他为69亿美元。“定项补助”的每一项都有一定的指标，如人口、医院病床数、学校数……根据这些指标来分配补助金，有利于缩小地区间的差异。

第四，实行收入分享制度，使收入在中央和地方之间有一定的分配。

上述的“定项补助”制度在管理上比较复杂，尤其是分项目逐笔核定，也难于保证地区间平衡，且不利于提高地方管理财政的效率。因此，不少国家逐步以收入分享制度来代替。

首先实行的是过渡的收入分享办法。美国在七十年代初，就把联邦政府对地方的许多“定项补助”归并成六类，即教育、法律执行、人力、乡村发展、交通运输、城镇发展。在一类之内，资金可以流用。每类的补助与一定的财政收入相联系。

然后，逐步演变为一般的收入分享制度。美国从1972年起实行这种制度，最初定期为五年，期满后经修订又继续实行。这就可能成为一项经常性的财政制度。其内容大致上包括下列各点：（1）每年联邦预算中列出这项数字，作为联邦政府的一项支出，实际上是转移性付款，由联邦财政部支付给一项信托基金。国会一次通过有关法案，无须每年审核批准。（2）这笔资金在各州之间分配，分配根据一定的公式，其内容包括人口数字、各州税收数字、按人口平均的收入数字、城镇人口数字、所得税收入数字等。（3）分配给各州的资金中，三分之一留归州政府分配使用，三分之二再向下分给地方政府。（4）资金在地方再进行分配，大体上也根据上述公式。（5）各州对这笔资金的分配使用要负责，要遵守联邦政府的规定，但对资金的用途有支配权。

以上说明，资本主义国家大体上是用收支划分、定项补助、收入分享这三种方式来处理上下级财政的关系。不用多说，这只是缓和矛盾的措施，并不能解决上下级政府的矛盾，也不能改变地区间发展的不平衡。

附　记

一九六三年，为本校财政金融专业教学的需要，曾编写过《资本主义财政》油印稿，用过几次，但未能修订成书。

现在，十八年已经过去，情况有了很大变化。随着我国对外经济关系的恢复和发展，有必要去了解和研究资本主义国家的经济。财政是一个重要的经济领域。财政政策是一项重要的经济政策。研究资本主义国家的经济，不能忽略财政领域。

正由于这样的需要，一年前着手收集资料，在旧稿的基础上，修改补充，重写成书。多年荒疏，工作中困难不少，对许多重大问题难于作系统阐述。只是从财政和经济的相互关系这一角度，说明资本主义国家中财政的地位和作用。对税收、支出、公债、预算等主要的财政范畴，力图作一些全面的说明。对若干理论问题，如赤字财政、支出管理、税收负担、税制结构等，也作了一定的探讨。

本书只是财政理论研究的一次尝试。无论在观点或内容上，问题一定不少，希望读者指正。如果能对高等学校财政金融专业和世界经济专业的教学工作有一点参考价值，对广大的经济工作者和理论工作者能有点用处，那就是最大的希望了。

在写作过程中，得到财政学界前辈师长的鼓励和帮助，有关业务部门的大力支持，财政系同志们的协助，在此敬表谢意。

作者

1981 年 2 月